AF664712

DAS BUCH DES LICHTS

Band XV

Die Macht des spirituellen Namens

LANOO

(Christian Anders)

IMPRESSUM
Copyright © 2024: Verlag Elke Straube
Schriftsatz und Gestaltung: Elke Straube
Coverdesign: Steffen Hartmann
Herstellung: Books on Demand GmbH
ISBN: 978-3-949377-19-8

Was ist eigentlich ein Name?

Mit einem Namen bezeichnet man alles Erkennbare.

Der SPIRITUELLE Name aber führt zum

UNERKENNBAREN

und dennoch Existierenden.

Wer es zu fassen vermag, der fasse es.

Sogar dem Unsichtbaren gibt man einen Namen,
man nennt es

das UNSICHTBARE.

Doch trifft dies auch zu?

Vorwort

Könnte man Personen und Dinge auch treffender benennen, ja sogar hilfreicher?

Um diese Frage zu beantworten, müssen wir - laut *BUCH DES LICHTS* - etwa 150.000.000.000.000 Jahre in der Zeit zurückgehen, denn da erschien der erste Name beim Wiedererwachen des Universums. Vor etwa 150.000.000.000.000 Jahren verließ die erste Wesenheit erneut den Urgrund und fiel in die Urmaterie oder Matrix Mūlaprakriti, eine Reibung bzw. Schwingung verursachend, die sich später als AUM manifestierte. AUM war also der erste Name im Universum. Wer hat der ersten Wesenheit diesen Namen gegeben? Niemand. Er entstand einfach, schwingungsmäßig von der Wesenheit verursacht. Die anderen Wesenheiten verließen dann in hierarchischer Reihenfolge ebenfalls den Urgrund, verursachten ebenfalls eine Reibung in der Matrix, was zu ihren entsprechenden Schwingungen bzw. Namen führte. Übrigens: DAS OHR war das erste Organ, welches sich beim Menschen vom feinstofflichen zum dichtstofflichen materialisierte. Wer es zu fassen vermag, der fasse es. OM.

Also haben WIR uns unsere Namen selber gegeben bzw. sie verursacht, von anderen ausgesprochen, doch fast immer unserer Tätigkeit entsprechend. Dies führt hoch bis zu den hohen Engeln. Das Sanskrit DEVA zum Beispiel entspringt DEREN Tätigkeit, denn sie LEUCHTETEN bzw. leuchten (vom Sanskrit DIV = scheinen, leuchten). In den beiden BDL Sanskrit Zweigschriften Band 13 und 14 wird gelehrt, wie die Namen oder Schwingungen sich immer weiter verdichteten, bis zu der einen kosmischen Ursprache SANSKRIT. Das waren die wirklichen ersten GEISTIGEN SPIRITUELLEN Namen der Wesen. Die Namen, die man sich viel später gab, waren materielle Entstellungen, verursacht durch die Abstumpfung der Menschheit in den heutigen Status. Doch tief im Menschen ist eine Sehnsucht nach dem RICHTIGEN, der Wesenheit ENTSPRECHENDEN Namen, den wir uns einst selbst gaben. Dieser wirkliche oder spirituelle Name führt uns leichter zur nirvâṇischen Quelle NIRVĀṆA, dem Ende des Leidens. Es ist mir gegeben, durch den MAHA CHOHAN der Wesenheit ihren ursprünglichen spirituellen Namen zurückzugeben.

Ich fasse zusammen: Zunächst gaben sich die Wesenheiten selbst ihre Namen, später aber wurden die Wesenheiten von anderen benannt. Dem entging nicht einmal die höchste Wesenheit AUM, welcher man den Namen BRAHMAN gab. Nur *DAS BUCH DES LICHTS* lehrt, warum dies so war, warum selbst der höchste Gott in Manifestation nicht einer Umbenennung durch die unter ihm stehenden Wesen entging. Sie nannten ihn von nun an BRAHMAN. Warum?

Im *BUCH DES LICHTS* wird die wahre Bedeutung dieses Namens gelehrt. Man wurde gewahr, dass die Wesenheit sich nach Verlassen des Urgrundes in der Urmaterie als Weltenei ausbreitete, expandierte, also verwendete man den Begriff BRIH = Ausbreiten, daher „das sich Ausbreitende" BRAHMAN. Nur wer *DAS BUCH DES LICHTS* studiert, der wird die wahre Natur des sich Ausbreitenden, ja der Expansion überhaupt, wirklich verstehen. Ich kann hier nur Andeutungen geben. Nach der ersten sich ausbreitenden Wesenheit folgten weitere, die wir heute als Götter bezeichnen. Doch all diese - inklusive des höchsten manifestierten Brahman - erleiden gerade einen Schock. Dieser liegt an der Fehleinschätzung ihrer Lage. Darum will ich hier zusammenfassend darauf eingehen. Folgendes geschah: Die ERSTE Wesenheit verließ - durch Nichtwissen bedingte Einsamkeit wahrnehmend - den Urgrund vor etwa 150.000.000.000.000 Jahren und sie wünschte sich: „Ach, dass doch noch andere Wesenheiten hier erscheinen würden!" Dies geschah, aber NICHT dem Wunsch der ersten Wesenheit entsprechend, sondern wegen des TRISHNA oder des LEBENSDURSTES der **anderen** Wesenheiten, wie ich auch in meinem Buch *DIE WELTFORMEL* erkläre. Die nachkommenden, dem Urgrund entspringenden Wesenheiten aber wurden der ERSTEN Wesenheit gewahr und dachten, dass DIESE sie bzw. ihre Formen erschaffen hatten UND dass diese Formen EWIG währen würden. So waren alle Wesenheiten, von der höchsten bis zur niedrigsten, in UNWISSENHEIT vereint. DENN: Alle Körper sind von den Wesenheiten selbst verursacht, ihrem Lebensdurst entsprechend, die vergänglichen Hüllen betreffend, unter karmischem Einfluss anderer Wesenheiten. Einen vollkommenen Schöpfergott gibt es darum natürlich NICHT, sonst wäre ja die Welt ebenfalls vollkommen, was sie offensichtlich NICHT ist. Freier Wille macht auch keinen Sinn, **wenn man** einen angeblich allmächtigen, allwissenden Gott bedenkt, der ja dann auf Grund seiner Allwissenheit GEWUSST haben muss, wie sich die Wesen entwickeln würden. EHRE SEI DEM *BUCH DES LICHTS*. OM.

DU bist Gott. DU bist voll verantwortlich. Doch bis heute waren die Wesen, fehlgeleitet durch die unterschiedlichen Religionen UNWISSEND, ihren wahren Ursprung betreffend. OM.
In diesen Zustand der Unwissenheit explodierte *DAS BUCH DES LICHTS* in die Wahrnehmung der Wesenheiten, sie ermahnend: „Erfreut euch nicht zu

sehr eurer scheinbaren Unsterblichkeit, denn AUCH IHR bzw. eure BEILEGUNGEN müssen sterben, ganz gleich, wie lange ihr euch des göttlichen Zustandes erfreut. Auch EURE Formen sind vergänglich! Lasst alles los und erfahrt die WAHRHEIT, also DIE AUFHEBUNG ALLER WAHRNEHMUNG UND EMPFINDUNG, aber NICHT die Aufhebung desjenigen, der NICHTS MEHR wahrnimmt und empfindet! OM.
Diese lieben Wesenheiten unterlagen also genau derselben Unwissenheit wie die heutigen Religionen, welche sich immer noch einen ewigen Seinszustand in einer Himmelswelt erhoffen.

DAS BUCH DES LICHTS aber wird mit dem **Schwert des Wissens** dazwischenfahren, bis alle Wesenheiten erlöst sind und NICHT MEHR Unsterblichkeit in einer sterblichen Welt oder Unendlichkeit in einer endlichen Welt suchen. Wenn dann die ganze Welt mit allem darin endlich verschwunden sein wird, haben ALLE Wesen wahre Unsterblichkeit erlangt, und zwar OHNE DAUER, also anfangs- und endlos. OM.

Die erste Wesenheit Brahman verließ den Urgrund vor über
150.000.000.000.000 Jahren, expandierte - und von da an haben sich alle Wesenheiten nach ihrer Aktivität benannt.

Namen sind also nichts weiter als Bezeichnungen der Unwissenheit, erfunden von Unwissenden und immer nur DIE VERGÄNGLICHEN BEILEGUNGEN betreffend; doch NIEMALS die Wesenheit selbst. Diese könnte man bestenfalls als „unerkennbar" bezeichnen. Aber es ist nun mal das Kind in den Brunnen gefallen bzw. die Wesenheiten in die Urmaterie, umtanzen „das goldene Kalb" und harren der Erlösung, die nur *DAS BUCH DES LICHTS* ermöglicht und kein missverstandener Jesus. OM. Am Ende der relativen Weltenreise kehren die Wesenheiten in den Urgrund zurück, die zuletzt erschienenen zuerst und die zuerst erschienenen zuletzt. **Darum** werden „die Ersten die Letzten sein" und „die Letzten die Ersten", und aus keinem anderen Grunde. OM.

LIEBE UND LICHT, LANOO

Inhaltsverzeichnis

Personen und Dinge

Du heißt MÜLLER? Da könnte es sehr wohl sein, dass Du im vergangenen Leben ein MOLINARIUS, also ein MÜLLER warst oder aus einer solchen Familie stammst. Man hat Dich also nach der Aktivität Deiner Familie oder eines Teiles ihres Stammbaumes benannt. Ist Dein Familienname MEIER? Dann könnte es sein, dass Du oder Deine Familie etc. diesen Namen erhalten haben, weil Du im vergangenen Leben ein MAJOR warst oder eine Molkerei hattest oder aber, dass sich der Name wandelte und damit ein BAUER als Pächter eines Gutes gemeint ist. Fast jeder Zweite heißt z. B. in der Schweiz Meier oder Meyer...
Ist Dein Familienname Metzger? Dann warst Du vielleicht im vergangenen Leben ein WURSTLER oder entstammst einer solchen „mattiarius" Familie. Nomen est omen. Aber was hat dies mit dem spirituellen Namen zu tun? Der spirituelle Name wird Dich herausreißen aus dieser karmischen Bindung. OM.
Heißt Du vielleicht GLÖCKNER? Dann entstammst Du möglicherweise einer Campanarius Familie. Deine Aufgabe war es vielleicht, die Glocken einer Kirche zu läuten. Es kann aber auch sein, dass Du „nur" ein Bergmann warst oder einfach ein lauter Mensch. Passt alles, entsprechend der Aktivität.
Heißt Du vielleicht nur WEISS? Dann hatte der erste Namensträger vielleicht eine weiße Haarfarbe, oder aber Du warst ein Waisenkind.
Heißt Du vielleicht SCHMIDT? Dann entstammst Du vielleicht einer SCHMIED Familie.
Heißt Du KLEIN? Dann entstammst Du vielleicht einer Familie kleinerer Körperstruktur, was aber NICHT bedeutet, dass Du vielleicht trotzdem jetzt zwei Meter groß wurdest. Der Name mag verbleiben, doch die Umstände ändern sich, bis Du DANN ENDLICH vielleicht bereit bist für den **spirituellen** Namen.
Heißt Du FETT? Dann entstammst Du sicherlich nicht schlanken Ahnen, obwohl Du selbst schlank wie eine Tanne sein magst. Es kann aber auch sein, dass Du einer Familie entstammst, die einem Fleisch verarbeitenden Gewerbe entstammt etc. ODER Deine Familie war gut genährt und reich, so seltsam dies auch klingen mag.
Man hat den Namen also nicht nur der Aktivität entsprechend, sondern vielleicht auch der Eigenschaft entsprechend „geerbt". OM.
Wie steht es mit dem Namen BÖSE? Heißt Du BÖSE? Zunächst einmal bedeutet BÖSE auch „alte abgetragene Kleidung". Die hat man im Mittelalter BÖSE genannt. Vielleicht haben Deine Ahnen altes Zeug verkauft oder getragen. Kann aber auch sein, dass Deine Ahnen ganz schlimme Menschen waren ...
Bist Du Herr oder Frau SATAN? Dann kann ich es Dir nicht ersparen, dass Du bzw. Deine Ahnen in satanische Aktivitäten verwickelt waren. Obwohl - die korrekte, detaillierte bzw. okkulte Bedeutung des Wortes SATAN nur im *BUCH DES LICHTS* definiert wird und ansonsten in keiner anderen Schrift. OM.

Auch hier sieht man wieder, dass der Name IMMER mit einer Aktivität oder auch mit einer Eigenschaft verbunden ist, sei es der eigenen oder der aus vergangenen Existenzen oder die Ahnen betreffend. OM.

Bevor ich auf die Bedeutung und GEFAHR des spirituellen Namens komme, möchte ich darüber schreiben, wie sehr ein durch Aktivität und Eigenschaft gegebener Name den Menschen versklavt, ja in Haftung nimmt. Der SPIRITUELLE Name aber kann ihn befreien von diesen karmischen Fesseln und es ihm ermöglichen, NIRVĀṆA zu erlangen, dann sogar frei vom spirituellen Namen. Die Aufgabe des spirituellen Namens ist es, den Menschen zu ERLÖSEN von der karmischen Fessel seines weltlichen Namens und ihn zurückzuführen in seine wahre Heimat NIRVĀṆA, der wahren Unsterblichkeit, dem Ende des Leidens. OM.
Dein „normaler" Name ruft Dir zu: HALTE FEST. Dein spiritueller Name aber sagt: LASS LOS. Die Entscheidung liegt bei Dir. OM.

Bist Du, oh Leser, bereit für die Wahrheit, so schmerzhaft sie auch sein mag?

Namensgebung trennte die Wesenheiten bzw. beschrieb den durch Unwissenheit getrennten Zustand bzw. **verursachte** den leidvollen Zustand der Separation. Verzweifelt klammerten sie sich aneinander, sich bis heute mit ihren **Beilegungen** identifizierend. **Dies** war der Ursprung der so genannten Sünde, wohl eher ein Zustand der Unwissenheit. Wann immer jemand sagt „ich bin", begeht er bereits eine Sünde gegen sich selbst, weil er sich mit vergänglichen und leidvollen Strukturen identifiziert, was immer wieder zu einer neuen leidvollen Reinkarnation führt. *DAS BUCH DES LICHTS* wird in einer fernen Zukunft zur AUFHEBUNG aller Namensgebung führen, denn nur Beilegungen kann man überhaupt benennen, aber diese Beilegungen sind wir eben NICHT.
NOCH EINMAL: Weshalb nun der spirituelle Name? Der spirituelle Name bezeichnet nicht die Beilegung, sondern den Kern, solange er noch in dieser leidvollen Welt verweilt. Der spirituelle Name kann aber auch eine GROSSE GEFAHR sein. Darüber später mehr.
Die Namen der Wesenheiten bzw. ihrer Beilegungen degenerierten also immer mehr bis zu der heutigen Situation. Die soll in folgendem belegt werden.
Sanskrit als vereinende Sprache verschwand und machte entsprechend einer immer mehr degenerierenden, sich und andere belügenden Menschheit und damit mehreren Sprachen Platz, welche sich alle immer mehr auf die Beilegungen bezogen und immer weniger auf den Kern der Wesenheit. OM.
Es verblieb die Formel:
NAME = AKTIVITÄT, entspringend der Weltformel LEBEN = DRANG, wie in meinem Buch *DIE WELTFORMEL* geschrieben. OM.

Der spirituelle Name kann Dich aus Deiner Versklavung befreien. Er enthüllt Dir nicht, wer Du bist, sondern wer Du NICHT bist, nämlich alles als **veränderlich** Erkennbare. Hast Du dies wirklich ERKANNT, dann ermöglicht Dir der spirituelle Name, Dich zu LÖSEN von allem als vergänglich und damit als LEIDVOLL Erkannten. Was verbleibt, bist dann DU, zeitlos ewig, unsterblich, FREI von der Anhaftung an diese Narrenwelt, ja sogar frei von den höchsten Himmeln der Religionen, denn auch diese sind vergänglich. JENSEITS dieser Himmel, jenseits der Welt der Erscheinungen ist das NIRVĀṆA. OM.

DAS BUCH DES LICHTS lehrt, dass dies eine vergängliche Welt ist. Die Vergänglichkeit dessen, was Du erkennst, ist immer leidvoll, entsprechend dem Grade Deiner Anhaftung daran. Der spirituelle Name, verbunden mit dem BDL, ermöglicht Dir die sofortige oder auch stufenweise LOSLÖSUNG von dieser Narrenwelt, ja sogar von den höchsten Himmeln der Religionen bis in das NIRVĀṆA. OM.
So mancher Süchtige wünschte sich, von seiner Sucht, welcher Art auch immer, befreit zu sein. Aber man wird feststellen, dass dies nicht so einfach ist. Das, mit dem man sich identifizierte, ist MACHTVOLL und lässt so schnell nicht los. Das ist übrigens auch die GEFAHR des spirituellen Namens, der wie ein gleißendes Licht in alle Unreinheiten der Wesenheit strahlt und diese Unreinheiten AUFBEGEHREN lässt und nach außen wirft. *DAS BUCH DES LICHTS* nennt es den „Hüter der Schwelle". Darum möge es sich jeder überlegen, ob er oder sie wirklich einen **individuellen** spirituellen Namen möchte. OM. Was meine ich mit individuell? Bis jetzt habe ich individuelle spirituelle Namen vergeben, entsprechend der geistigen Struktur des Bittenden. Dies werde ich ab jetzt nur in GANZ GROSSEN AUSNAHMEFÄLLEN TUN.
Denn: Einige von denen, die - TROTZ WARNUNG - einen individuellen spirituellen Namen von mir erbeten und erhalten haben, wurden nahezu überflutet vom „Hüter". Er hielt ihnen ihre SCHWÄCHEN vor Augen, Schwächen, die sie längst überwunden zu haben glaubten. Aber so ist dies nun mal bei einem Reinigungsvorgang, verursacht durch den spirituellen Namen. Da wird alles Unreine nach außen geworfen. Wer da nicht durchhält, der fällt zurück. DARUM ALSO habe ich mich entschlossen, von nun an ALLEN Wesen einen ungefährlicheren, aber gleichsam wirkungsvollen spirituellen Namen zu verleihen, und das ist der Name LANOO. Lanoo bedeutet DER SCHÜLER DES BUCHES DES LICHTS. Dieser spirituelle Name LANOO ermöglicht es dem Namensträger, ungefährlich stufenweise das NIRVĀṆA zu erlangen. OM.

Lieber Leser, je mehr ein Mensch an dem haftet, was er gar nicht ist, sondern woran er sich nur klammert, mit dem er sich identifiziert, wonach es ihn verlangt, umso schwieriger wird es für ihn, sich zu lösen, obwohl er die Notwendigkeit dazu bereits erkannt haben mag. OM. Und dann entsteht in ihm die Frage: Wer bin ich denn nun WIRKLICH? Nun, offensichtlich nicht das, mit dem er sich bisher identifizierte, sonst würde

er nicht unter den Konsequenzen dieser Entscheidung leiden und sich gar nicht erst diese Frage stellen, und er würde das nicht „loswerden" wollen.
DAS BUCH DES LICHTS, verstärkt durch den spirituellen Namen des studierenden LANOO, welcher der Leser nun ist, gibt die gnadenlose Antwort: Frage nicht, wer Du bist, sondern frage, wer Du NICHT bist, und dann löse Dich davon. Dein spiritueller Name LANOO wird diesen Vorgang beschleunigen, FALLS Du die GEGENWEHR dessen erträgst, was Du NICHT bist, und das bisher Dein Leben bestimmte und so leidvoll machte. Dieses Leiden ist GUT, denn es lässt Dich nach dem AUSWEG suchen, welcher eben NICHT in der vergänglichen Welt der Erscheinungen liegt. Du leidest, weil Du WILLST, nicht etwa weil Du leiden willst, sondern weil Du etwas willst, das - Dir unbekannt - Leiden verursacht. Der spirituelle Name stößt Dich mit der Nase auf dieses Problem. Für viele ist dies unerträglich, weshalb ich, wie bereits erwähnt, nur ungern den **individuellen** spirituellen Namen verleihe, sondern lieber den sicheren „LANOO". OM. Du willst doch, dass es Dir WOHL ergeht und Du das Leiden VERHINDERST, jenes Leiden, das Du möglicherweise noch erleidest? Sind wir uns darüber einig? Dann lies weiter.
Ich bin kein Guru, sondern ein LANOO, ein SCHÜLER des Buches des Lichts, also wie Du jetzt auch, ein LANOO.
Schau doch mal auf das Leben der Menschen. Es ist kurz und mühevoll, wenn auch von Glücksmomenten unterbrochen, die sich jedes Mal wegen ihrer Vergänglichkeit in LEID verwandeln.
Worunter leidest Du eigentlich? Unter Deiner PERSÖNLICHKEIT leidest Du, das wirkliche „Du". Von der Persönlichkeit aber behauptest Du immer noch, dass Du sie **bist,** doch in Wirklichkeit ist sie Dein größter Feind. Doch schau Dir einmal Deine Persönlichkeit an, geleitet durch das Brennglas des Buches des Lichts und Deines neuen spirituellen Namens LANOO.
Deine Persönlichkeit setzt sich zusammen aus veränderlichem, vergänglichem und damit leidvollem ZUSAMMENWIRKEN von immer vergänglicher Körperlichkeit, Empfindung, Wahrnehmung, Gemütsregung und Erkennen. Sicher bringt dies auch Glücksmomente, aber eigentlich sind sie doch nur verborgenes Leid. OM. Du magst einwenden: „Doch zumindest war ich glücklich!" Ach wirklich? Was meinst Du denn mit ICH? Das Vergängliche, mit dem Du Dich identifizierst und dass Dir eigentlich LEIDEN bringt, ein immer wieder Geboren werden, Leben und Sterben? Ist das denn wirklich so erstrebenswert? Ich, als sich immer mehr lösender Lanoo, bezweifle dies.
Vielleicht meinst Du mit diesem ICH, mit dem Du Dich bezeichnest bzw. identifizierst, die Persönlichkeit und dass sie unsterblich ist oder dass Du es Dir zumindest wünschst? Genau dieser Wunsch verursacht Deine Wiedergeburt. PRIMA, könntest Du dann argumentieren, dann werde ich halt immer wieder geboren, lebe und sterbe.
Du vergisst dabei aber, dass sich alles im Augenblick auf den Urgrund zurück bewegt, die Formen immer feinstofflicher werden und Dein materielles Denken spätestens im nächsten Leben bald zu noch größerem Leid führt, **führen wird,** es sei denn, Du löst

Dich, geleitet vom spirituellen Namen LANOO von dem törichten Wunsch nach allem als veränderlich Wahrnehmbaren. OM.

DER SPIRITUELLE NAME hilft Dir, Deine Persönlichkeit zu DURCHSCHAUEN als eben NICHT Dein Selbst. Bedeutet das, es gibt kein Selbst, keine Wesenheit? Wenn dem so wäre, dann wären wir alle mit dem zufrieden, was wir mehr und mehr als leidvoll erfahren, nämlich mit dem Vergänglichen. Sind wir aber nicht. OM.

SEELENATEM MEDITATION hilft Dir, ganz klar zu erkennen, was Du NICHT bist, um Dich dann davon zu lösen, falls Du das so willst. Des Menschen Wille ist sein Himmelreich, aber auch seine Hölle. Höher als alle Himmel der Religionen ist aber NIRVĀṆA. Und das kannst Du gar nicht wollen, das hast Du bereits. Es gilt jetzt nur, Dich von allem zu lösen, um den Dir ANGEMESSENEN Zustand zu erlangen. OM.

Der spirituelle Name beschleunigt die Erkenntnis dessen, was du NICHT bist. Der spirituelle Name lüftet durch Erkennendes Schauen und durch sich LÖSEN von dem, was man erkennend schaut, das Geheimnis des Ich. Dann betritt man das unbekannte Land. OM.
Um sich mit Hilfe des *BUCHES DES LICHTS* und des spirituellen Namens von der Welt lösen zu können, muss man auch verstehen, was diese Welt wirklich **ist**, nämlich nur eine Kette von Begehren, Ergreifen und Haften, wodurch übrigens alle Formen entstanden und entstehen, also keineswegs von einem vollkommenen Gott erschaffen. DU hast Deine Formen, Deinen Körper etc. selbst verursacht, wenn auch unter karmischer Assistenz anderer Wesenheiten, doch nur so, wie ein Schneider Deinen Anzug schneidert, er aber nicht Dein SCHÖPFER ist. Hast Du mich verstanden? DES WEITEREN: Das Kind ist NICHT das Produkt seiner Eltern, sondern das Ergebnis seines eigenen Karmas. OM. EHRE SEI DEM *BUCH DES LICHTS*.

Mit Hilfe des spirituellen Namens beschleunigt sich also Deine wirklichkeitsgemäße Betrachtungsweise, die Welt mit allem darin zu erkennen und zu verstehen, nämlich als leidvolle, vergängliche Totalsumme aller von Verlangen erfüllten Wesenheiten und deren Formen, vom kleinsten Regenwurm bis hoch zum höchsten Sonnengott. ALL DIESEN ist ein LANOO überlegen, und zwar ganz gleich, wie lange er selbst noch für den Loslösungsprozess von alledem benötigt. Der spirituelle Name lässt uns verstehen, wie und warum die Welt entsteht und wieder vergeht und warum es keinen vollkommenen Schöpfergott gibt. DU bist Gott, und jede Wesenheit ist ihr eigener Gott. Und weil die Wesenheiten unvollkommen sind, sind auch ihre Schöpfungen (Körper, Gefühl, Denken, Seele und Geist) unvollkommen. OM. Wer hat mich verstanden?

Selbst Brahman, die höchste Wesenheit in Manifestation, ist UNVOLLKOMMEN, da ebenfalls vergänglich; und mag Brahman oder die SUPERMONADE auch noch so lange leben. OM. *DAS BUCH DES LICHTS* ist der Lehrer von Menschen UND Göttern. Und genau deshalb wollte einer der vielen Stammesgötter, dass man IHN und keinen der anderen Götter anbetet. Es ist alles KRANK. Ein Gott, der angebetet werden will, der gehört auf die Psychiatercouch. OM. Ohne BDL wird man dies nie verstehen. Ich werde später noch dazu Stellung nehmen. OM

Der spirituelle Name erleichtert uns das Durchschauen der eigenen Persönlichkeit als NICHT uns wesenhaft zugehörend, und darum als geeignet zur LOSLÖSUNG. Ein LANOO sieht alle Menschen wie sich selbst - als in den Sumpf Gefallene. *DAS BUCH DES LICHTS* ist der Rettungsring aus diesem Elend. Ich habe einem Baby auf Wunsch seiner Eltern den spirituellen Namen verliehen. Ich hoffe, dass es - wie das Jesu Kindlein einst - geleitet durch *DAS BUCH DES LICHTS* alle Glaubenden in Wissende verwandeln wird.

Der spirituelle Name und *DAS BUCH DES LICHTS* fragen nicht länger „Was ist die Welt", sondern „Was bin ICH?" Und diese Frage korrigiert man dann in „Was bin ich NICHT?", um sich schneller von dem, was man nicht ist, lösen zu können. OM.

Eines wird dem Suchenden immer deutlicher: Ich bin NICHT das, was mir durch die fünf Außensinne offenbart wird, also die ganze Welt mit allem darin. Ich bin NICHT all dies, NICHTS davon und wenn ich will, dann kann ich mich davon lösen, ohne mich selbst dabei zu begrenzen. OM. Außerdem löse ich mich von STERBLICHEM, welches mich zur wahren UNSTERBLICHKEIT führt.
Wenn ich JETZT also, als vom spirituellen Namen LANOO Geleiteter, etwas höre, sehe, rieche, fühle, taste und schmecke, dann weiß ich: Das bin ich NICHT. Aber nur ICH, der all dies NICHT ist, kann doch diese Frage mit Hilfe der vergänglichen Organe beantworten!
Und DARUM hat die Außenwelt, die ich ja nur mit diesen Organen wahrnehme, diese Organe, die ich NICHT essentiell bin, die ich nur BENUTZE, darum hat die gesamte Außenwelt, inklusive der immer vergänglichen Himmel der Religionen, nichts, aber auch gar nichts mit mir zu tun. OM .

ABER wie steht es jetzt mit dem 6. Sinn, dem DENKEN? Cogito ergo sum, ich denke, also bin ich, sagt der große Philosoph Descartes. Also habe ich SECHS Sinne. Bald sind es noch viele mehr, lehrt *DAS BUCH DES LICHTS*. BIN ICH, weil ich denke? Oder bin ich, WENN ich denke? Das Denken könnte man also zunächst als sechste Sinnestätigkeit benennen. Wenn ich aber, laut *BUCH DES LICHTS* auch das Denken NICHT bin, wo kommt es her, das Denken? Wer hat es mir gegeben? OHNE *Das Buch des Lichts* wird man dies nie verstehen. OM. Doch ich verrate mal soviel: DIE MANSAPUTRAS haben uns das Denken verliehen. Einige zögerten, dies führte zu der auch mental unterschiedlichen Menschheit von heute. Hätten wir damals vor vielen Millionen von Jahren, die Gabe des Denkens ablehnen können? NIEMALS, denn wir waren ja erfüllt vom LEBENSDURST und davon, die Verlangensformen anderer

Wesenheiten zu verstehen und zu definieren. Dass wir damit immer nur die Hülle, doch nie den KERN verstanden, ist die ganze Tragik der Welt von heute.
Als wir mit dem Denken oder MANAS die vergänglichen Objekte erkannten, vom kleinsten Regenwurm bis zur höchsten galaktischen Sonne, benutzten wir das Denken, diese vergänglichen Gaukelbilder zu KLASSIFIZIEREN, sie einzuordnen, gemäß UNSERER Definition ihrer Funktion, die natürlich immer FALSCH war und ist. Darum haben wir ja jetzt *DAS BUCH DES LICHTS*, um die Menschheit aus dem Zustand konstanter UNWISSENHEIT zu erlösen. OM.
Der spirituelle Name beschleunigt auch das Verständnis der **Produkte** oder Objekte und deren Benennung durch das Denkorgan als vergängliche und immer leidvolle Illusionen, ganz gleich wie oft wir uns ein Leben auf anderen Planeten wünschen. Ein Objekt ohne Raum kann man sich einfach nicht vorstellen.

Wenn wir in der SEELENATEM MEDITATION die Objekte des Raumes aus unserem Bewusstsein entfernen (objektfreies Schauen), dann verbleibt natürlich der Raum. Aber auch den können wir aus unserem Denksinn entfernen, dann verbleibt das so gefürchtete Nichts, welches aber eigentlich ALLES ist bzw. WAHRE UNSTERBLICHKEIT, nach der sich alle Wesen so sehnen, die übrigens **nicht** in einem „ewigen" Himmel auf sie wartet. OM. Auch der Raum hat natürlich NICHTS mit meinem Wesen zu tun, diesem Wesen, nach dem ich ja so verzweifelt suche. Ach lieber Freund Elon Musk. Du bist verwirrt. Suche nicht den Sinn Deines Lebens auf dem Mars, sondern in Dir selbst! OM. Nur der RADIKALE Loslösungsprozess, geleitet durch *DAS BUCH DES LICHTS*, führt zum „unbekannten Land" NIRVĀṆA, dem Ende des Leidens.
DER SPIRITUELLE NAME lehrt Dich, ein rechtes Verhältnis zu Deinem Körper zu haben, diesem Körper, der Du ebenfalls NICHT bist. Du HAST nur einen Körper, Du BIST nicht der Körper. Das ist ein großer Unterschied! Einfache Grammatik enthüllt Dir dies bereits. Dein Körper, so lehrt *DAS BUCH DES LICHTS*, besteht nur aus den Stoffen der Außenwelt, die Du immer wieder Dir zuführen musst, um im Raum zu überleben. Dieser Raum aber - und nun kommt höchstes Wissen - ist nichts weiter als der Körper Brahmas, der im Welten Ei expandierenden Gottheit, deren Irrtum wir ebenfalls entgehen können. Der höchste und uns angemessene Zustand ist also der lebens**freie** Zustand, nicht mit dem Tod zu verwechseln. OM. Wer es zu fassen vermag, der fasse es. OM.

Es stellt sich folgende Situation dar: Du bist umgeben oder wirst beschmutzt von einem Konglomerat von ergriffenen Stoffen der äußeren Natur. Sie fließen unaufhörlich auf und ab, und Du beobachtest das. Dass Du dieser Körper mit seinem ständigen **Entleerungsdrang** NICHT bist, erweist sich schon in dem Begriff, den Du dem Körper für eine solche „peinliche" Situation verliehen hast, nämlich NOTDURFT. Wer hat denn hier Not? Der Körper mit Sicherheit nicht, sondern DU, der sich entleeren

MUSS, den Entleerungsvorgang erfährst, ob Du willst oder nicht. Und Du willst doch nicht etwa behaupten, dass Du ein Urinierender und Kotender BIST? Oder? Du BIST also nicht der Körper, Du HAST nur einen solchen, einen Körper, der Dich ein Leben lang beschmutzt. Wer so denkt, der denkt richtig. OM.

Manche mögen nun denken: Der spirituelle Name wird mir helfen, mich selbst zu erkennen. Das ist UNMÖGLICH. Da müsst ihr dann schon einem dieser vielen Möchtegern Gurus auf dem Internet folgen, die euch für viel Geld versprechen, dass ihr euch selbst erkennen könnt. Erkennen kann man sich gar nicht, denn jeder Erkenntnisvorgang ist immer NACH AUSSEN gerichtet, vom Erkennenden zum IMMER ALS VERGÄNGLICH Erkannten! Vom Selbst zum „NICHT-Selbst"! ERKENNEN kann man also immer nur das, was man NICHT ist, bis man dann ENDLICH bereit ist, sich davon zu lösen, falls man das denn so will. OM.

Auch geistige Funktionen kann man mit dem spirituellen Namen nicht als sich selbst erkennen, denn alle geistigen Funktionen sind IMMER an die Sinnesorgane gebunden und OHNE die Sinnesorgane gar nicht möglich. OM. Noch einmal: Selbst das BEWUSSTSEIN bist Du nicht, denn auch Dein Bewusstsein ist gebunden an die Organe. Ohne physische Organe kein Bewusstsein. Das betrifft sogar das so genannte, von den Esoterikern so gepriesene GEISTIGE Bewusstsein. OM.

Bleiben wir mal für einen Augenblick beim Körper. Allen Männern, die Angst vor Prostatakrebs haben, sage ich: Vergesst alle Pillen und Medikamente. Trinkt vor dem Schlafengehen ein Glas warmes Wasser, und SCHWUPS ist das Problem nach einer Weile gelöst, denn: Warmes, abgekochtes Wasser, abends getrunken, löst alle mineralischen Belastungen bzw. Ablagerungen, verbessert den Stoffwechsel, und es verringert auch den Druck auf Blase und Prostata. UND ESST NICHTS NACH 17 UHR!

So, und nun zurück von dem, was Du NICHT bist, hin zu dem was Du BIST, was Du aber nur dadurch wirst, indem Du Dich löst von dem, was Du NICHT bist. Wer hat mich verstanden?

Nun lehrt aber *DAS BUCH DES LICHTS* an verschiedenen Stellen: Der Mensch ist ein GEISTIGES Wesen! Das stimmt und ist kein Widerspruch. Denn was der Durchschnittsmensch so unter Geist versteht, das ist immer noch eine vergängliche, wenn auch feinststofflich-ätherisch erlebte Struktur in einem der oberen Himmel, aber auch in der Hölle, wenn astral. OM.

DAS BUCH DES LICHTS aber versteht und lehrt unter Geist DIE MONADE, also die wahre, unerschaffene, zeitlos ewige Wesenheit, welche sich, erfüllt von Lebensdrang, immer wieder in die vergängliche Welt stürzt, sich dort Glück erhoffend. So lernt der Mensch …

Wo das Glück NICHT ist

Sich bewusst werden oder Erkennen hat also NICHTS, und zwar GAR NICHTS mit unserem wahren Wesen zu tun. „Anattasambhuto mano kuto atta bhavissati?" oder „Wie sollte der Geist das Ich sein, wenn es (das Ich) aus dem entsteht, was NICHT das Ich ist?" Es entsteht nicht, sondern ENTSPRINGT periodisch dem Urgrund. OM.

Man meditiere über diesen Satz. Wir stehen also nur durch unseren Erkenntnisapparat mit der Welt in Verbindung. Wir SIND aber weder diese noch eine andere Welt, auch nicht der Erkenntnisapparat, mit dem wir die Welt mit allem darin erkennen. Wir sind wie ein Hamster im Reinkarnationslaufrad. Wir treten immer auf der Stelle, immer entfernt vom Urgund oder diesen Prozess verzögernd. Damit ist aber jetzt Schluss. Der spirituelle Name LANOO ist der sichere Wegweiser zu NIRVĀṆA. Die andere individuelle Version kann gefährlich sein und den Hüter erwecken.
Unser Erkenntnisapparat ist uns wesensfremd, hat nichts mit UNS zu tun. Wir klammern uns nur daran, erfüllt von Gier nach dem immer als vergänglich Erkannten. Sogar den Erkenntnisapparat können wir erkennen, von jetzt an aber, um uns von ihm zu lösen. OM. Das Ich oder die Wesenheit selbst BESTEHT **nicht** im Erkennen, es **benutzt nur** den Erkenntnisapparat. Der spirituelle Name ist der Hebel, mit dem wir unser Verlangen nach dem als vergänglich und damit leidvoll Erkannten aushebeln. Darum bestehen wir auch nicht in einer Seele oder einem Geist. Das sind alles ebenfalls nur vergängliche, wenn auch sehr feinstoffliche Gewänder, welche der Veränderung unterliegen, immer wieder zerfallen. OM. Ich wiederhole: Ohne Erkenntnisorgane gibt es kein Erkennen. Hat man das Erkennen einmal dazu verwendet, sich von allem als vergänglich Erkannten zu lösen, kann man sich auch vom Erkennen lösen. OM. Wer hat mich verstanden? Der spirituelle Name beschleunigt diesen Vorgang des korrekten Erkennens und des dann Sich Lösens vom Erkannten. OM. Die meisten Menschen aber stecken bereits tief - zu tief? - in der Falle ihres NICHT Ich, des ANATTA, also in der Falle all dessen, was sie essentiell gar nicht sind, woran sie sich nur klammern, getrieben von der Lust nach Sinneswahrnehmung und Empfindung. Der spirituelle Name kann diesen Vorgang - zunächst einmal - intensivieren bzw. verschlimmern, aber er kann auch die Wesenheit zur LOSLÖSUNG von ihrer Anhaftung an die Beilegungen ermutigen.
Warum kann der sprituelle Name den Vorgang zunächst verschlimmern? Weil, wie bereits erwähnt, der spirituelle Name wie ein gleißendes Licht ist, das in der Dunkelheit scheint und jedes Staubkörnchen sichtbar macht, also jede Schwäche im Menschen aufstöbert und im schlimmsten Fall zunächst sogar **verstärkt**. Darum warne ich immer vor dem spirituellen Namen. Wer sich von dieser Warnung nicht hat einschüchtern lassen, der möge weiterlesen. OM.
Der spirituelle Name bringt uns folgende Erkenntnis: Um mich von meinem Erkenntnisapparat zu lösen, bedarf es der Erkenntnis, dass ich „das" nicht bin.

Ich BIN nicht der Körper, ich **habe** nur einen solchen. OM. Dann beginnt der Loslösungsprozess. OM. So wie ich nicht das Beil bin, welches das Holz spaltet, so kann ich das Holz spalten, und ich lege aber dann das Beil zur Seite. Wenn ich meinen Erkenntnisapparat dazu benutzt habe, alles das, was ich NICHT bin, **erkannt** zu haben, kann ich mich mit dem Loslösungsprozess befassen. OM. Dazu benötige ich aber etwas, das ich die ganze Zeit besitze, es aber in der falschen Richtung benutzt habe, und zwar zur WILLENSBEFRIEDIGUNG. Mit dem **Willen** habe ich mich mit dem Erkannten identifiziert, indem ich sagte, das BIN ich. Jetzt kann ich den Willen dazu benutzen, mich GEGEN diese Anhaftung zu stellen, sie zu überwinden und zu verstehen, dass ich das **nicht** bin. OM. Ich kann also den Willen mit dem Willen überwinden. Ich BIN also nicht dieser Wille, ich HABE nur einen Willen! OM. Der Beweis dafür ist folgender: Erst wenn mir etwas des **Wollens** wert erscheint, entsteht mein WILLE danach. Es ist IMMER der Wille nach einem Objekt ODER vom Objekt weg, denn laut *BUCH DES LICHTS* sind Gedanken auch Objekte, wie Stühle, Autos, Häuser, Toiletten und der Rest. OM.

Wie steht es nun mit den Gestalten? Ich sehe eine Gestalt. Quält mich ihr Anblick, ist in mir kein Wille nach ihr. ERFREUT mich aber diese Gestalt, entsteht IN MIR ein Wille nach ihr. So einfach ist das. In jedem Falle bin ich IMMER Sklave meines Willens, wenn ich mit ihm nur die Welt beleuchte, nicht aber die RETTUNG aus der Welt. Der spirituelle Name verursacht etwas Ungeheuerliches mit dem Willen, denn würde ich, geleitet durch den spirituellen Namen und *DAS BUCH DES LICHTS*, ERKENNEN, dass alles als vergänglich Erkennbare mir nur LEIDEN bringt, dann würde ich den Willen dazu benutzen, mich vom törichten Verlangen nach vergänglichen Strukturen zu lösen, um NIRVĀṆA zu erlangen. An der Schwelle von NIRVĀṆA würde ich dann wieder den Willen ablegen, weil ja das Ziel erreicht ist. So benutzt man den Willen, um NIRVĀṆA zu erlangen oder so überwindet man den Willen mit dem Willen. OM. Denn auch der Wille BIN ich also nicht, ich HABE nur einen solchen, und ich kann ihn setzen oder auch nicht. OM. Wirkt der spirituelle Name positiv auf mich, dann ist es mir möglich, alle als veränderlich erkannten Bestandteile als mir nicht zugehörig einzustufen. Dies ist ein zunächst intellektueller Vorgang, welcher durch das Studium der Lehre verstärkt wird sowie durch tägliche SEELENATEM MEDITATION. Die gesamte Welt stellt sich mir dann dar als NICHT mein Selbst, und ich erwäge die LOSLÖSUNG davon. Mehr und mehr ERKENNE ich: Alles als veränderlich Erkennbare bin ich NICHT. Meditativ löse ich mich mehr und mehr davon. OM. Ich nähere mich immer weiter und tiefer dem UNERKENNBAREN, dem wirklich Unsterblichen, dem NIRVĀṆA, der AUFHEBUNG ALLER WAHRNEHMUNG und EMPFINDUNG, aber doch NICHT der Aufhebung meiner selbst, der dann nichts mehr wahrnimmt und empfindet! OM. Ich habe nur die Aufhebung jeglichen Wollens erlangt, und ich ERKENNE die Wahrheit. Doch HALT, habe

ich nicht gesagt, dass NIRVĀṆA die Loslösung von allem Erkennbaren ist? Ja, aber von allem als VERÄNDERLICH Erkennbarem. Man löse das Rätsel. OM.
Ehre sei dem *BUCH DES LICHTS*. Mein WAHRES ICH wird durch den Loslösungsvorgang so wenig berührt wie von dem ständigen Geboren Werden, Leben und Sterben, und das Leben für Leben. OM.

Der **spirituelle Name** verweist also auch auf meine Schwächen, definiert meine Schwächen **und** Stärken und benutzt die Stärken, um mich zu **lösen** von Körper, Gefühl, Denken, Seele und Geist bzw. von dem Verlangen danach. Jenseits der Welt und jenseits von allem als vergänglich Erkennbarem verweile ich also jenseits der Welt der **Erscheinungen**, im lebensfreien Zustand verweile ich. OM. Eines wird mir mehr und mehr klar: „Nec taliter, nec aliter, sed totaliter aliter" oder: Mein Ich ist WEDER SO, NOCH ANDERS, SONDERN GANZ ANDERS!
Wer es zu fassen vermag, der fasse es. OM.
Wer sich einen spirituellen Namen erwünscht, der ist mutiger und stärker als jemand, der tausend Mann im Kampf besiegen will, denn beim spirituellen Namensträger geht es darum, die **eigenen** Schwächen zu erkennen und zu ÜBERWINDEN! Die meisten Menschen unterschätzen diese Schwächen, weil viele sich ihrer gar nicht bewusst sind! Sie denken nach amerikanischer pseudoesoterischer Manier „I am okay, you are okay". Von wegen. Gar nichts ist okay.
Der spirituelle Name enthüllt die wahre Krankheit der Welt. Es ist der körperliche Organismus. Dieser Organismus bin ich aber nicht, ich HABE ihn nur. Im Tode sterbe nicht ich, sondern nur das, was ich NICHT bin. Mein VERLANGEN oder mein Wille nach einem neuen Organismus wirft mich wieder auf das Samsara, das Rad der Wiedergeburt, und wieder werde ich geboren, lebe und sterbe. OM. DAS ist die wahre Bedeutung des Energieerhaltungssatzes von Dr. Robert Mayer,

$$\begin{aligned}\mathbf{F}\cdot\dot{\mathbf{x}}(t) &= -\nabla V(\mathbf{x})\cdot\dot{\mathbf{x}}(t)\\ &= -\sum_{i=1}^{3}\frac{\partial V(\mathbf{x})}{\partial x_i}\cdot\frac{\mathrm{d}x_i(t)}{\mathrm{d}t}\\ &= -\frac{\mathrm{d}}{\mathrm{d}t}V(\mathbf{x}(t)) = -\dot{V}\end{aligned}$$

wie in meinem Buch DIE WELTFORMEL bewiesen. OM.

Der Körper ist ANATTA, also NICHT Ich, sondern nur ein Leid verursachendes Geschwür, dies natürlich nur vom höchsten, nirvâṇischen Standpunkt aus gesehen. Ich WILL also nur diesen Körper, BIN nicht dieser Körper. Jene, die von mir bereits einen individuellen spirituellen Namen wollen, wollten das Richtige, nämlich die LOSLÖS-

UNG von dem, was sie bisher für viele Leben wollten. Sie waren bzw. sind sich vielleicht nur nicht der Schwere der Aufgabe bewusst. OM.

Denn zunächst einmal gilt es, den SCHUTT beiseite zu räumen, also physischen, mentalen, emotionalen und sogar SEELISCHEN Schutt, denn auch Deine Seele bist Du natürlich NICHT. Sie ist ebenfalls nur eine vergängliche, feinstoffliche Hülle. Nur in ständiger täglicher nach innen führender SEELENATEM MEDITATION kommt die Wahrheit, das unbekannte Land. Wer es zu fassen vermag, der fasse es.
Man kann es gar nicht oft genug wiederholen: Die Wahrheit bzw. das SELBST ist nicht erkennbar. Die Wahrheit ist die **Aufhebung** aller Wahrnehmung und Empfindung, aber doch nicht die Aufhebung desjenigen, der **nichts mehr** wahrnimmt und empfindet. Man löse das Rätsel. OM.
WAS? ICH SOLL NICHTS MEHR WAHRNEHMEN UND EMPFINDEN? DANN REINKARNIERE ICH LIEBER IMMER UND IMMER WIEDER!
So wird der Anhaftende denken und immer wieder geboren werden, leben, sterben, und … leiden. Die Entscheidung liegt bei ihm.

DAS BUCH DES LICHTS wird die meisten Pseudobuddhisten, Christen und Muslime schockieren, weshalb der spirituelle Name für sie nicht in Frage kommt. Sei's drum, ich hab nur versprochen, die Lehre weiterzugeben. OM.
Wer aber den **spirituellen** Namen wirklich will, der will NICHT mehr den elterlichen Keim eines neuen befruchtetetn Schoßes erreichen oder ergreifen, der will NICHT mehr geboren werden, leben und sterben. Der Schüler des *Buches des Lichts* weiß übrigens bereits, dass es, vom höchsten nirvâṇischen Standpunkt aus gesehen, gar kein Leben gibt. Es gibt nur ein STERBEN. Die Geburt ist der Beginn des Sterbevorganges und der Tod ... sein Ende.

Wie steht es nun mit den Empfindungen?

Die bist Du natürlich auch nicht. Tausende von Empfindungen durchdringen den Menschen Tag und Nacht, Leben für Leben. Der ORGANISMUS wird von diesen Empfindungen beeindruckt. Es gibt der Empfindungen viele. Hier benenne ich nur mal einige:

1. Die LUSTEMPFINDUNG
2. Indifferente Gefühle
3. Schmerzliche Empfindungen, bedingt durch Krankheiten und Unglücksfälle etc.
4. Die STERBE-EMPFINDUNG, die man schon so oft erfahren hat, immer noch nicht daraus lernend, dass man NICHT hierher gehört, NICHT das Sterbende ist, NICHT die Hülle, die immer wieder entrissen wird, diese Hülle, dieses unbändige Verlangen zu leben, aber **bitte,** wenn's geht, NICHT zu sterben. Ein kleines "haha" sei mir hier erlaubt. OM

5. Die ART der Sterbeempfindungen ist entweder, was sehr selten ist, friedlich oder SCHMERZHAFT, entsprechend dem Anhaftungszustand, das ANATTA betreffend, also meine Beschmutzung, die vergängliche Hülle betreffend, die ich mir immer wieder auferlege, sie ergreife, und die mir immer wieder im Tode entrissen wird. OM.
6. Tod auf dem Schlachtfeld
7. Tod auf dem Krankenlager
8. Hingerichtet als Verbrecher

NIEMAND sollte jetzt zu schnell frohlocken, denn WIR ALLE haben bereits jede Schrecklichkeit begangen, die wir uns überhaupt vorstellen oder ausdenken können. OM. Immer mehr werde ich von spirituellen Namen zur Wahrheit geführt, welche JENSEITS des sich ständig verändernden Lebensstromes wartet. JEDE Empfindung erkenne ich von nun an immer RADIKALER.

Ich ERKENNE:
Jede Erfahrung löst sich auf, jede Lustempfindung, jede Schmerzempfindung, aber sie kehren auch zurück, solange ich nicht das VERLANGEN nach der Welt überwunden habe. OM.
Wer einen spirituellen Namen will, um mehr Erfolg in der Welt zu erlangen oder nur, um sich „besser zu fühlen", der wird immer wieder auf die Schnauze fallen. OM.
Der Sucher nach der Wahrheit aber erkennt, geleitet vom spirituellen Namen: Das, was man so Freude nennt, das ist in Wahrheit nur verstecktes Leid. Dann kommt das größte Leid - mein Organismus wird mir im Tode entrissen. Wir werden dann begraben von einem Erdbeben des Leidens, ertränkt in einer SINTFLUT des Leidens. Und was macht der Narr? Was entscheidet er? Er will WIEDER geboren werden, WIEDER leben, WIEDER leiden, WIEDER sterben. DAS ist die wahre Geisteskrankheit, an der die ganze Welt mit allem darin erkrankt ist, und ich nehme davon auch die Götter und Wesen der höchsten, aber immer vergänglichen Himmelswelten nicht aus. Macht euch doch nichts vor, liebe Christen und Muslime und der Rest. Auch eure IMMER VERGÄNGLICHEN Himmel sind doch nur der Startplatz für ein neues, immer vergängliches und dadurch immer leidvolles Leben und Leiden.

Und was das angebliche „ewige Leben im Himmel" anbelangt, so kann ich immer nur wiederholen, dass es sich dabei um eine Fehlübersetzung handelt. Die griechische Bibel kennt den Begriff „ewig", bezogen auf eine Himmelswelt, gar nicht. Das Wort ist AIONIAS oder ÄON, und das bedeutet EINE ZEITPERIODE oder eine lange Zeit, immer begrenzt, immer vergänglich. SELBST DIE GÖTTER werden vom *BUCH DES LICHTS* belehrt: LASST DOCH ENDLICH LOS! OM.
Denn auch aus den höchsten Himmeln kann man ja wieder fallen. Siehe die „gefallenen Engel" der Bibel. WO war denn der ERSTE wirkliche Krieg? Er fand IM HIMMEL statt. Lest nur eure Bibel und euren Koran mit dem rechten Verständnis!

WANN wird euch endlich GRAUSEN und ENTSETZEN packen? Wann werdet ihr endlich bereit sein, NICHT mehr Insassen dieses kosmischen Irrenhauses zu werden? WANN?

Du, der Du als Leser den spirituellen Namen LANOO bereits automatisch von mir erhalten hast und Dich mit der Lehre befasst, Du weißt, was ich meine. Du willst nicht mehr auftauchen in einem neuen Erdenleben.

Du willst WAHRE Unsterblichkeit, also die Aufhebung aller Wahrnehmung und Empfindung, aber doch nicht die Aufhebung desjenigen, der NICHTS mehr wahrnimmt und empfindet. Du hängst noch sehr an Empfindung und Wahrnehmung, etc., etc? Dann vergiss den spirituellen Namen.

NIEMAND außer mir ist befugt, den spirituellen Namen zu vergeben, alle anderen, die dies tun, sind Lügner und Betrüger. Warum? Weil sie Dir diesen Namen verleihen, damit Du das Leben besser genießen kannst. SATANISTEN sind das, all diese „Gurus" sind SEHR GEFÄHRLICH. Mehr will ich dazu nicht sagen.

Ich hoffe, Du bist bald entsetzt genug, Dich nicht mehr mit dieser leidvollen Welt befassen zu wollen, es sei denn zum Zwecke der Loslösung. OM. EHRE SEI DEM *BUCH DES LICHTS* und EHRE SEI DEM SPIRITUELLEN NAMEN.

Übrigens: Wer MICH als GURU sieht oder will, der irrt gewaltig. *DAS BUCH DES LICHTS* ist Guru. Ich gebe es nur weiter. OM.

Weißt Du noch?

Weißt Du noch, wie Du als Kind fröhlich gelacht hast, als junger Mensch verliebt geflüstert hast, die Wollust genossen hast, die scheinbare Erfüllung all Deiner heißen Wünsche, aber erinnerst Du Dich auch an das Todesröcheln Deiner Lieben? WEISST DU NOCH? Bist du bereit, all dies loszulassen? Dann ist der spirituelle Name LANOO das Richtige für Dich. OM.

Schau doch mal, wie sie sich alle vor dem Leiden fürchten und alles Leidende verstecken. Die Armen steckt man ins Obdachlosenheim, die Kranken ins Krankenhaus, den Behinderten gibt man etwas illusionäre Freude bei den Special Olympics, die Irren steckt man ins Irrenhaus, Verbrecher ins Zuchthaus und die Sterbenden ins Hospiz. OM. Auch im Zoo zeigt man nur die gesunden Tiere, und man sagt sich dann: „IST DIESE WELT NICHT SCHÖN?" Aber sie ist nicht schön. Auch die schönste Natur verbirgt nur das Fressen und Gefressen Werden. Du frisst DOCH AUCH die Beilegungen all derer, die gerne **leben** wollen. So funktioniert die Maschine. Jeden Tag verhungern 30.000 Kinder auf Erden, während die pädophilen Pfaffen immer fetter werden. Aber KARMA wird sich um diese Herrschaften schon noch kümmern. Dann fragen mich viele: Ja, ist es denn nicht auch das Karma der Kinder, von den Pfaffen missbraucht zu werden?

Dazu nur folgendes:

1. Die Menschheit muss zunächst einmal ihr Karma ausleben, um dann ENDLICH für *DAS BUCH DES LICHTS* bereit zu sein.
2. Es gibt jedoch in der Tat eine karmische Möglichkeit, vom Bösen abzulassen, nämlich dann, wenn Opfer und Täter sich immer wieder im Missbrauch treffen und sich dann durch den LEIDENSDRUCK **endlich** VON SELBST entscheiden, abzulassen von ihrem sündhaften, unmoralischen Treiben. Doch dies mag sehr lange dauern. WIE LANGE will der Mensch denn noch leiden? OM.
3. Der spirituelle Name ermöglicht Dir eine sinnvolle Bewertung Deines Lebensinhaltes. Der spirituelle Name SCHÄRFT Dein Erkenntnisvermögen, indem er es Dir ermöglicht, ENDLICH zu erkennen, was Du NICHT bist und wie Du Dich, geleitet durch *DAS BUCH DES LICHTS*, von diesem immer vergänglichen Erkenntniszustand lösen kannst. OM.

Eine in die Tiefe gehende Frage soll die diffizile Wirkung des Karma demonstrieren. Wer verursacht mehr Schaden, schlimmeres Karma, jener, der BEWUSST Böses tut, oder jener, der unbewusst Böses tut? Die meisten Leser werden sagen, jener, der BEWUSST Böses tut, verursacht schlimmeres Karma. Dem ist aber nicht so. Derjenige, der - sich dessen UNBEWUSST - Böses oder Falsches tut, immer und immer wieder, der verursacht schlimmeres Karma. DENN: Wer bewusst Böses tut, ist sich dessen bereits bewusst, wird sich mehr und mehr des Bösen der Tat bewusst und mag davon früher oder später ablassen. Wer aber, vielleicht einer falschen Lehre folgend, UNBEWUSST Böses tut, vielleicht nicht einmal weiß, dass es böse oder schlecht ist, der tut mehr und mehr davon und akkumuliert mehr negatives Karma für sich und andere. Beispiel: Ein religiöser Fanatiker, der Andersgläubige tötet und sogar dafür von seinen Freunden gefeiert wird, wie das ja heute nahezu üblich ist, der ist sich des Falschen seiner Tat nicht bewusst, bis irgendwann einmal die ganze Wucht des Karma auf ihn hernieder kracht und er sich <u>auf diese</u> Weise schmerzhaft des Bösen der Tat bewusst wird. Nur *DAS BUCH DES LICHTS* und seine Zweigschriften erklären den KARMA Begriff vollständig. Hier zusammenfassend folgendes: Karma करम „Wirken, Tat" oder auch Actio = Reactio, schlägt nicht immer gleich zurück. Böses und Gutes werden nicht immer sofort karmisch ausgeglichen. Wer Böses tut, dem geschieht früher oder später Böses. Wer Gutes tut, dem geschieht früher oder später Gutes. Aber WAS ist denn "gut" und "böse" in dieser vergänglichen Welt? Das Gute, welches ich erfahre, hat auch einen bitteren Nachgeschmack, es ist ... vergänglich wie das Böse. OM. UNSERE KINDER sollten bereits *DAS BUCH DES LICHTS FÜR KINDER* lesen, denn es lehrt: Was Du anderen antust, das tust Du Dir selbst an. OM. Du magst einwenden, dass Du ja ein LANOO bist und jeden Tag meditierst und dass Karma Dir darum nicht so sehr schaden kann. Genau das Gegenteil mag der Fall sein. Karma mag sich ANHÄUFEN und schneller wirken, gerade wenn Du ein Lanoo, also spiritueller, geworden bist. Dann wirkt der Reinigungsvorgang schneller. Andererseits gibt es auch sehr böse, oft auch hochintellektuelle Menschen, welche lange Zeit ihre bösen Taten vollbringen und das Karma erst in den nächsten Leben erfahren. Ein Beispiel von vielen ist, wie bereits erwähnt, der behinderte Physiker Stephen Hawking. Der mag also in vergangenen Leben sein großes Wissen missbraucht haben, um anderen Menschen großes Leid zuzufügen, sie zu unterdrücken. JETZT erfährt bzw. erfuhr er dafür die karmische Quittung. Darum ist es auch nicht selten, dass vor allem hoch spirituelle Menschen, bedingt durch hohen Kundalini Druck, Leiden wie Krebs und anderes akkumuliertes Karma erfahren. Doch all dies ist gut, reinigt sie und ermöglicht es ihnen, im nächsten Leben rein und strahlend zu reinkarnieren. Ich wiederhole: Wer sich traut, ALLES loszulassen, den mag negatives Karma ereilen, aber das betrifft doch nur die Hülle, nicht den Kern. Das weiß er dann, geleitet durch die Lehre, und erträgt alles geduldig.

“Ach, könnte ich doch aufhören zu wollen,” klagte neulich jemand zu mir. Warum wollte er das wohl? Weil er Angst hatte, das Falsche zu wollen, dann also lieber NICHTS MEHR wollte? *DAS BUCH DES LICHTS* aber lehrt: Das Wollen ist der höchste Segen, der uns zuteil werden kann. Aber steht nicht irgendwo im *BUCH DES LICHTS*, dass das Wollen LEIDEN ist oder zum Leid führt? So ist es. Aber ohne Leid würden wir es doch gar nicht loswerden “wollen”. Mit anderen Worten: Das Wollen überwindet man mit dem Wollen, so wie man das Denken mit dem Denken überwindet, falls man wirklich von dieser kranken Welt genug hat. OM. Das segensreichste Wollen ist das Wollen, sich zu lösen von allem, das man bisher wollte. Was ist das denn? Alles mit den Sinnen Erfassbare wollte man bisher. Aber es hat sich entweder bereits als leidvoll erwiesen oder die Lehre warnt uns so sehr, dass wir erst gar nicht in die Leiden verursachende Situation kommen WOLLEN. Wir fühlen uns mehr und mehr beschmutzt. Wer alles das NICHT mehr will, was er bisher gewollt hat, der will richtig oder der will das Richtige. Geleitet durch die Lehre definiert er messerscharf das Leidvolle dessen, was er einst bzw. bisher gewollt hat, er reduziert sein Wollen. Das geht in den meisten Fällen nicht auf einmal, sondern stufenweise. Ich kann ja jetzt nicht, nur weil ich nichts mehr will, meine Familie verlassen, der Welt entsagen und ins Kloster gehen. Oder doch? Lieber nicht. Wer 30 Zigaretten am Tag rauchte und sich nun von dieser Sucht lösen WILL, wird er damit gleich Erfolg haben? Wohl kaum. Ein Weg, die Sucht loszuwerden, wäre, zunächst das Rauchen auf 10 Zigaretten pro Tag zu reduzieren etc. Du musst also Dein eigenes Versuchsobjekt werden. OM. Dennoch: Wer dies tut, ohne sich mit der Lehre zu befassen, der wird scheitern, er wird dem “Hüter” erliegen. OM.
Wie kann ich nun das Wollen unfehlbar töten? Indem ich etwas **Neues** will, und zwar ERKENNTNIS. Erkenntnis wovon? Die Erkenntnis, dass ich alles als vergänglich Erkannte NICHT bin. Diese neue, auf Loslösung gerichtete Erkenntnis bestimmt, geleitet durch die Lehre, immer mehr mein Leben. Ich betrachte plötzlich die ganze Welt

mit allem darin als einen mir unangemessenen Zustand, und ich WILL Befreiung von diesem mir unangemessenen Zustand, weil er vergänglich ist und damit leidvoll. Ich will einen NEUEN Zustand, LOSGELÖST von allem als veränderlich Erfahrbarem. OM. Dies ist natürlich ein völlig **neues** Wollen, welches ich da in Gang bringe. Dem stemmt sich das Resultat des ALTEN Wollens entgegen. Der wahre Kampf beginnt. Ich schwimme nicht mehr **mit** dem Strom, sondern **gegen** den Strom in Richtung nirvâṇische QUELLE, welche DER URGRUND ist. OM.

SO tötet also NEUE ERKENNTNIS das ALTE WOLLEN. Wie kam es überhaupt zu dem Wollen an sich? Durch Abwesenheit der Erkenntnis bzw. durch das NICHTWISSEN. Es war und ist aber ein NOTWENDIGES Nichtwissen. Wie weiß ich denn, dass ich NICHT von der verbotenen Frucht essen soll, weil sie vergiftet ist und den Tod bringt, ganz gleich wie süß sie schmeckt? Indem ich von ihr koste. DAS GANZE LEBEN ist eine "verbotene Frucht". Ich koste von ihr und sterbe immer wieder und werde immer wieder geboren, bis ich, geleitet durch die Lehre, das Verlangen nach der verbotenen Frucht überwinde. Dann ruhe ich im Urgrund, der wahren Unsterblichkeit, frei von Wahrnehmung und Empfindung. Die WAHRNEHMUNG und Empfindung bezieht sich ja immer nur auf vergängliche Objekte, die mir immer wieder entzogen werden. Wer es zu fassen vermag, der fasse es. OM. Im Urgrund gibt es keine Organe, weil es da nichts gibt, woran man haften könnte oder was man ergreifen wollte. OM.

Was nur bedingungsweise mit meinem Wesen verbunden ist, immer wieder aber als WOLLEN in mir aufsteigt, dem kann ich mich entziehen, ohne mich in meiner WESENHEIT zu beschränken. Mein wirklicher Bestand ist nicht betroffen. Eine Besenkammer wird sich ja auch nicht beschweren, wenn ich in ihr keine Besen mehr abstelle. Natürlich darf man diese Vergleiche nicht zu weit führen. OM. So mancher mag nun einwenden: Wenn ich mich von allem löse, allem entsage, dann bin ich ja furchtbar arm! Du bist dann, im Vergleich zum vorherigen Zustand, vielleicht arm, aber doch nicht WENIGER! Du bist immer noch da, nur jetzt eben BEFREIT vom Verlangen nach Berührung mit der Welt. OM. Die Armut, die Du da befürchtest, ist aber ein SEGEN, denn Du bist ja dann nur arm an LEIDEN. Wenn Du, geleitet durch *DAS BUCH DES LICHTS*, wieder etwas empfindest, dann empfindest Du es mehr und mehr von Standpunkt der LOSGELÖSTHEIT von dieser Empfindung. Achtsam beobachtest Du die aufsteigende Emotion, Empfindung oder den Gedanken. Sie steigen auf und verschwinden wieder, weil Du ihnen keine wirkliche Beachtung schenkst. Du klinkst Dich da nicht ein, bist Dir nur achtsam bewusst, dass da etwas in Dir aufgestiegen ist. Auf diese Weise kann man die schlimmsten Depressionen überwinden. Dazu aber noch folgendes: Bibel und Koran sowie andere religiöse Schriften betonen, dass sie JEDES Problem sofort lösen können, wenn man ihnen nur folgt. Dies trifft NICHT für *DAS BUCH DES LICHTS* zu. Das hilft nicht immer gleich. Ein Beispiel: Jemand ist hochgradig depressiv. Er befasst sich mit der Lehre und muss feststellen, dass es ihm nicht hilft. Er wird immer depressiver. Dann ist *DAS BUCH DES LICHTS* einfach nichts für ihn, und er muss erst noch sein Depressionskarma ausleben, um vielleicht DANN bereit zu sein, das loszulassen, was dieses Karma während vieler Leben verursacht hat. Dies gilt für alle anderen EXTREMEN Leidenszustände der Menschen. Diese lieben Menschen müssen vielleicht auch erst einmal ihr KARMA ausleben, um DANN für *DAS BUCH DES LICHTS* bereit zu sein. OM. Oder: Manche Menschen müssen NOCH MEHR leiden, bis sie DANN endlich bereit sind für die Lehre, welche zum Ende des Leidens und damit zu wahrer Unsterblichkeit führt. OM.

“Schwere” Zeiten werden kommen bzw. sind bereits da. Gibt es Lösungen? Die Antwort wird euch schockieren. NEIN, es gibt keine Lösungen, weil es keine Probleme gibt. Darum habe ich geschrieben “schwere” Zeiten. In einer Welt der ständigen Veränderungen gibt es NIEMALS das, was man als Harmonie bezeichnet. Man braucht gar nicht darauf zu hoffen. Was man so Probleme nennt, das sind ganz natürliche Abläufe, welche JEDE Wesenheit im Universum erfährt, sobald sie sich an die vergängliche Hülle klammert, sich mit ihr IDENTIFIZIERT. Darum ist nur eine BEENDIGUNG dieses Zustandes möglich, ohne Beendigung desjenigen, der sich gerade in dem Zustand befindet. Meditativ beobachtet er alles, haftet so wenig wie möglich an und verhindert damit auch eine Reinkarnation auf gleicher Ebene. Er wird auf Gtund seiner stufenweise geübten meditativen Verlangenslosigkeit schließlich auf immer höhere, feinere Existenzebenen transformiert, wird dort geboren, lebt und stirbt, solange, bis er ALLES Verlangen, ALLEN Durst überwunden hat und bereit ist, in den Urgrund zurückzukehren und damit ein wahrhaftig UNSTERBLICHER zu werden, FREI, wirklich FREI! Wovon ist er dann frei? VOM VERLANGEN nach Körper, Gefühl, Denken, Seele und Geist. Vom Verlangen nach jeglicher veränderlicher Struktur, sei es hier oder in irgendeinem Himmel, der ja, laut *BUCH DES LICHTS*, auch nur ein Vorhof des Leidens ist. EHRE SEI *DEM BUCH DES LICHTS*. OM.

Oh Lanoo, Du willst nicht mehr leiden? Dann vergiss sogar diesen Gedanken, verliere Dich nicht zu sehr darin, sondern ERKENNE Dein ANATTA, also das, was Du **nicht** bist, welches man als niedere Triade beschreiben könnte. OM. Diese untere Triade, so missverstanden von den Thera Buddhisten, hat in Wirklichkeit folgende Bedeutung:
Alles in der Welt der Erscheinungen Erkennbare ist 1. अनित्य, anitya (vergänglich), 2. दुख dukkha (Leid bringend) und 3. अनात्मन् anātman (nicht das Selbst).
Dies gilt für alle vergänglichen Beilegungen, falls man diesen anhaftet, sei es in der Hölle, auf Erden oder gar in einem - übrigens ebenfalls immer vergänglichen - Himmel. OM. Ein MEISTER z. B. kann sehr wohl diese Beilegungen „tragen“ und zugleich wirken. Der MEISTER beherrscht die Beilegungen, nicht aber sie ihn.

Aufgemerkt oh Leser, aufgemerkt aber auch ihr törichten Theras, ihr “Gelehrten”, welche die Lehre des Buddha vergewaltigten und damit zu einer Zerstörungslehre machten, indem sie lehrten, es gibt nichts anderes als die vergänglichen Gruppen, dabei verschweigend, wer es denn dann sein soll, der sich, auch nach IHRER Lehre, davon löst. Eine Hand kann sich doch nicht selbst wegwerfen. Sie aber leugnen, dass es so etwas, also die Wesenheit selbst, gibt. Von diesem Irrwitz der späteren "Gelehrten" befreit uns natürlich *DAS BUCH DES LICHTS*, darum sei dies hier zusammenfassend noch einmal erklärt.

DAS BUCH DES LICHTS LEHRT: Im Gegensatz zur späteren Theravada Lehre ist es nicht so, dass es kein Ich gibt, also keine Wesenheit, sonst könnte sie sich ja auch gar nicht lösen von vergänglichen Beilegungen, als da sind Körper, Gefühl, Denken, Seele und Geist, oder was es da noch sonst alles gibt in dieser kranken Maya Welt der vergänglichen Erscheinungen. OM. *Das Buch des Lichts* lehrt das WAHRE unsterbliche Ich als Ziel, um so DEN URGRUND zu erlangen, oder das NIRVĀṆA und damit das Ende des Leidens. OM. **Das** hat auch der erhabene Gautama Buddha gelehrt, und nicht das Interpretationsgekritzel der offensichtlich verwirrten, dem Leben anhaftenden, sich mit den vergänglichen Gruppen identifizierenden späteren Theras. DENN, wenn es nichts anders gibt als die vergänglichen Gruppen und ich diese sein soll, dann würde ich mich ja ZERSTÖREN, wenn die Beilegungen nicht mehr sind. Dann komme ich lieber immer wieder, werde geboren, lebe und sterbe, denn auch die THERAS lehren ja REINKARNATION. Was soll denn aber da reinkarnieren, wenn es die vergänglichen Beilegungen gar nicht mehr gibt? Es ist nämlich DER DURST nach der Welt, nach den Beilegungen, welches die Reinkarnation oder Wiedergeburt verursacht. Diesem Vorgang kann man entkommen, indem man sich nicht mehr identifiziert mit Körper, Gefühl, Denken, Seele und Geist. Wer also, wie die Theras sagt, den Menschen betreffend, es gäbe nichts außer den vergänglichen Beilegungen, der unterliegt offensichtlich einer heftigen Verwirrung.

Auf diese Weise wurde die heilige Lehre des Buddha zu einem lebensfeindlichen Quatsch der Theras. Doch OHNE sich mit dem *Buch des Lichts* zu befassen und OHNE zu meditieren, wird man dies nie verstehen. OM. Das Buch des Lichts lehrt also nicht, dass es kein Ich gibt, sondern es will im Gegenteil das WAHRE, befreite, unsterbliche, zeitlos ewige Ich oder die WESENHEIT des nach Erlösung ringenden Menschen betonen und ermöglichen. In dem Zusammenhang ist der spirituelle Name LANOO die treibende Kraft im Prozess der Loslösung von allen vergänglichen und damit immer leidvollen Beilegungen. Hat man alles Äußere und Vergängliche und Sterbliche überwunden, dann braucht man keine vergänglichen, immer leidbringenden, sterblichen Organe mehr. Dann hat man das NIRVĀṆA erlangt, wahre, zeitlos ewige Unsterblichkeit, frei von Dauer. OM. Eine andere Ewigkeit und Unsterblichkeit gibt es NICHT. Was die Wesenheit selbst betrifft, so deckt sich *DAS BUCH DES LICHTS* mit der Pudgalavada Lehre, des Trägers der vergänglichen Hüllen. OM.

Übrigens lehren sogar Bibel und Koran das Gleiche. Man darf sie nur nicht wörtlich nehmen, sondern muss, geleitet durch *DAS BUCH DES LICHTS*, **hinter** den Schleier blicken…

Das größte Leid

Wer oder was verursacht denn das LEIDEN? Der Leser selbst natürlich, indem er sich identifiziert mit dem, was er nicht ist. Drum sei auf dieses Leid noch einmal Bezug genommen sowie auf das beschleunigte Ende des Leidens mit Hilfe des spirituellen Namens.
Das größte Leid erfährt jener, der sich in die Sinnesfreuden stürzt, sich dort Glück erhofft. Er flieht in die EMPFINDUNGEN, die wohligen suchend, die neutralen meidend und die leidigen fliehend, nicht wissend, dass ALLE Empfindungen LEIDVOLL sind. OM.
Am leidvollsten aber sind die WOHLIGEN Empfindungen. SIE sind die Falle, in die wir immer wieder tappen. Übrigens: Das Verlangen nach WOHLIGEN Empfindungen mag sogar noch viel stärker werden oder erwachen in jenen, die den spirituellen Namen wollen und ihn dann auch bekommen. Davor warne ich immer. Satan schläft nicht, wenn ihr wisst, was ich meine, und ihr WISST, was ich meine…
Der Durchschnittsmensch aber weiß NICHT, was ich meine. Er wird halt durch LEIDEN lernen, immer und immer wieder, bis er dann endlich bereit ist für *DAS BUCH DES LICHTS* und für den spirituellen Namen. Ich verleihe den spirituellen Namen, sei er LANOO oder individuell, immer bezogen auf die PERSÖNLICHKEIT der Fragenden, denn es gilt die PERSÖNLICHKEIT zu überwinden. Der spirituelle Name führt zu stufenweiser oder totaler SITTENREINHEIT. Jede durch Körperorgane erfahrene Glücksempfindung wird, der Wahrheit gemäß, als LEIDVOLL erkannt. Dies nicht etwa, weil es keine durch Organe empfundene Glücksempfindung gibt, sondern weil sie IMMER auf Grund ihrer Vergänglichkeit zum LEID führt. Der spirituelle Name ist damit der Schlüssel zu NIRVĀṆA. Wer so denkt, der denkt richtig. OM.

Die Leidensmomente werden früher oder später bedingt durch die ANHAFTUNG an die vergänglichen Strukturen, ja durch das SICH IDENTIFIZIEREN mit ihnen, inklusive mit dem eigenen, auch immer vergänglichen Körper. Der spirituelle Name wird Dich immer wieder auf dieses falsche Denken aufmerksam machen. Ich scheue wie gesagt davor, einen individuellen spirituellen Namen zu verleihen, sondern einfacherer und sicherer den spirituellen Namen LANOO, den ich hiermit dem Leser anbiete.

Und was die Religionen anbelangt, schaut sie euch doch nur mal an, liebe LANOOS. Die Religionen wollen sicherlich auch das Gute, verursachen aber doch immer und immer wieder das Schlechte, indem sie sich streiten, wer nun der wahre Gott ist, um sich dann gegenseitig die Schädel einzuschlagen, wie das ja heute in vielen Konflikten sichtbar wird. Dazu meine seit Jahrzehnten verkündete Prophezeiung: **Das Blut wird meterhoch spritzen!** Dies muss und wird aber enden, denn DU bist Gott. So lehrt *DAS BUCH DES LICHTS*. Du kannst Dich nur selbst erlösen, geleitet durch den spirituellen Namen und die Lehre. OM.

DER SPIRITUELLE NAME enthüllt Dir, woran Du noch zu arbeiten hast, er macht Dir bewusst, welcher DRANG NACH SINNESFREUDEN Dich noch erfüllt. DEN gilt es zu überwinden, Stufe um Stufe. LÖSE Dich von Deinen Beschmutzungen!
Aber es kommt noch schockierender! Du kannst Deinen Drang nach der Welt und ihren immer vergänglichen Sinnesfreuden NIEMALS befriedigen, den Drang nach NIRVĀṆA kannst Du sehr wohl befriedigen! EINMAL NIRVĀṆA, IMMER NIRVĀṆA. So überwindet man den Drang mit dem Drang. OM. Du kannst NIRVĀṆA aber auch jederzeit wieder verlassen und dann in höchster hierarchischer Position wirken.
Übrigens: Ich will hier nicht die Religionen schlecht machen, denn auch sie und ihre Verkünder wollen ja den Menschen erlösen, wenn wir mal die Pädophilen und die Satanisten unter den Pfaffen auslassen. Übrigens: Auch die Religionen wollen ja DAS GLÜCK und WARNEN vor den Sinnesfreuden. Es gibt ja auch unter Christen und Muslimen moralisch hochstehende Menschen, aber sie werden NIEMALS das wahre Glück finden oder gar auch den Weg dahin lehren. Niemals.

Wie sehr darf ich denn nun, speziell als Träger des spirituellen Namens LANOO, die Sinnesfreuden genießen? ALLES in Maßen. IDEAL wäre: Keusch leben, einmal am Tag eine leichte vegetarische Mahlzeit, nur Wasser trinken und sich mit der Lehre befassen ... Das geht nicht? Dann wähle man den Mittelweg, der im *BUCH DES LICHTS* ebenfalls gelehrt wird. Das geht auch nicht? Dann lass es doch sein.
WIE SEHR drängt es Dich noch nach den Sinnesfreuden? Dann weisst du ja, woran Du noch zu arbeiten hast. Eines ist klar: Wann immer Du einen Drang NICHT befriedigen kannst, entsteht LEIDEN. Dies gilt für den Drang nach der Welt wie auch für den Drang nach NIRVĀṆA, nur dass der Weltendrang immer wieder neu aufflammt und der Drang nach NIRVĀṆA nicht mehr, wenn Du einmal NIRVĀṆA erlangt hast. OM. Eigentlich willst Du übrigens gar nicht **Deinen** Drang befriedigen, sondern den Drang Deiner SINNESORGANE, denen Du so oft und so viele Leben lang nachgegeben hast. OM. Du stillst immer wieder, eben via Organe, Deinen Drang nach der Welt, der NIEMALS befriedigt werden kann und zu immer neuer Geburt, Leben, Sterben und Leiden führt.
Warum vergeht eigentlich der Drang nach der Welt, um bald darauf wieder neu zu entflammen? Weil unsere SINNESORGANE vergänglich sind und sich immer wieder neu strukturieren, unserem Drang entsprechend. OM. DIES führt zur Unersättlichkeit des Dranges nach der Welt. Und je mehr Du dem Drang nachgibst, umso mehr erwächst er in dir. IMMER folgt deshalb einer Sinnesbefriedigung das Leid. Zu Beginn ist man sich dessen nicht so bewusst, doch früher oder später ERKENNST Du, was für ein SKLAVE des Dranges Du geworden bist. DARUM heißt die Weltformel LEBEN = DRANG, wie in meinem Buch *DIE WELTFORMEL* dargelegt.
Möge der spirituelle Name Dich sicher auf den Weg zurück nach NIRVĀṆA geleiten. Doch soweit ist es wohl noch nicht. Noch sind HÜRDEN zu überwinden. So wie Speise und Trank sich in Kot und Urin verwandeln, so verwandelt sich Dein Drang in

Leid, welches erst endet, wenn Du NIRVĀṆA erlangt hast. Nach jeder Drangbefriedigung folgt meist ein Zustand des FRIEDENS, den so manche gerne ewig beibehalten würden, wenn nicht der Drang aufs Neue entflammen würde.

Die leidfreie Wiedergeburt

Dein spiritueller Name hat auch die Aufgabe, Dich zu einer leidloseren Wiedergeburt zu führen, denn den Quantensprung nach NIRVĀṆA wirst Du wohl in einem Anlauf nicht schaffen. Es wird vielleicht eine Zwischenstation in einer wunderschönen, aber doch auch immer vergänglichen Himmelswelt stattfinden. Während die Wesen dort fröhlich ätherisch tanzen, wirst Du dann vielleicht nur da sein und meditieren, damit Du auch dieser vergänglichen Situation entrinnst.

Im Augenblick aber bist Du noch ein Ergreifer von Beilegungen, welche Dich als "Mensch" klassifizieren. Der Reinkarnationsvorgang lässt Dich im Tode einen neuen Keim ergreifen, der Deiner augenblicklichen Bewusstseinslage entspricht, das kann bis hinunter zu den tiefsten Höllen führen, wo sich dann viele der "Großen" dieser Welt schmorend auf einem Höllenfeuergrill wiederfinden. OM.
Übrigens: Der Himmel ist Dir so nah wie die Hölle. Ist gleich neben Dir. Ein entsprechender Bewusstseins- oder Verlangenszustand, und schwupps hast Du Kontakt mit entweder Himmel oder Hölle. Sei also gewarant. OM.
Deine vielleicht immer wieder auftauchende Frage

WER BIN ICH DENN NUN WIRKLICH?

ist folgendermaßen zu beantworten: Falsche Frage, einer Antwort nicht würdig, weil die Antwort Dich immer in die Irre zu neuem Leid führen wird. 'Wer bin ich NICHT', solltest Du fragen. Und Dich dann lösen von allem, was Du nicht bist, falls Du das so willst. Denn wie Du jetzt bereits weißt: Der Wille nach der Welt kann NIEMALS befriedigt werden, er wird immer wieder aufs Neue aufflammen. Der Wille nach NIRVĀṆA aber kann sehr wohl erfüllt werden. Ist er erst einmal erfüllt, wird er nicht mehr aufs Neue entflammen. OM. Aber wenn Du schon darauf bestehst, zu wissen, wer Du bist, lies folgendes:
Du bist weder ein Mensch noch sonst irgendetwas, das bedeutet aber nicht, dass Du NICHT bist. Löse das Rätsel, indem Du in täglicher Meditation und geleitet durch die Lehre Stufe um Stufe das überwindest, was Du essentiell NICHT bist, also Dein Verlangen nach Körper, Gefühl, Denken, Seele und Geist. Wer es zu fassen vermag, der fasse es. OM.
Es ist also der DRANG, die Weltformel DRANG = LEBEN oder auch LEBEN = DRANG, die Deine Wiedergeburt bestimmt. Ein Beispiel: Die Wesen in der Himmelswelt haben irdischen Drang überwunden, sie haften aber noch an **ihren** ebenfalls vergänglichen ätherischen Beilegungen, was sehr wohl zu einem neuen "Fall" in physi-

sche Welten führen kann, siehe den "Fall" Adams und Evas aus einer Himmelswelt in tiefere Ebenen. Oder sieh den "ersten Krieg", der ja nicht auf Erden, sondern im HIMMEL stattfand. OM. EHRE SEI DEM *BUCH DES LICHTS*. Denn OHNE das *Buch des Lichts* wird man dies niemals wirklich verstehen. OM.

WARNUNG

Dies gilt vor allem auch für alle pädophilen Pfaffen und andere satanischen Menschen und Wesen: Je brutaler und gröber Dein Verlangen nach Sinnesfreuden ist, umso leidvoller Dein nächstes Leben. Das brutale Verlangen nach Sinneslust ist oder führt zu dem Leben eines VERBRECHERS, der bereit ist, die schlimmsten Taten zu vollbringen, nur um seine SINNESFREUDEN zu befriedigen. Ich spreche hier hauptsächlich von Vergewaltigern - sogar oft in höchsten Ämtern - die ihre Sinneslust befriedigen, ohne Zustimmung des oder der anderen etc., etc. OM.

DAS BUCH DE LICHTS lehrt: Die Lebenswelten im Kosmos unterscheiden sich nur durch die Intensität des Dranges ihrer Bewohner. Im Vergleich zu dem Wissen der ätherischen Wesen der Venus sind z. B. unsere höchsten Nobelpreisträger wie ... Affen. Wie lange also, oh Leser, willst Du noch waten durch den Sumpf der Welt? WIE LANGE willst Du Dich noch beschmutzen lassen?

Gerade die lieben Theosophen hätten jetzt die Gelegenheit, mit Hilfe eines spirituellen Namens zu verstehen, dass ALLE vergänglichen Formen, auch die höchsten göttlichen, leidvoll sind im Vergleich zu NIRVĀṆA. Ich gebe nur ein Beispiel: ANUPAPADAKA, also die zweithöchste göttlliche, aber immer noch vergängliche Ebene, wird beschrieben als die Ebene auf der die Monaden warten, um ihren evolutionären Entwicklungspfad zu wandeln. Das ist richtig, doch Blavatsky irrt, wenn sie lehrt, dass die Monaden in die verschiedenen Reiche ausgeschickt werden. Die schickt niemand. Es ist die Monade selbst, welche entsprechend ihres Karmas in diese Ebenen buchstäblich fällt, und dies immer und immer wieder. Kein oberster Gott veranlasst dies. OM. Auch die Gruppenseelen sind nichts weiter als Gruppierungen der verlangensbedingten Wesenheiten. Das HÖCHSTE ist, wenn man nichts Vergängliches mehr wahrnimmt bzw. will, man aber trotzdem immer noch da ist. Man löse das Rätsel.

Der spirituelle Name katapultiert den Träger schnell JENSEITS der Geschlechterdefinition, die heutzutage noch so sehr die Gemüter bewegt. Der Mensch war geschlechtslos und wird es wieder sein und sich dann durch क्रियाशक्ति kriyāśakti fortpflanzen etc., etc. Das ist *BUCH DES LICHTS* Lehre. So einfach ist das. Auch der meist überforderte Psychologe und/oder Psychoanalytiker täte gut daran, einen spirituellen Namen zu erlangen, denn dann wüsste er, wie man **wirklich** therapiert, also nicht nach außen, sondern nach INNEN. Leider haben viele Therapeuten, Psychiater und Psychologen ein gleiches Ziel, zunächst einmal das Geld des Patienten, und dann als Therapie das einheitliche Ich. So etwas gibt es aber gar nicht, weil die Wesenheit JENSEITS aller Definition, also auch per se nicht das ist, was man heute unter "Ich" versteht. Das bedeutet aber nicht, dass man zerstört ist, wenn man alles Verlangen überwunden hat. Wer es zu fassen vermag, der fasse es. Darum ist die Psychoanalyse auch gefährlich, weil sie Konflikte im Patienten bloßlegt, die lieber noch schlummern sollten. Der spirituelle Name aber ermutigt den Träger, sich ganz dem *BUCH DES LICHTS* hinzugeben und nicht irgendeiner weltlich gerichteten Organisation, welche IMMER leidvoll ist. Der Mensch soll NICHT über den Menschen herrschen. Der spirituelle Name bestimmt sich also durch die ANATTA Natur der jeweiligen Menschen. Sein Anhaftungszustand bedingt den spirituellen Namen, der den Träger langsam aber sicher zur LOSLÖSUNG von diesem Anhaftungszustand führt. Ist dann in diesem oder einem anderen Leben die letzte, meist himmlische Hürde, genommen, wartet das NIRVĀṆA. OM. Wie steht es nun mit so genannten bösen Menschen? Denen würde ich niemals einen spirituellen Namen geben, denn der würde sie möglicherweise auf der Stelle töten. Dafür bin ich nicht zuständig. Ein böser Mensch aber, der den spirituellen Namen LANOO erhält, was ja der Fall ist, weil ich ALLEN Wesen den spirituellen Namen LANOO verleihe, ein solcher Mensch kann sicher und stufenweise von seinem bösen Handeln Abstand nehmen, weil er sich ja der KONSEQUENZEN bewusst ist, die IHN früher oder später deshalb erwarten ...

Der spirituelle Name Lanoo hilft auch besonders Genies. Dies sind meist Menschen, die sich viele Leben lang mit speziellen Dingen befasst haben, sei es Sport oder geistige, aber auch handwerkliche Betätigungen und dann als "Genie" oder "Talent" wiedergeboren werden. Dies kann auch nach hinten losgehen, darum wäre ich vorsichtig, solchen Menschen INDIVIDUELLE spirituelle Namen zu geben, es sei denn, sie haben einen entsprechenden Loslösungsprozess erfahren, d.h., sie identifizieren sich nicht mehr zu sehr mit ihrer "genialen" Hülle. OM.

Beispiel: Der "geniale" Wissenschaftler Stephen Hawking. Da hat Karma zugeschlagen. Ich will dies erklären. Es handelt sich bei Hawkings Namen wohl um jemanden, der in einem vergangenen Leben sein Wissen missbraucht hat und nun den karmischen Ricochet erfährt. Da ist es ganz gut, dass er entstellt und behindert war. Das ist ein karmisches Warnzeichen. So lernt der Mensch. Viele der heutigen "Genies" werden entweder "vernünftig" oder sie gehen durch die gleiche Schule wie ein Hawking. Der spirituelle Name also beschleunigt die karmische Entwicklung, und damit ist der Loslösungsprozess gemeint und nicht irgendwelche weltlichen, sondern außerweltlichen Ziele. OM.
So manche Genies erfuhren also Negatives. Kant z. B. ist im Alter blöde geworden und Nietzsche kindisch. Das hätte ein individueller spiritueller Name noch verschlimmert, weil er möglicherweise zunächst stark negativ auf die Gemütslage gewirkt hätte. Ich habe bisher nur wenige individuelle spirituelle Namen vergeben, weil ja mein

eigenes Karma damit verbunden ist. Karmische Verflechtungen fügen oft Menschen zusammen, die sich in vergangenen Leben großes Leid zugefügt haben. Da ist, wie gesagt, der individuelle spirituelle Name nicht immer ratsam, es sei denn, der Träger befasst sich INTENSIV mit der Lehre. Der spirituelle Name bringt Verantwortung für den Träger. Eine falsche Ernährung kann Probleme bringen. Der spirituelle Name verstärkt dann die negative Wirkung. "Normale" Namen sind immer gegenwartsbezogen, auch wenn sie alt sind. Der spirituelle Namen ist ZUKUNFTSBEZOGEN. LANOO bedeutet SCHÜLER. Wenn man Schüler eines Gymnasiums ist, dann bedeutet dies, man ist zukunfsbezogen auf das Abitur, lernt für das äußere Leben. *DAS BUCH DES LICHTS* aber erklärt das Außen nur, damit man sich davon lösen kann und sich dann dem INNEN zuwendet. OM. Man fragte mich: "Kann man einem Gegenstand auch einen spirituellen Namen geben?" Damit bezieht man sich wohl irgendwie auf Priester, die Häuser und Autos segnen etc. Ich könnte das auch, würde es aber niemals tun.

Der große Chohan sagt: "Wer ohne paralleles BDL Studium einen spirituellen Namen erlangt oder bekommt, der möge sich lieber in acht nehmen. "Mit anderen Worten: Wer noch zu viel anatta in sich hat und zu wenig Monade, der ist ungeeignet für den spirituellen Namen. Kann man sich selbst einen spirituellen Namen verleihen? Ich rate ab. Das kann zurückschlagen. Ein schlimmes Beispiel für die negative Wirkung eines spirituellen Namens ist der Dalai Lama. Sein spiritueller Name hat die satanische Natur des zungenlutschenden Lama der Welt enthüllt. Ich muss ja wohl nicht ins Detail gehen.

Es gibt auf dieser Erde viele kulturelle Aktivitäten, die FAST ALLE satanisch sind. Dies betrifft Religion, Wissenschaft, Kunst, Handelswesen, Politik, aber vor allem eben auch die Religionen, welche nahezu ALLE satanisch sind bzw. es sind religiöse Wettbewerbe von Stammesgöttern. OM. Warum ist dies so? Weil diese Tätigkeiten in die Welt gerichtet sind, auf ein Fortbestehen in der Welt zielend. *DAS BUCH DES LICHTS* lehrt aber den RÜCKZUG aus der Welt der vergänglichen Erscheinungen. Wer also einen spirituellen Namen dazu benutzt, Erfolg in der Welt zu haben, der denkt falsch. Der spirituelle Name wird sich gegen ihn richten. OM.

Beispiel: Die Bhagavadgita sieht das Leben als geistige Wirklichkeit und misst dem zuviel Bedeutung bei, desgleichen die Bibel und der Koran etc. In Wirklichkeit ist unsere Existenz auf Erden nicht der Mühe wert, dass wir uns weiter damit befassen oder verankern in diesem Irrenhaus. Wir gehören nicht hierher, sondern dahin, wo wir herkommen, zurück in den Urgrund. Warum haben wir dann den Urgrund überhaupt verlassen, wenn wir nicht hierher gehören? Die Antwort: UM GENAU DAS ZU LERNEN und um durch den Loslösungsprozess **leidfrei** zu werden. Die gesamte Welt mit allem darin inklusive der höchsten Himmel der Religionen ist nichts weiter als eine Beschmutzung, von der es gilt, sich zu säubern. OM. Auch die Theosophen haben es noch nicht ganz begriffen. Beispiel: C. Jinarajadasa sagt: "Lasst das Universum eintreten." BDL LEHRT - etwas humorvoll - dann würden wir ja platzen!

Genau das Gegenteil sollte man eigentlich tun, TRITT DU in den URGRUND ein, DAS ist Deine wahre Heimat. LASS DAS UNIVERSUM ZURÜCK! OM. Was die Theosophen, aber auch die Religionen, als GLÜCK sehen, das ist eben immer noch ein Restbestand von Unglück, von Schmutz, so wie ein bisschen Kot immer noch übel riecht. *DAS BUCH DES LICHTS* vereint alle Religionen, damit wir sie irgendwann nicht mehr brauchen. Die meisten Philosophen sind ebenfalls auf dem falschen Weg. Sie wollen nämlich das Mysterium des universalen Bewusstseins Gottes offenbaren. Sie wollen EWIGE GEISTIGE WIRKLICHKEIT, die es aber so nicht gibt. Denn auch die höchste geistige Wahrnehmung ist immer mit - in dem Fall - geistigen Organen verbunden, und da diese ebenfalls vergänglich sind, ist dieses so genannte geistige Bewusstsein auch vergänglich. OM. Es gibt also keine ewige geistige Wirklichkeit, alles Wahrnehmbare existiert zwar, doch es ist eine MAYA, eine vergängliche Illusion, so real sie auch sein mag, während sie existiert. OM. Lasst also nicht das Universum eintreten, sondern tretet in den URGRUND ein! Diese materielle Welt ist kein angemessener Aufenthalt und Zustand für den **ernsthaften** Sucher. Auch die so genannten "Wissen"schaftler sind damit ALLE auf dem Holzweg. Sie richten mehr Schaden an als Gutes. Die Wissenschaft weiß gar nichts, überhaupt nichts, denn alle ihre Erkenntnisse haben bisher nur UNGLÜCK über die Menschen gebracht. Die Zeit ist gekommen für *DAS BUCH DES LICHTS*. Möge *DAS BUCH DES LICHTS* uns von allen Beschmutzungen befreien. OM.

Die lieben Theosophen lehren, dass uns das Universum einlädt, etwas Edleres, Vollkommeneres daraus zu schaffen. BDL aber lehrt genau das Gegenteil, das gesamte Universum mit allem darin ist nichts weiter als eine riesige Mülltonne, also ein unangemessener Platz für jene, die das Ende des Leidens suchen. OM. LANOO ist natürlich auch ein spiritueller Name. Wenn alle Menschen nur diesen einen Namen hätten, die ganze Welt ein *BUCH DES LICHTS* Kloster wäre, das wäre dann das Ende des Leidens. OM. Es gibt in der Welt nichts Erhabenes, NIRVĀṆA ist das Erhabene, JENSEITS der Welt der Ereignisse.

Der spirituelle Name macht Dich zu einem ERWACHTEN. Du erwachst zur AUFHEBUNG ALLER WAHRNEHMUNG UND EMPFINDUNG bzw. zum Ende des VERLANGENS nach Wahrnehmung und Empfindung!! Aber doch nicht zu **Deiner** Aufhebung, denn Du wurdest nie erschaffen! Was die Religionen von ihrem Gott lehren, das lehrt *DAS BUCH DES LICHTS* von ALLEM! Alles ist unerschaffen, zeitlos ewig und manifestiert periodisch, getrieben von Verlangen. OM. Der spirituelle Name macht uns BEWUSST, dass wir alles BEWUSST Erfahrene eben NICHT sind. Darum gibt es, man kann es gar nicht oft genug wiederholen, kein unendliches Bewusstsein, sondern nur ein vergängliches Bewusstsein, denn alles Bewusstsein ist nur das Ergebnis vergänglicher Organe. Ist nun NIRVĀṆA das Selbst? Natürlich NICHT. Auch NIRVĀṆA ist ANATTA, also NICHT das Selbst, sondern der angemessene Zustand.

Höher bzw. tiefer nach innen geht es nicht. Da sind immer zwei: die Wesenheit und der Urgrund. Aber dieser Zustand ist wirklich unendlich, nämlich in dem Sinne, dass er keinen Anfang und kein Ende kennt. NIRVĀṆA ist zeitlos.
Ich habe eine Entscheidung getroffen, ich werde keinen **individuellen** spirituellen Namen mehr verleihen bzw. wie bereits erwähnt, nur in ganz, ganz wenigen speziellen Fällen, denn einige Menschen haben bereits darunter sehr gelitten. Darum erkläre ich jetzt, hier und heute: LANOO ist der höchste spirituelle Name. Erst wenn die ganze Welt mit allem darin den Namen LANOO führt, ERST DANN erfüllt jedes Wesen den Sinn seines Lebens. Und DARUM umhülle ich die ganze Welt, mit allem darin, JETZT mit dem spirituellen Namen LANOO. Alles ist Lanoo. Das bedeutet: Wenn alle Wesen im Universum nur noch EIN ZIEL haben, nämlich das NIRVĀṆA, dann sind sie alle von EINER SCHWINGUNG durchdrungen, und diese eine Schwingung macht dann unterschiedliche Namen und Sprachen unnötig. Wann das sein wird? Ich weiß es nicht. Ich soll das hier ja nur weitergeben. OM.

Oh Lanoo, weltliche Namen trennen. Der spirituelle Name vereint durch ein gemeinsames Ziel: NIRVĀṆA, das Ende des Leidens. Weltliche Namen sind nichts anderes als trennende Persönlichkeitsbenennungen. Die Ursache dafür ist das sich Identifizieren **mit der Form**. Dies wiederum ist das unweigerliche Ergebnis des NICHTWISSENS, als ob wir zur Form gehörten, die uns aber immer wieder entrissen wird. Wenn ALLE WESEN, geleitet durch *DAS BUCH DES LICHTS*, nur **ein** Ziel haben, nämlich die Rückkehr zur URQUELLE Nirvâṇa oder dem URGRUND, **nur dann** fällt die Notwendigkeit von weltlichen Namen weg. Dann heißen alle Wesenheiten, ob hier oder anderswo im Universum, LANOO, sie **sind** also LANOOS und damit *BUCH DES LICHTS* Schüler. OM.

ICH VERLEIHE DER GANZEN WELT MIT ALLEM DARIN DEN SPIRITUELLEN NAMEN **LANOO**!

SO STEHT ES GESCHRIEBEN, UND SO SOLL ES GESCHEHEN! EHRE SEI DEM BUCH DES LICHTS! OM!

Ich werde **einschränkend** hinzufügen: Erst wenn Wissenschaft, Religion, Politik und Forschung sowie das korrupte Bankenwesen sich lösen von ihren kranken weltlichen Zielen und dem einen INNEREN Ziel zustreben, dem NIRVĀṆA, erst dann heißen und SIND auch alle Politiker, Wissenschaftler, Banker, Forscher, Künstler und Religionisten **LANOO**.
Bedenkt doch, meine Geliebten, und ich wiederhole es, denn WIEDERHOLUNG ist der beste Lehrmeister: Kunst, Kultur, Politik, Bankenwesen, Wissenschaft und Religion sind doch nichts weiter als verdrängte TODESFURCHT. Man hat die Hosen gestrichen voll! Man hat Angst vor dem ... STERBEN! Und darum möchte man etwas schaffen, das überlebt! Aber es überlebt doch nur die DUMMHEIT, freundlicher ge-

sagt, die UNWISSENHEIT, denn alles, was diese weltlichen Narren vorschlagen und erschaffen, das Leben der Menschen betreffend, ist doch nur ... SCHMUTZ, vergänglicher SCHMUTZ! **Lasst doch endlich los!**

Die ganze Welt heißt bald LANOO. Eine Trennung in Namen ist dann nicht mehr nötig. OM. Die Trennung in Körper, Gefühl, Denken, Seele und Geist ist dann aufgehoben. Ich gebe ein Beispiel: Nicht nur die Forscher heißen dann alle LANOO, auch deren Geräte, die jetzt aber der Forschung nach **innen** gewidmet sind, heißen LANOO. Auch der Gott der Religionen heißt LANOO, denn auch dieser Brahmanische Gott ist laut BDL in einer Vergänglichkeitssituation, hat NIRVĀṆA verlassen. ALLE Götter aller Religionen heißen dann LANOO. Jetzt aber weiß auch dieser "Gott", also die erste Emanation, was "er" lange nicht wusste, nämlich dass "er" dahin gehört, wo "er" herkommt, nämlich, geleitet durch *DAS BUCH DES LICHTS*, in den Urgrund, erst DANN, wenn "er" das versteht, ist er ein wirklicher Lanoo. Mit anderen Worten: DU bist Gott! Ich weiß, für viele ist dies unfassbar. Aber war es noch vor nicht einmal 200 Jahren fassbar, dass man ohne Verbindungskabel, tausende von Kilometern weit voneinander entfernt, miteinander sprechen konnte? Eine völlig neue Weltenperiode ist angebrochen durch *DAS BUCH DES LICHTS*. Nichts wird mehr sein wie es früher einmal war. EINE VÖLLIG NEUE WELTENPERIODE ist jetzt angebrochen, die Weltenperiode des EINEN NAMENS, nämlich LANOO, denn auch der höchste Gott in Manifestation befindet sich in einem Lernvorgang, ist ein LANOO, also ein SCHÜLER der höchsten Wissenschaft, ein Schüler des *BUCHES DES LICHTS*, welches zur LOSLÖSUNG führt, Loslösung von allem, was man wissenschaftlich erforscht. OM. Darum auch die Wichtigkeit meines Buches *DIE WELTFORMEL*.

Mineralien, Pflanzen, Tiere, Menschen, Engel und Götter verlieren damit ihre individuellen Namen und werden ... LANOOS. Dies wird dann wiederum zum Ende aller Sprachen führen, außer SANSKRIT. Darum ist der Lanoo angehalten, sich vor allem mit den beiden *BUCH DES LICHTS* Bänden 13 und 14 zu befassen, aber nicht um schlauer zu werden, sondern um den eigenen Loslösungsprozess zu erleichtern. Man mag einwenden: Aber es gibt doch genug Sanskrit Bücher, oder? *DAS BUCH DES LICHTS* erklärt sie aber alle als uneffektiv, ja schädlich, denn alle anderen Sanskrit Bücher dienen doch nur dazu, sich besser in dieser Welt zu fühlen und mehr IN DER WELT zu leisten. Doch das genau ist satanisch. *BUCH DES LICHTS* Sanskrit weist nach **innen**, um Erlösung in NIRVĀṆA zu finden, raus aus diesem Irrenhaus der vergänglichen, Leid bringenden Welt.

Wem das nicht gefällt, der muss dann halt immer wieder durch die karmische Schmerzensphase gehen, wird immer wieder auf das SAMSARA geschleudert, auf das Rad der Wiedergeburt. OM. Ich gehe sogar noch weiter. Geleitet durch *DAS BUCH DES LICHTS*, gibt es auch keine unterschiedlichen Straßen- und Städtenamen mehr. Alles

heißt irgendwann LANOO. Berlin heißt LANOO, Hamburg heißt LANOO, München heißt LANOO, ja auch das kleinste Dorf heißt LANOO. Alle Wege werden als LANOO benannt, ALLE Berge, Seen und Meere sind LANOO, alle Lebensformen sind LANOO. Deutschland, Amerika, Afghanistan, Iran, Israel, Russland etc., etc., etc., sie alle heißen dann LANOO.
Wie soll ich aber dann von einem Ort zum anderen finden? Dafür sorgt der spirituelle Name LANOO, der ja keine Trennung mehr kennt. Wer hat mich verstanden? Man WEISS dann einfach, wie es nach München, Hamburg oder Oberammergau oder nach Shanghai geht, obwohl man es nur als Lanoo bezeichnet. Wer hat mich verstanden? Nicht viele? Macht nichts. Wir haben ja alle Zeit der Welt. Und umso mehr wir verstehen, geleitet vom spirituellen Namen LANOO **und** vom *BUCH DES LICHTS*, umso mehr fallen auch die trennenden Schranken weg zwischen Menschen, Völkern und Nationen, hier oder auf einem anderen Planeten oder in einem anderen Universum, jetzt für uns sichtbar oder unsichtbar. OM. Alle Mauern werden fallen. Wir sind dann endlich FREI, denn wir haben ja ein gemeinsames Ziel NIRVĀṆA, zurück zur Quelle des Seins. OM.
Die jetzige Situation ist im Augenblick wie folgt: Die gesamte Welt mit allem darin befindet sich in einem satanischen Zustand. SATAN ist der Gott der Kirche, SATAN herrscht über Politker, Banker, Priester, Künstler, Forscher und über alle anderen Lebensformen im Universum, sichtbar und unsichtbar, denn sie alle unterliegen ja dem TRISHNA, dem Lebensdurst. Solange das Gefühl der Getrenntheit noch tief im Menschen bzw. in den Mineralien, Pflanzen und Tieren ist, solange werden die meisten Lebewesen noch ihre eigenen größten Feinde sein. DESHALB fressen sie sich ja auch gegenseitig auf. OM.
Weil der Aufenthalt in den Himmelswelten nicht ewig ist, wird uns der spirituelle Name LANOO **jenseits** dieser vergänglichen, immer leidvollen Ebenen führen. Die vergänglichen Himmelswelten führen wiederum zu einer immer neuen leidvollen Wiedergeburt, die von einem hohen Himmel in eine tiefe Hölle führen kann. Man denke nur an den Sturz der Engel während des Kriegs im Himmel. Darum gilt dieser Satz: „Wo etwas entsteht, da entsteht IMMER etwas Leidbringendes. Wo etwas vergeht, **vergeht** immer etwas Leidbringendes."

Wer sich aber dem spirituellen Namen LANOO, geleitet durch *DAS BUCH DES LICHTS*, unterordnet, DER ist wirklich gerettet, und zwar nicht durch einen eingebildeten, vollkommenen Gott, sondern durch SICH SELBST, denn JEDER ist Gott, ein Gott im Werden. OM. Den spirituellen Namen LANOO oder Schüler wirst Du solange haben, bis Du an der Pforte des NIRVĀṆA stehst. Dann brauchst Du den Namen nicht mehr. Dann bist du kein Lanoo mehr. OM. Ich weiß, dass dies ungeheuerliche Aussagen sind. Noch befindet sich die ganze Welt, ja das gesamte Universum, auf dem falschen Weg, hinein in die Welt, anstatt hinaus aus diesem Irrenhaus und ZURÜCK nach NIRVĀṆA, der Urquelle des Seins, zurück zum Ende des Leidens,

FREI vom Verlangen nach Körper, Gefühl, Denken, Seele und Geist. OM. OM! Wenn ALLE Wesenheiten bzw. deren Formen LANOO heißen, dann könnte sogar ein Mineral oder eine Blume NIRVĀṆA erlangen. Wer es zu fassen vermag, der fasse es. Das ganze Leben ist ein einziger Ozean des Leidens. Jedes Anhaften an eine vergängliche Situation und Struktur bringt immer nur LEID. Wie steht es nun mit dem Anhaften an NIRVĀṆA? Das geht gar nicht. Anhaften kann man nur an vergänglichen Formen, seien sie Minerale, Pflanzen, Tiere, Menschen oder auch die höchsten Engel und Götter. Sie alle bedürfen der befreienden Lehre des *BUCHES DES LICHTS*. OM.

Du zweifelst an der Existenz von Himmel und Hölle? Himmel und Hölle sind mentale Rückstände böser und guter Gedanken auf mentalen Ebenen! Was auch immer Du denkst, das hinterlässt SPUREN im Himmel oder auch in der Hölle. *DAS BUCH DES LICHTS* aber **befreit Dich** sogar von den höchsten Himmeln, indem es lehrt, wie Du Dich in der SEELENATEM MEDITATION von beiden, also von Himmel UND von der Hölle - welche beide übrigens vergänglich sind - **lösen** kannst. OM. Es gibt also KEINEN ewigen Himmel und KEINE ewige Hölle. Alle Bibel- und Koranfans werden nun zusammenzucken, aber so ist das nun mal. OM.

Ich gebe ein Beispiel. Man sagt, KINDER hätten in Fatima etc. während Marienerscheinungen die Mutter Maria und Jesus etc. gesehen. Die Kirche bestätigt das recht schnell. Bringt ihr ja auch gutes Geschäft und SPENDEN für und von Fatima. Doch die Wahrheit ist, wie bereits erwähnt: JEDE mentale Vorstellung oder Beeinflussung oder Beeindruckung von einem Bild hinterlässt eine MENTALFORM, einen Abdruck auf der Mentalebene oder in der Mentalwelt. Was diese lieben, aber verwirrten Kinder also sehen, sind einfach nur ständig mental gefütterte Mentalformen von Wesen, also mentale Restbestände von menschlichen und/oder anderen Lebewesen. Was immer gedacht wird, das manifestiert auf manas loka, also der Mentalebene oder in der âkâśha Mentalwelt, und es kann von anderen, die auf etwa gleicher Schwingungsebene sind, ebenfalls gesehen werden. OM. Man sieht also nicht, was wirklich da ist, sondern, was sich andere zusammengedacht haben. OM.

ERWACHE, OH LESER! Dein Dir von mir jetzt gegebener spiritueller Name LANOO wird Dich, geleitet durch *DAS BUCH DES LICHTS*, vollständig von der Existenz dieser Ebenen überzeugen, unter anderem auch von den JHANAS während der SEELENATEM MEDITATION. Was dies ist? Das sind SCHAUUNGEN dieser Ebenen. Aber eines will ich betonen. Auch OHNE die Jhanas erfahren zu haben, auch ohne diese Schauungen, wird man VERSTEHEN, dass es diese Ebenen inklusive des NIRVĀṆA gibt. Ich will nicht von dieser Welt gehen, ohne die Menschen auf ihre UNWISSENHEIT aufmerksam zu machen. Sei Dir bewusst, dass Dein Körper ganz eigene Gesetze hat, die gar nicht Deiner Kontrolle unterliegen. Jede Bewegung ist nur möglich, weil Du sie UNBEWUSST machst. Würdest Du sie BEWUSST machen wollen mit Verständnis der Muskeln, die Du dazu benutzen musst, dann würdest Du zehn Jahre brauchen, um eine Tasse Kaffee zu trinken. Ehre sei dem *BUCH DES LICHTS*.

Noch etwas ermöglicht Dir Dein jetziger spiritueller Name LANOO, den ich Dir hiermit verleihe. Was ermöglicht er Dir? Der spirituelle Name LANOO ermöglicht Dir, geleitet durch *DAS BUCH DES LICHTS*, früher oder später die Erinnerungen an frühere Existenzen. Du WEISST dann, dass Du Dich bereits viele Male an vergangene Leben erinnert hast, indem Du z. B. Menschen triffst, die Dir sofort bekannt, ja vertraut vorkommen, oder aber bei denen Du sofort ein Alarmsignal wahrnimmst. TALENT ist ein anderer Beweis für Reinkarnation oder Wiedergeburt.

Da hast Du dann eben viele Leben lang die gleiche Tätigkeit ausgeübt (Sportler, Komponist, Wissenschaftler, etc., etc.) und wurdest dann eben mit dieser „Begabung" geboren. Wie und warum dies so ist, wirst du nur verstehen, wenn Du Dich mit dem *BUCH DES LICHTS* befasst, und zwar mit ALLEN Bänden. OM. Der unbedarfte Mensch aber, nicht vertraut mit der Lehre, erinnert sich NICHT direkt an vergangene Leben. Das würde den Fortbestand der Welt verhindern und schließlich seine Erlösung in NIRVĀṆA. OM.

Es braucht ein immer wieder neues Geboren Werden, Leben und Sterben, um dann endlich loszulassen oder diesen Entschluss zu fassen. OM. Der spirituelle Name LANOO, den ich Dir jetzt verleihe, wird Dich zu der Erkenntnis führen, dass Du Dich als WESENHEIT **jenseits** der Erscheinungswelt befindest und nicht hierher gehörst, sondern dahin, wo Du herkommst. Dazu musst Du aber VERSTEEN, dass Du nicht Dein Körper bzw. Deine Erkenntnis bist. Du, das wahre Du, die WESENHEIT, setzt diese Organe nur in Aktion. Hast du dies verstanden? Wenn nicht, dann sei geduldig und studiere *DAS BUCH DES LICHTS*. Die Zeit wird kommen, da Du, geleitet durch *DAS BUCH DES LICHTS* und durch Deinen spirituellen Namen verstehst, dass Du NICHT der Körper bist, sondern nur einen Körper **hast**. Du willst Selbstmord begehen? Tu's lieber nicht, denn Selbstmord wird Dich nach leidvoller nachtodlicher Existenz wieder vor das gleiche Problem stellen. OM.

Dein neuer spiritueller Name LANOO wird es Dir von nun an ermöglichen, Dich früher oder später von Deinem vergänglichen Erkenntnisapparat zu befreien. Dein neuer spiritueller Name LANOO wird vielleicht Dein gesamtes Leben über den Haufen werfen, denn Du wirst verstehen oder zunächst ahnen: Diese Erde ist ein großes KLO, bedeckt von den Ausscheidungen der Wesenheiten. WIE LANGE willst Du Dich noch beschmutzen damit? Drängt es Dich noch weg von NIRVĀṆA? Mir ist das, buchstäblich gesagt, egal. Wenn Du weiter leiden willst, dann leide. Ich gebe nur die Lehre weiter, mehr ungern als gern. Warum? Ich sehe es nicht als meine Aufgabe, die Welt zu retten. Vielleicht will sich die Welt gar nicht retten lassen? Wem diese Aussage nicht gefällt, der möge woanders suchen, vielleicht bei einem Guru. Ich bin keiner, bin kein Guru.

Freiheit

Was ist eigentlich Freiheit? Dein neuer spiritueller Name macht Dir bewusst: Es erfüllt Dich ein DRANG. Es **drängt** Dich fortwährend und zwar oft so sehr, dass Du gar keine eigenen Entscheidungen mehr treffen kannst, sondern vielleicht nur das tust, das Du gar nicht mehr tun willst? Dann beginnt der Kampf, gegen den alle anderen Kämpfe nur ein Kinderspiel sind. Bist Du bereit dafür? Nun, ich habe Dir bereits den spirituellen Namen LANOO verliehen, ob Du willst oder nicht. OM. Drängt es Dich noch? Bist Du Dir überhaupt dessen bewusst?

Es drängt Dich doch andauernd! Wozu drängt es dich denn? Es drängt Dich zu sehen, hören, riechen, schmecken, tasten, fühlen und zu denken. Und **darum** willst Du Dir diesen Organismus erhalten, um diesen Drang zu befriedigen? Du fühlst Dich wohl damit? Dann klappe dieses Buch zu und suche woanders. So einfach ist das. ABER, wenn Du, oh LANOO, Dich Deinem neuen spirituellen Namen hingibst, wirst Du zum KÄMPFER, und zwar gegen das, was Du NICHT bist, also gegen den DRANG. Aber Du musst verstehen: Dieser Drang war NOTWENDIG, er hat Dich aus dem Urgrund geschleudert in die Welt der Vergänglichkeit. Erst wenn Du VERSTEHST, geleitet durch Deinen spirituellen Namen, dass Du NICHT hierher gehörst, sondern dahin, wo Du herkommst, ERST DANN erfüllst Du den wahren Sinn Deines Lebens. Sogar der große LAOTSE irrte, wenn er meinte: „Wer andere kennt, ist klug; wer sich selbst kennt, ist erleuchtet." *DAS BUCH DES LICHTS* aber lehrt: Du kannst Dich gar nicht selbst kennen bzw. erkennen, Du kannst Dich nur LÖSEN von dem, was Du als **vergänglich** erkennst, was Du gar nicht bist. DAZU dient in Wirklichkeit der Erkenntnisvorgang. SO kann man sich durch Erkennen vom Erkannten lösen. Alles andere, also SELBSTERKENNTNIS, ist einfach New Age Humbug.

Außerdem: Jeder Kenntnis- oder Erkenntnisvorgang ist immer verursacht und erlebt von vergänglichen Organen. OM. Darum war Laotse manchmal in einem verwirrten Zustand. Dann rief er aus: „ICH ARMER TOR, NIEMAND VERSTEHT MICH, ICH BIN NUTZLOS." Hätte er *DAS BUCH DES LICHTS* als Wegweiser gehabt, dann wäre er, vor allem im hohen Alter, nicht so unglücklich gewesen.

Laotse irrt (manchmal)

Was ich damit sagen will ist: Auch die größten Denker, zu denen natürlich auch LAOTSE zählt, waren irgendwie verzweifelt, weil sie eben nicht die vereinende, erleuchtende und **befreiende** Lehre des *BUCHES DES LICHTS* kannten. Wer LAOTSE war, kann man googlen, doch warum er trotz aller Weisheit die Wahrheit eben noch **nicht** kannte, will ich nun im folgendem belegen. Hier nur einige der vielen Sprüche des WEISEN LAOTSE, jetzt von mir kommentiert:

„Alles, was gelehrt werden kann, ist nicht der Mühe wert, gelernt zu werden."

Dem ist nicht so, denn ohne Lesen und Schreiben gelernt zu haben, hätte Laotse dies gar nicht schreiben können. Er hat einfach wieder mal das Kind mit dem Bade ausgeschüttet.

„Andere zu kennen ist nichts als Wissenschaft, sich selbst zu kennen aber ist Intelligenz."

Auch da irrt der ansonsten weise Laotse, denn man kann sich selbst gar nicht kennen oder erkennen, da jeder Erkenntnisvorgang immer **nach außen** gerichtet ist, weg vom Selbst bzw. seinen Hüllen, immer hin zum NICHT Selbst, also zu allen anderen, immer vergänglichen Hüllen. JEDER Erkenntnisvorgang findet also immer statt vom Subjekt zum Objekt. Wer es zu fassen vermag, der fasse es. Oh Leser, DAS URPRINZIP ALLES SEIENDEN LIEGT IN DIR UND NIRGENDWO DA DRAUSSEN IM UNIVERSUM! Das sollten sich vor allem mal unsere größenwahnsinnigen Wissenschaftler merken und endlich ihre törichten CERN Versuche sein lassen, wie ich in meinem Buch *DIE WELTFORMEL* fordere. OM.
Man erkennt also immer das, was man essentiell NICHT ist, woran man sich nur klammert, um seinen Lebensdrang zu befriedigen. OM. Du aber als LANOO wirst verstehen, dass Laotse auch im Folgenden irrte, wenn er meinte:

„An Habe gewinnen, heißt an Sein verlieren."

BDL lehrt: Das stimmt nur bedingt. Man kann auch in einem Schloss NIRVĀṆA erlangen, man darf nur nicht an diesem Zustand **haften**. BESSER natürlich wäre es, wenn, geleitet durch *DAS BUCH DES LICHTS*, die ganze Welt zu einem Kloster werden würde. Wenn man dies nur wirklich WILL, dann werden sich auch die Bedingungen dazu ergeben. OM. Untersuchen wir den folgenden Satz des Laotse:

„Auch das größte Problem dieser Welt hätte gelöst werden können, solange es noch klein war."

DAS BUCH DES LICHTS lehrt, das stimmt nur bedingt. Denn beim Wiedererwachen des Universums vor etwa 150.000.000.000.000 Jahren war alles noch rein und spirituell, SUPERFEINSTOFFLICH. Doch DER LEBENSDRANG warf die Wesen immer tiefer in die Materie der Lokas und Talas, bis zu dieser kranken Welt. Gehen wir ein paar Millionen Jahre zurück in Atlantische Zeiten, da war es allerdings noch schlimmer. Man soll es kaum glauben, aber wir haben den Tiefpunkt der menschlichen Entwicklung überschritten. OM.
Laotse sagt: „Auch der längste Marsch beginnt mit dem ersten Schritt."

Das stimmt, und will wohl auch verweisen auf eine mögliche Loslösung in Richtung NIRVĀṆA? Nehmen wir es mal an. Was Laotse zwar lehrte, aber nicht verriet, wie dies zu erlangen sei, war folgendes:

„Bleibst du geduldig im Augenblick des Zorns, kannst Du Dir hundert Tage Kummer ersparen.“

Das stimmt, doch ohne *BUCH DES LICHTS* und ohne SEELENATEM MEDITATION wird Dir das niemals gelingen. BDL lehrt: Wenn der Zorn kommt, BEOBACHTE ihn meditativ. Er wird verschwinden. Klappt zwar nicht immer, aber irgendwann schon. OM.

Laotse lehrt: **„Dass er Maß hält, wenn das Werk vollendet ist, dass er sein Selbst zurückstellt und sich dem Ruhm entzieht, darin erweist sich die Weisheit des Erwachten“.**

BDL LEHRT: Das geht gar nicht, DENN: Das Selbst kann man gar nicht oder sollte man nicht zurückstellen, sondern nur das, was das Selbst NICHT ist. Laotse geht tief, aber eben nicht so tief wie *DAS BUCH DES LICHTS*. **Allerdings**: Wenn Laotse mit „Zurückstellung des Selbstes“ meint, dass man IN SICH gehen soll, dass es ein ZURÜCKZIEHEN von den Außenorganen sein soll, dann hat er Recht. OM

In vielem hatte Laotse Recht. In vielem auch nicht. Er kam nicht klar mit seiner Weisheit, weil er nicht die absolute Loslösung oder Erlösung fand. DARUM litt er auch sehr unter dem Unverständnis der anderen. So können wir auch den Ausspruch Laotses verstehen: **„Ich habe das Herz eines *Toren*, so wirr und dunkel. Die Weltmenschen sind hell, ach so hell; nur ich bin wie trübe. Die Weltmenschen sind klug, ach so klug; nur ich bin ein Dummkopf.”**

All dies, oh Leser, wirst Du aber nur verstehen, wenn Du es durch die Augen eines LANOO betrachtest, geleitet durch *DAS BUCH DES LICHTS*. Jedem, der dieses Buch liest, verleihe ich hiermit also den spirituellen Namen LANOO. Es wird ihm ermöglichen bzw. erleichtern, den in ihm hausenden Drang nach der Welt loszuwerden, bis er irgendwann durstfrei bzw. willensfrei sein wird. OM. DAS ist wahre Freiheit. Dann braucht man auch den Sechssinnenapparat nicht mehr. Folgende Handlungsweise motiviert jemanden, der **dann** willen- und wunschlos geworden ist: Seine Handlung wird durch keinerlei Willen oder Drang mehr beeinflusst. Es gibt keinen inneren Widerstreit mehr. Es drängt ihn nicht mehr von innen heraus, weiterhin etwas zu erstreben. Sogar seinen Körper lässt er im vollendeten Gleichmut fahren, wenn die Zeit gekommen ist, denn es stirbt ja nicht er, sondern nur die vergänglichen Beilegungen, als da sind Körper, Gefühl, Denken, Seele und Geist. DER LANOO, also der spirituelle Name in ihm, bewirkt dies. Ein solcher kennt natürlich auch kein Leid mehr. Er ist im wahren FRIEDEN. OM. Ehre sei dem großen Chohan, der mir diese Worte gibt. OM. Das ist der Zustand des atovimukti चेतोविमुक्ति. Der Leser wird schockiert sein, wenn ich den höchsten Zustand als „die gewollte Demenz” bezeichne. DAS ist die wahre Unsterblichkeit und das wahre Glück, DAS ist wahre Heiligkeit!

Wo kommt der Drang her? Er ist in ALLEN Wesenheiten, und die Überwindung des Dranges ist der wahre Sinn des Lebens. Siehe auch mein Buch *DER SINN DES LEBENS – NIRVĀṆA*. Aber zunächst einmal sind noch fast ALLE Wesenheiten erfüllt von Gier, Hass und Verblendung und DESHALB verlassen sie den Urgrund, eigentlich, um diese Schwächen loszuwerden. Wir wissen es nur nicht bzw. wir haben es vergessen. Der spirituelle Name erinnert uns daran. OM. Und weil auch alle anderen Wesenheiten in ihren Formen manifestiert sind, drängt es sie ständig zueinander, und immer wieder werden sie voneinander getrennt. OM. Also kann man sagen: Gemütsregungen entstehen durch Beeinflussung der Erkenntnistätigkeit durch den Drang.

Der LANOO aber ist, geleitet durch *DAS BUCH DES LICHTS*, mehr und mehr gewappnet gegen die Beeinflussung des Organismus durch die Gemütstätigkeiten. OM. Doch was ist dieser Organismus wirklich? Was sind die Organe wirklich? Zunächst einmal sind sie vergänglich, ganz gleich, wie viele Schönheitsoperationen und kosmetische Korrekturen wir uns antun - inklusive Eineisung - um irgendwann wieder aufzuwachen. Wozu brauchen wir eigentlich die Organe? Ohne dies zu wissen, werden wir niemals Loslösung von ihnen erlangen, also Loslösung vom Sterblichen zum Zwecke der Erlangung **wahrer** Unsterblichkeit. OM. Die unerlöste Wesenheit benutzt die Organe zur Befriedigung des Willens, leider zunächst einmal zur Befriedigung des Willens nach der Welt und NICHT nach NIRVĀṆA. Dazu noch folgendes: Den Frieden in der Welt kann man NIEMALS erlangen, sich niemals diesen Wunsch erfüllen, den wahren Frieden in NIRVĀṆA sehr wohl, denn hat man erst einmal NIRVĀṆA erlangt, dann schweigt auch der Wille danach sowie der Lebenswille, wobei es natürlich, wie der Lanoo bereits weiß, gar kein Leben gibt, sondern nur ein STERBEN. Wer es zu fassen vermag, der fasse es. Nur in NIRVĀṆA sind wir von diesem vergänglichen leidvollen Zustand erlöst. OM.

Der noch unerlöste Lanoo aber wird vielleicht bereits erkennen, dass er nicht in diese Welt gehört! Doch der noch in ihm brodelnde, unruhige Wille, der DRANG, will befriedigt werden. Was tun? Je mehr er haftet, umso länger mag es dauern, sich von diesem brennenden Willen zu lösen. Die Gemütsregung ist also ein Symptom dafür, dass wir dem Drang dienen, welchem auch immer. Doch da entsteht im Lanoo bereits ein anderer, ein **neuer** Drang, der sehr wohl befriedigt werden kann, ohne immer wieder aufs Neue zu entstehen, es ist der Drang nach NIRVĀṆA. OM. Der erwachte Lanoo mag dann vielleicht für viele wie unter Drogen wirken, denn sein Auge glänzt nicht mehr wie sonst, sein Wille ist weder angenehm noch unangenehm bewegt und selbst wenn, dann BEOBACHTET er meditativ und ACHTSAM, wie dies alles geschieht, an ihm abläuft und abperlt. Er ist immer mehr ein Beobachter und immer weniger ein Mitwirkender. OM. EHRE SEI *DEM BUCH DES LICHTS*, denn es lehrt, dass, um nervlich gesund zu sein oder zu bleiben, es dem Lanoo auf diese Weise mehr und mehr gelingt, seinen Willen oder Drang nicht mehr übermäßig anschwellen zu lassen. Auf diese Weise beruhigen sich auch die Organe. Dies alles wird früher oder später zur inneren HEITERKEIT führen. Auf diese Weise werden wir mit den Himmelswelten verbunden sein, die zwar auch vergänglich sind, in denen die Wesen aber HEITER sind, von nichts bekümmert und nichts besitzen, was auch mit der Grund für ihre Heiterkeit ist. Dass auch sie, fehlgeleitet von ihren religiösen Schriften, irgendwann das Leid der Veränderung erfahren werden, ist eine andere Sache.

DAS BUCH DES LICHTS jedoch vernichtet im Lanoo den DRANG durch rechte Erkenntnis. **Ohne** *BUCH DES LICHTS* wird dies nie wirklich gelingen, da helfen auch nicht die anderen Religionen und Philosophien, die ja bestenfalls in einem der hohen, aber immer vergänglichen Himmeln Halt machen. OM. Das erinnert mich an Arthur Schopenhauer, der SEHR NAHE an der Wahrheit lag, wenn er schrieb: „Die Frage nach der Unsterblichkeit wird ungleich öfter erörtert als die nach dem Zustand vor der Geburt."

Man unterschätze die Gemütsregungen nicht. Jede Gemütsregung beeinflusst die Organe. Je intensiver die Gemütsregung, umso beanspruchter bzw. belasteter die Organe. OM. Warum ist dies so? Weil die Organe entstanden durch unseren Drang nach WAHRNEHMUNG jeder Art. Mit den Augen wollen wir sehen, mit dem Ohr hören, mit der Nase riechen, mit dem Magen wollen wir verdauen, mit dem Gehirn denken. Das Ganze ist eigentlich ein einziges Ergreifen. Die meisten Menschen sind unruhiger Natur. Dadurch erschüttern sie via Gemütsregung auch ihren Organismus entsprechend. Dann ist der Nervenzusammenbruch nicht mehr fern. OM.

Wir haben also die ganze Zeit notgedrungen unseren Erkenntnisapparat **falsch** benutzt, indem wir uns immer nur um die Befriedigung des „nach außen Dranges" bemühen bzw. bemühten. Doch diese „falsche" Benutzung des Erkenntnisapparates war vielleicht notwendig, um uns endlich von dieser falschen Erkenntnis zu lösen. Was ist denn die falsche Erkenntnis? Es ist das Sich Identifizieren mit dem als STERBLICH und VERGÄNGLICH und VERÄNDERLICH Erkannten. EHRE SEI DEM *BUCH DES LICHTS*. OM.

Seit über 150.000.000.000.000 Jahren tun wir dies, seit dem Wiedererwachen des Universums, von den Wissenschaftlern als „Big Bang" oder Urknall missverstanden. OM. So ÜBERMÄCHTIG ist oder war in uns dieser Drang. Die Zeit ist nun gekommen, unserer wahren, zeitlos ewigen, unsterblichen Bestimmung zu folgen, geleitet vom spirituellen Namen LANOO und durch *DAS BUCH DES LICHTS*.

Es geht nun einzig darum, mit dem Erkenntnisapparat RICHTIG zu denken, und zwar in Richtung NIRVĀṆA, und sich dann, am Tor zu NIRVĀṆA, dem zeitlos ewigen Urgrund, auch vom Denken zu lösen, denn auch das Denken hat ja dann seine Aufgabe erfüllt. Wer es zu fassen vermag, der fasse es. OM.

Unsere großen Philosophen sprechen oft von einem freien Geist oder von „Geistesfreiheit". Aber was meinen sie eigentlich damit? Sie meinen immer noch einen Anhaftungszustand und wissen es nicht.
Sei gewarnt, Lanoo. Wer sich mit seinen Emotionen identifiziert, der ist der schlimmsten Taten fähig, die er später bereuen mag. Das gilt für ‚Ich BIN glücklich' sowie für ‚Ich BIN traurig'. Wer es zu fassen vermag, der fasse es.

WAHRE Geistesfreiheit

Der Leser möge versuchen, mir bei diesem Gedankengang zu folgen. Wir wissen jetzt bereits, dass die ganze Welt mit allem darin LEID BRINGEND ist. OM. Wir nehmen diese ganze Leid bringende Welt ja nur mit unserem ERKENNTNISAPPARAT wahr. Kein Problem, dann lösen wir uns einfach vom Erkenntnisvorgang, dann werfen wir den Erkenntnisapparat einfach weg und erlangen die AUFHEBUNG aller Erkenntnis! Und dann sind wir FREI! Wirklich? Wenn es nur so einfach wäre. Untersuchen wir mal den im Buch des Lichts und hier beschriebenen Erkenntnisapparat. Wir haben ihn ja schon viele Leben lang gebraucht. Warum können wir ihn plötzlich NICHT mehr gebrauchen? Selbstmord ist da - wie bereits erwähnt - auch keine Lösung. OM.

DAS BUCH DES LICHTS lehrt: Es DRÄNGT uns ständig mit großer Gewalt dazu, den Erkenntnisapparat zu gebrauchen! Es ist unser WILLE, welcher dem Drang verwandt ist, dieser WILLE kann nur befriedigt werden, indem wir den Erkenntnisapparat immer und immer wieder gebrauchen! Dieser Wille hat - wie gesagt - die Natur des DRANGES. Kein Drang = kein Wille, ihn zu befriedigen. Klingt einfach, oder? Ich muss also den DRANG vernichten. Aber wie? Man sagt, der Apostel Paul hat sich mit einem Stein kastriert, um endlich den **sexuellen** Drang loszuwerden. OM. Diese Verzweiflungstat ist aber gar nicht nötig. Steigen wir mal etwas tiefer in die Materie. Ein starker sexueller Drang lässt sich nicht so einfach beiseite schieben oder kastrieren. Es brodelt und schwelt weiter im Inneren. Nur eine STUFENWEISE Loslösung, z. B. durch Ehe, spirituelle Bindung etc. und geleitet durch *DAS BUCH DES LICHTS* sowie die tägliche SEELENATEM MEDITATION ermöglicht eine schließliche Überwindung des Dranges nach außen und ermöglicht die ersten Schritte der Befriedigung des Dranges NACH INNEN, zurück zur Quelle. OM. Dann erkennen wir mehr und mehr: Jeder auf Vergängliches gerichtete Drang oder Wille ist immer Leid bringend und darum töricht. Es ist ja diese vergängliche Welt mit allem darin, welche in Wirklichkeit die sogenannte „verbotene Frucht" der Bibel ist. OM. Was ist nun, wenn man über einen noch unvollkommenen Erkenntnisapparat verfügt? Was ist, wenn die äußeren Bedingungen einen solchen meditativen Lebensstil nicht erlauben? Das muss der Lanoo selber entscheiden. Ich darf dahingehend keine Ratschläge erteilen. OM. Ich weiß aber, dass eine MASSVOLLE Beschäftigung der Lehre immer heilsam ist, obwohl man sich vielleicht gerade in einer der Lehre völlig entgegengesetzten Lebensweise befindet. In jedem Falle wird es ein segensreiches Sprungbrett in die nächste Inkarnation. Soviel darf ich sagen. OM. Man bedenke: Die äußeren Verhältnisse sind ja durch den bis dahin wirkenden DRANG bedingt und zum großen Teil **verursacht**. Wir waren es ja schließlich, die den mütterlichen Keim im Schoß ergriffen haben und in eine Umgebung geboren wurden, die das Ergebnis des DRANGES war. WIR haben die Umstände verursacht, nicht die Umstände uns. Manche werden einwenden: Mich hat es nicht gedrängt, als missbrauchtes Kind geboren zu werden! Die Antwort ist, Du hast aber die BEDINGUNGEN gesetzt, dass Du so und nicht anders geboren wurdest. So lernt der Mensch. Hoffentlich.

Wir werde ich nun den Drang los? Auf einmal wohl kaum, sondern durch stufenweise VEREDLUNG des Dranges. Dies geschieht folgendermaßen: Ich stelle fest, welche Drangsituation ich loswerden möchte, sei es falsches Essen, Trinken, Lesen falscher Lektüre, welche sich zu sehr mit Sinneslüsten und krimineller Energie befassen, falsche Filme, etc., etc. Der Lanoo ist doch kein Kind mehr. Wer sich ehrlich fragt, WAS er wohl loswerden möchte, der macht sich, geleitet durch *DAS BUCH DES LICHTS* an die Arbeit und veredelt stufenweise seinen Drang. Dabei kann bzw. WIRD es zu Rückschlägen kommen, doch davon darf man sich nicht entmutigen lassen. Der HÜTER schläft nicht und prüft Dich immer und immer wieder. Aber irgendwann einmal tritt er beiseite und gibt den Weg frei zu höheren Ebenen. Und das alles immer in Richtung NIRVĀṆA. OM. Mit anderen Worten: Irgendwann ist der Drang überwunden, DANN kann und wird man jede Geistestätigkeit einstellen, alles Sehen, Hören, Fühlen, Riechen, Schmecken, Tasten und Denken. OM.
Geistesfreiheit kommt also, wenn DIE MONADE, die Wesenheit selbst, sich von allen Beschmutzungen gelöst hat. OM. Wer diesen Zustand erlangt hat, der kann nur milde lächeln über den Drang der lieben Christen und Muslime nach einem ewigen Himmel, den es natürlich NICHT gibt. OM.

Womit beginnt aber der Loslösungsprozess, also die WAHRE Befreiung? Dieser Loslösungsprozess beginnt damit, dass wir die OBJEKTE, welche in die Erkenntnis treten, in ihrer WAHREN Eigenschaft sehen, nämlich als vergängliche und damit leidvolle Erscheinungen. Wenn wir nun DIE GANZE WELT so betrachten, dann kann in uns gar nicht mehr der Drang weiter entstehen, etwas BESITZEN zu wollen, weil es uns ja doch immer wieder entrissen wird. OM. Der Leser möge nun jeden Tag etwas auf seinen spirituellen Namen LANOO meditieren, also diesen Namen meditativ ACHTSAM BEOBACHTEN, sei es mit offenen oder auch geschlossenen Augen. Das tun wir so lange, bis irgendwann unser Drang nach Personen und Dingen erlöscht. Und wenn er auch zunächst wieder erwacht, dann haben wir doch schon einen kleinen Sieg errungen. OM.
OH LANOO, Deine Persönlichkeit sowie Dein Durst nach der Welt haben nicht das Geringste mit Deinem eigentlichen Wesen zu tun. Der Tag wird kommen, wenn der

LANOO nur noch DREI Gedanken denkt: 1. Den Vergänglichkeitsgedanken, 2. Den Leidensgedanken und 3. Den Nicht - Ich Gedanken. Warum? Weil er an jedem Objekt, jeder lebenden sowie toten Form nur mehr Entstehen und Vergehen wahrnimmt und damit DAS LEIDEN. Dieses Leiden nämlich kommt durch das Hängen am Objekt, das einem ja wieder entrissen wird. Dann WEISS der Lanoo: Das alles gehört mir NICHT, das alles bin ich NICHT, das alles ist NICHT mein Selbst. OM. So stark leitet ihn mehr und mehr der spirituelle Name. Der LANOO spürt DIE MACHT des spirituellen Namens. OM. So entsteht der ANATTA Gedanke, also der NICHT ICH Gedanke oder der ‚DAS BIN ICH NICHT' Gedanke. Dann kommt ihm nicht einmal mehr der ‚ICH BIN' Gedanke, weil dieser ja doch immer nur eine vergängliche Beilegung bezeichnet. Daraus zu schließen, dass es gar keine Wesenheit gibt, die sich löst, ist nur dem närrischen Denken der Theravada Buddhisten zuzuschreiben. OM.

Ich bin also in Wirklichkeir UNERKENNBAR. Dann WEISS man wiederum: Alles als <u>veränderlich</u> ERKENNBARE ist, wie bereits erwähnt:

1. Anitya – nicht ewig,
2. Dukkha – Leid bringend und
3. Anātman – NICHT das Ich. (Was aber nicht bedeutet, dass es keine Wesenheit gibt, die sich nicht löst.)

Und darum gehört mir all das nicht, das alles bin ich nicht, und es ist auch nicht mein Selbst. OM. Nach und nach ERKENNT der Lanoo: Meine Persönlichkeit und damit auch mein Durst nach der Welt haben nicht das Geringste mit meinem eigentlichen Wesen zu tun. Daraus kann ich schließen: Das, was ich bisher zu meiner Befriedigung benötigte, ist in Wirklichkeit, wie bereits erwähnt, unbefriedigend. Wahre Befriedigung erlange ich nur, wenn ich mich LÖSE von allem, welches ich bisher als befriedigend empfand, denn auch Empfindungen kommen und gehen, OM. Vergeht dann auch der Drang nach NIRVĀṆA? Natürlich, und zwar wenn ich NIRVĀṆA erlangt habe. Dann erwacht das Verlangen nicht mehr aufs Neue, und ich werde auch nicht mehr gedrängt nach neuer Befriedigung. Wer es zu fassen vermag, der fasse es. OM.

Aber was tut der unerlöste Mensch stattdessen? Er unterwirft sich einem ständigen Wechsel, sucht geeignete Objekte, Personen und Dinge zur Befriedigung seines Durstes, und er versteht nicht, dass kein Ding der Neigung wert ist. DENN: Alles in der Welt und von der Welt, inklusive der Persönlichkeit, ist unaufhörlichem Wechsel und Wandel unterworfen. Diesen Wechsel, falls wir uns damit identifizieren, empfinden wir, angekettet an das brausende Leben, früher oder später IMMER als Leiden, und zwar in Form von Geburt, Alter, Krankheit, Tod, Kummer, Schmerz und Gram. Niemals können wir uns von diesen schmerzlichen Empfindungen lösen, ES SEI DENN, dass wir ALLES loslassen, auf ALLES in der Welt verzichten. Der Leser ist dazu nicht oder noch nicht bereit? Ich gebe die Lehre nur weiter. OM. Niemand kann doch bezweifeln, dass jedes Wesen von seinem ersten Atemzuge an WILL. DARUM haben ja wir, getrieben vom Willen und vom Drang, selbst unsere Organe verursacht bzw. die urmaterielle, zeitlos-ewige Matrix hat sich exakt unserem Verlangenszustand angepasst und die entsprechende Form verursacht, sei es nun Mineral, Pflanze, Tier, Mensch, Engel, Götter und Gott. Doch kein vollkommener Schöpfergott ist damit gemeint, sondern nur die erste Wesenheit, die beim Wiedererwachen des Universums die Weltenbühne betritt und sie als letzte wieder verlässt, darum heißt es ja auch „Die Ersten werden die Letzten sein." OM.

Wir wollten und wollen damit diesen Willen und Drang befriedigen. Doch damit ist nun Schluss. Wer, mit einem klaren Verstand, will denn immer noch ... SCHMUTZ wollen, wenn die SAUBERKEIT doch so nahe ist!? Es gibt doch zunächst keinen anderen Willen als den Willen zum Leben, also immer nach einem vergänglichen, sterblichen Zustand. Doch diesem Willen kann man einen neuen Willen entgegensetzen, nämlich den Willen zur LOSLÖSUNG von allem. Wer diesen Willen nach dem Sterblichen überwunden hat, der wird das, was er immer war: UNSTERBLICH. Doch ohne spirituellen Namen sowie ungeleitet von der Lehre wird dies schwerlich gelingen. Wer es zu fassen vermag, der fasse es. OM.
Übrigens: Das Schlimmste ist, wenn Menschen unbedingt VERSTORBENE wiedersehen wollen. Diesen Seancenquatsch sollte man lieber lassen. *DAS BUCH DES LICHTS* lehrt, dass es die Aufgabe der auf Erden Gestorbenen ist, sich auf den Astralen Ebenen weiter aufzulösen. Man stirbt nämlich auch nach dem Tode auf anderen Ebenen, bis alle restlichen 6 Körper sich aufgelöst haben. Sie hinterlassen, dem Drang entsprechend, permanente Atome oder Skandhas, welche sich um einen neuen befruchteten Schoß gruppieren. Dann „ergreift" die Wesenheit den neuen Keim und breitet sich in Utero aus. Und das Rad des Lebens und des Leidens beginnt sich aufs Neue zu drehen. OM
Wer da interveniert, den nachtodlichen Auflösungsprozess stört, der schadet sich und der sterbenden Beilegung der Wesenheit, und er behindert ihre Reinkarnation. Der Lanoo möge, wie bereits erwähnt, seinen Drang veredeln, also EDEL oder EDLER werden, berauschende Getränke und Fleischgenuss meiden sowie schlechte Literatur, Musik und Filme. Er sollte in allem maßvoll leben, vor allem auch das Sexuelle betreffend. Ich muss ja wohl nicht genauer definieren, was ich damit meine. Warum der Lanoo EDEL werden soll? Damit er nach dem Tode auf höheren, edleren Ebenen erwacht und von dort aus NIRVĀṆA erlangt. STERBEHILFE, geleitet durch *DAS BUCH DES LICHTS* ist von höchster Wichtigkeit. Man sitzt am Sterbebett und umgibt den Sterbenden mental mit LICHT. Man stelle sich vor, dass der Sterbende von gleißendem Licht umgeben und durchdrungen ist. Es wirkt wie ein Schutzschild gegen niedere astrale Wesen. OM. Für den Lanoo liegt überhaupt kein Anlass zur Trauer vor, weil er ja dem geliebten Menschen wieder begegnet in einem nächsten Leben. Wer allerdings NIRVĀṆA will, der hat sich VON ALLEM, auch von allen Mineralien,

Pflanzen, Tieren und Menschen, ja auch von den höchsten Engeln und Göttern sowie von der ersten Emanation gelöst. Er wird das unbekannte Land betreten. Ja, auch in Gegenwart der höchsten Götter beglückt ihn nichts mehr, es sei denn, er könnte ihr LEHRER werden. Warum? Die hohen und höchsten Götter glauben ja, dass sie und ihre Himmel, alle im *BUCH DES LICHTS* beschrieben, ewig existieren. Das ist ein verhängnisvoller Irrtum. Und **darum** werden, wie bereits erwähnt, auch bald die hohen Götter lamentieren, wenn in etwa 150.000.000.000.000 Jahren auch **deren** Himmel zerfallen und sie in den Urgrund eingezogen werden. OM. Das hat aber nichts zu tun, wie Blavatsky glaubte, mit einem kosmischen Atem ohne Atmer. Es ist viel mehr so: Die URMATERIE nimmt periodisch ihre Ruhelage ein, glättet sich wie die ruhige Oberfläche eines Sees. Wir sterben nicht, wir werden gestorben. *DAS BUCH DES LICHTS* erklärt das im Detail. Wer es zu fassen vermag, der fasse es. OM.
Wie steht es nun mit der LIEBE? Wie geht ein Lanoo damit um, denn auch die Liebe ist ja vergänglich, sie kommt und geht. Die Antwort ist, es gibt gar keine wahre Liebe, sondern immer nur einen vergänglichen Anhaftungszustand, der sich irgendwann, und sei es auch nach vielen Leben, ändert. Es mag allerdings sein, dass der Anhaftungszustand zwischen Menschen so stark ist, dass sie sich im positivsten Falle immer wieder treffen und lieben etc. **Aber** IRGENDWANN einmal verschwindet auch dieser übermächtige Drang. Nach und nach findet eine Entfremdung statt. Jetzt verstehen wir das Gedicht der großen Betty Paoli (1814-1895, österreichische Lyrikerin, Essayistin, Novellistin und Übersetzerin. Quelle: Paoli, B., Letzte Gedichte, 1895).

Früh oder spät

Gezittert hab' ich um Dein teures Leben,
Mit der Verzweiflung Aug' in Aug' gerungen,
Als ich, von namenloser Angst durchdrungen,
Dich schon im Scheiden wähnte und Entschweben.

Jetzt, da Du wieder mir zurückgegeben,
Aufjubeln sollte ich mit Flammenzungen!
Ich kann es nicht. Von Deinem Arm umschlungen,
Fühl' ich die finstre Macht uns doch umweben.

Früh oder spät, die Stunde muss erscheinen,
Die, trennend uns mit grimmem Todeshieben,
Der Seelen Glut dem Staube wird vereinen.

Und Schauder fasst mich an vor einer Welt,
In der das Höchste, Heiligste, die Liebe,
Sowie das Niedrigste dem Nichts verfällt.

Was sagt man dazu? Braucht's noch mehr? WIE LANGE willst Du noch TRÄUMEND durch's Leben gehen?! Diese Frau hat's erkannt, doch sie kennt nicht den Weg aus der Misere. Nur ein LANOO kennt diesen Ausweg, und das ist der Pfad nach NIRVĀṆA. Darum führt uns der spirituelle Name LANOO zum RICHTIGEN Gebrauch der Erkenntnis, immer nur die Beilegungen betreffend. Und weil dem so ist, man kann es gar nicht oft genug betonen, darum sind alle Gurus, die Selbsterkenntnis versprechen - wissend oder unwissend - Lügner und Betrüger, denn sie lehren, wie bereits erwähnt, eine Selbsterkenntnis, die es gar nicht gibt, da jede Erkenntnis oder jeder Erkenntnisvorgang, wie oft beschrieben, bedingt durch die Erkenntnisorgane, nach AUSSEN gerichtet ist, also auf das VERGÄNGLICHE, das Entstehende und Vergehende und damit immer LEIDVOLLE. OM. Die ganze Welt mit allem darin ist eine flüchtige Erscheinung, die man nur dazu verwenden sollte, sich davon zu lösen. OM.
Lieber LANOO, eine Verbindung zu den höheren Welten, von NIRVĀṆA ganz zu schweigen, kannst Du nur durch WAHLVERWANDTSCHAFT, also durch moralische Affinität herstellen. Was ich damit meine? Der Geist ist geschlechtslos, die Himmelswelt ist von Wesen bevölkert, die keusch bzw. sexuell maßvoll gelebt haben. Im Himmel gibt es keine Genitalien. Doch fallen können sie allesamt wieder.

Wer hier auf Erden nicht eine entsprechende Verhaltensweise lebt, der wird niemals „dort" ankommen. Alles andere ist Wunschdenken, auf einen Jesus hoffend, der einen erlöst. Das hatte Jesus niemals gelehrt. Darum kannst Du da lange auf eine Hilfe dieser Art warten. OM.
Ich will dem Leser nicht den Spaß am Leben nehmen, sondern ihm nur die Voraussetzungen für hohe nachtodliche Ebenen nennen. Ich muss noch einmal auf das Thema Suizid kommen. Selbstmord führt immer zu einer sehr leidvollen nachtodlichen Ebene und dann in einen neuen Körper, oft geistig und/oder körperlich behindert etc. ABER, und nun kommt das große ABER: *DAS BUCH DES LICHTS* lehrt: Wer sich entleibt, um auf gleicher Ebene wiederzukommen, um sich endlich einen Wunsch zu erfüllen, der bisher versagt blieb, der lädt großes Leid auf sich. Wer sich aber entleibt wegen großer Schmerzen und um NICHT wiederzukommen, damit sieht es dann etwas anders aus. Er wird dann NICHT mehr auf Erden wiederkommen, sondern auf hoher Ebene wieder erwachen, ABER: Man belüge sich nicht selber, dies betreffend. 99,99999 % aller Selbstmorde geschehen, weil der sich Entleibende aus Enttäuschung handelt und sich umbringt, er nicht irgendeinen weltlichen oder emotionalen Wunsch sich erfüllen konnte, also das nicht Erlangte, was er so sehr ersehnte, nicht bekam, sei es eine Person oder ein Ding. Diese Art der Motivation, sich zu entleiben, führt zu einer ständigen und immer neuen leidvollen Reinkarnation. OM. Damit kommen wir zum Thema Sallekhanā सल्लेखना .

Das ist ein ergänzendes Gelübde zum ethischen Verhaltenskodex des Jainismus. Dabei handelt es sich um die religiöse Praxis des freiwilligen Fastens bis zum Tod durch schrittweise Reduzierung der Nahrungs- und Flüssigkeitsaufnahme. Im Jainismus wird es als Ausdünnung der menschlichen Leidenschaften und des Körpers angesehen. Es wird von Jain-Gelehrten allerdings nicht als Selbstmord angesehen, da es sich nicht um einen Akt aus Leidenschaft handelt und auch keine Gifte oder Waffen zum Einsatz kommen. Diese Leute sind oft bereits „mit einem Bein im Himmel", und sie sind sich auch der dortigen Himmelsbewohner bewusst. OM. NIRVĀṆA haben sie allerdings noch nicht erlangt.

DIE ORDNUNG DER DINGE

Wir werden geboren, leben und sterben... Wir werden geboren, leben und sterben...

Wie lange willst Du Dir das eigentlich noch gefallen lassen? Wie lange willst Du DIESER Ordnung der Dinge eigentlich noch gehorchen, diesem Gefängnis, in das man Dich immer wieder einsperrt, MIT DEINER GENEHMIGUNG übrigens. OM. Willst Du einen Ausbruchsversuch wagen aus diesem selbst gewählten Gefängnis, das Dir aber nicht mehr angemessen erscheint? Der spirituelle Name und *DAS BUCH DES LICHTS* sind die Schlüssel zum Gefängnistor. OHNE sie wirst Du es niemals schaffen, das Tor zu öffnen oder vielleicht erst nach ÄONEN des Leidens. OM.

WERDE WUNSCHLOS GLÜCKLICH

Das ist wohl das Schwerste, aber auch vielleicht Einfachste, doch ohne spirituellen Namen kaum zu erlangen. OM. Wahres, wunschloses Glück ist UNABHÄNGIG von Personen und Dingen. Stellt euch mal vor, ihr hättet schon alles, was ihr euch so ersehnt. Schon zaubert es ein Lächeln auf eure Lippen. Warum dies so wichtig ist, soll jetzt noch einmal erklärt werden. Auf dem Weg nach NIRVĀṆA gibt es Zwischenstationen, in denen die geschlechtslosen geistigen Wesen NICHTS haben und trotz-

dem SEHR GLÜCKLICH sind. Wer sich das also hier bereits vorstellt, dass er nichts hat und ganz wenig braucht und heiter lächelt (nicht wie der Dauergrinser Dalai Lama), der hat eine Verbindung zu dieser nirvâṇischen Zwischenstation erlangt. Von da an ist es nicht mehr weit bis zum Urgrund.
Wichtig ist dabei ein **sittenreines** Verhalten, also maßvoll leben, auch im Sexuellen. Wer vollkommen KEUSCH leben kann, wie die (ehrlichen) Mönche oder Nonnen, der ist allen anderen natürlich weit voraus auf dem Weg nach NIRVĀṆA.

Doch weiter, geleitet durch den spirituellen Namen, immer weiter in Richtung NIRVĀṆA, dem Ende des Leidens. Das Leiden endet früher oder später, wenn man nicht mehr Vergängliches und damit Leidbringendes begehrt. EIN KLOSTER wäre dann natürlich der perfekte Wohnort, und Mönch oder Nonne der perfekte Beruf bzw. die Berufung. Daran besteht kein Zweifel. Darum lehrt *DAS BUCH DES LICHTS*: Wenn die ganze Welt materiell und als Antimaterie zu einem riesigen kosmischen Kloster geworden ist, wenn alle Wesenheiten LANOOS geworden sind, erst dann können ALLE Nirvâṇa erlangen. So lange werde ich aber nicht warten. Ich werde so schnell wie möglich NIRVĀṆA anstreben, und es ist mir ziemlich egal, ob andere das NIRVĀṆA auch erlangen werden. Ja, seid nur enttäuscht. Ich will nicht die ganze Welt retten, denn vielleicht will die Welt sich gar nicht retten lassen. Vielleicht gefällt den lieben Menschen ja diese Ordnung der Dinge! Ich aber bin PRATYEKA, suche nur MEINE EIGENE Erlösung. Wer es zu fassen vermag, der fasse es. OM.

Der LANOO überwindet den Durst nach vergänglichen und flüchtigen Erscheinungen sowie auch den Durst nach längerem Besitz seines Erkenntnisapparates. Er will nichts mehr empfinden und wahrnehmen und erlangt schließlich DIE AUFHEBUNG ALLER WAHRNEHMUNG UND EMPFINDUNG, aber doch nicht die Aufhebung desjenigen, der nichts mehr wahrnimmt und empfindet. Fazit: Wer dürstend stirbt, der wird dürstend wiedergeboren. So einfach ist das. Es liegt alles AN DIR. **Jetzt** ist die Gelegenheit gekommen, DIE GROSSE CHANCE, sich aus dieser, wie ich immer sage, kranken Welt zu lösen und NIRVĀṆA zu erlangen. OM.

Der Schrecken der Wiedergeburt

Der Lanoo möge bedenken, dass dieser spirituelle Name ihn verstehen lässt: Jede Wiedergeburt ist LEIDVOLL, weil sie ja immer wieder leidvolle Empfindungen hervorruft, bedingt durch - oder entsprechend dem - Anhaftungszustand an die Beschmutzungen, welche da sind: Körper, Gefühl, Denken, Seele und sogar der Geist, welcher im besten Falle eine antimaterielle „Beschmutzung“ ist, immer bedingt durch körperliche Organe. OM. Dies bedeutet: Selbst und vor allem ein MEISTER, der aus freier Entscheidung NIRVĀṆA verlässt, kreuzigt sich auf’s Neue in einen vergänglichen Leib.

Wenn also *DAS BUCH DES LICHTS* vom Geist spricht, dann kann das **zwei** Bedeutungen haben, entsprechend der Satzstellung. GEIST - einmal als super ätherische, aber immer noch vergängliche Hülle (von den Religionen zwar als ewig definiert) UND Geist als Wesenheit selbst, also die MONADE. OM

Der Lanoo möge des Weiteren bedenken, dass auch in den Lichtwelten, so glücklich sie auch sein mögen, immer das Unglück wartet. Welches Unglück denn? Nun, das Leid bringende Unglück der Vergänglichkeit. Es muss auch von dort immer wieder geschieden werden! Ja, liebe Christen und Muslime, man kann es euch gar nicht oft genug verkünden: Euer so sehr ersehntes ewiges Leben im Himmel gibt es gar nicht! Auch aus den ersehnten höchsten, aber nicht ewigen Lichtwelten muss immer wieder geschieden werden, ja, es kann sogar ein neuer leidvoller Abstieg in die Abgründe des Seins erfolgen. Liebe Christen und Muslime, wo fand denn der erste Krieg im Universum - laut Koran und Bibel - statt? IM HIMMEL! ODER?

Also, löst euch von euren irreführenden Schriften und befasst euch mit dem ***Buch des Lichts***. Akzeptiert euren neuen spirituellen Namen LANOO. Wem das noch zu früh und zu radikal ist, dem empfehle ich: Du kannst Dich ja z. B. Karl Müller-Lanoo nennen, ja sogar ganz offiziell Deinen Namen entweder als Beinamen oder Hauptnamen jetzt schon in LANOO ändern. Ich bin ernsthaft dabei, mir das zu überlegen, DENN ich bin jetzt schon **viel mehr** als nur Christian Anders, Augusto Antonio Tenicolo, und/oder Augusto Schinzel (mein deutscher Name, nachdem meine Mutter neu geheiratet hatte). Ich bin LANOO, und auch das bin ich nur solange, bis ich an der Pforte zu NIRVĀṆA stehe. Dann lege ich auch den spirituellen Namen LANOO ab. OM. Erlange, oh Leser, also JETZT SCHON eine **Wahlverwandtschaft** zu NIRVĀṆA, wenn auch über den Umweg einer der hohen Himmel. OM, OM. Es kann natürlich sein, dass man trotzdem zunächst wieder in dieser Welt geboren wird, das hängt vom Karma ab. Aber die RICHTUNG ist wichtig. Wir brauchen eine universale RICHTUNGSÄNDERUNG zurück zur Quelle, eine Evolution in Richtung NIRVĀṆA. OM.

Habe ich nun NIRVĀṆA erlangt, weil ich diese Lehre weitergebe? Bin ich der neue Guru? Oh, ihr Narren! Dazu nur folgendes: Wer mich als Vorbild nimmt, der hat nichts verstanden! Man hat mir all das nur **diktiert**. DIE LEHRE ist vollkommen, ich nicht. Wann werdet ihr Narren endlich aufhören, den Gurus zu folgen? Die meisten inklusive Dalai Lama, sind LÜGNER UND BETRÜGER. Möge Karma ihnen gnädig sein.

Der Lanoo braucht nun keine Gurus mehr. Er wird geleitet durch *DAS BUCH DES LICHTS* und die Macht des spirituellen Namens, zunächst einige Schwierigkeiten überwindend. Wie Sumpfblasen aus faulem Wasser steigen in ihm immer wieder GEDANKENREGUNGEN auf, die ihn hindern wollen loszulassen. Nicht verzagen! Es handelt sich da um die Zerstreutheit des Geistes. Es fällt dem Neuling Lanoo vielleicht noch schwer, sich in der Seelenatem Meditation zu konzentrieren, z. B. auf seinen Atem, der dann immer ruhiger wird und es der wahren Wesenheit ermöglicht, sich zu lösen von der Beschmutzung des Anatta. Man bedenke: *DAS BUCH DES LICHTS* versteht unter GEIST nicht immer das gleiche, es sei denn DIE WESENHEIT. Man löse das Rätsel.

Also dann: Der WAHRE Geist ist die Wesenheit selbst, die unerschaffen-zeitlos ewige Monade. Die hat sich in die Materie gestürzt, erfüllt von Lebensdurst. Woher der Durst kommt? DURCH NICHTWISSEN BEDINGT! So lernt der Mensch.

Was die RELIGIONEN aber unter Geist verstehen, das ist nur, wie bereits erwähnt, laut *BUCH DES LICHTS* eine vergängliche, wenn auch feinst - ätherische oder feinststoffliche BEILEGUNG, ja sogar bestenfalls ANTIMATERIELLE „Substanz". Das ist eben der Unterschied. Die Religionen lehren, dass Du der Geist **bist**, *DAS BUCH DES LICHTS* aber lehrt, dass Du nur einen Geist HAST, falls Du den Geist der Religionen meinst. OM. Wer hat mich verstanden? Macht nichts, ich habe das zunächst auch nicht verstanden. OM. Und natürlich gibt es auch Gott und Götter, wenn man unter Gott die höchste Wesenheit versteht, die beim Wiedererwachen des Universums den Urgrund verlassen hat, sich in die Matrix stürzte und dann das kosmische Ei, also die Ebenen für die anderen Wesenheiten, vorbereitete. OM. Doch erschaffen hat ein solcher Gott die anderen Wesenheiten oder Monaden nicht. Sie sind wie der Urgrund und die Urmaterie unerschaffen, zeitlos ewig. Alle Wesenheiten oder Monaden verlassen dann den Urgrund und manifestieren DURCH die höchste und auch DURCH die als zweites manifestierenden Monaden oder „Götter", durch welche dann in hierarchischer Reihenfolge alle anderen Monaden den Urgrund verlassen und die Matrix oder Urmaterie ergreifen. Ich kann dies hier nur andeutungsweise bringen. Alle Monaden, auch die höchsten Götter inkl. Brahman, der höchsten Wesenheit, verursachen dann die Verbindungen zu den Untermonaden, also dem, was später z. B. die so genannten Völker etc., aber auch deren evolutionäre Umgebung, Natur genannt, werden. OM. Darum haben die Völker oder Nationen später eine intensive Verbindung zu diesen Untermonaden und erklären sie als Götter, diesen aber damit keinen Gefallen machend. Dadurch entstehen dann die Stammesgötter und deren Verehrung, was insgesamt eine Torheit ist, welche *DAS BUCH DES LICHTS* bald abschaffen wird. OM. Eines noch: DIE GANZE WELT mit allem darin, vom kleinsten Wurm bis zum höchsten Sonnensystem ist nichts weiter als der Verlangenszustand von Wesenheiten. OM.

Noch einmal: Was also die Religionen von ihrem Gott verkünden, dass niemand ihn erschaffen hätte und er immer da war, das lehrt *DAS BUCH DES LICHTS* von **allem**. Alles existiert immer und manifestiert periodisch und nimmt dann hierarchisch die Formen an, seinem Verlangenszustand entsprechend. EHRE SEI DEM *BUCH DES LICHTS.*

Der Leser möge bedenken: *DAS BUCH DES LICHTS* ist ZEITLOS. Es besteht länger als dieses Universum. *DAS BUCH DES LICHTS* ist DIE ABSOLUTE WAHRHEIT, welche später in die vielen Religionen von heute zersplitterte und nun wieder erscheint, um diese Religionen unter EINER LEHRE zu vereinen und damit wieder Frieden in der Welt zu schaffen, mit dem EINEN ZIEL für alle Lebewesen. Dieses eine Ziel ist NIRVĀṆA, das Ende des Leidens. OM.
Der Leser möge des Weiteren bedenken: Die Vollkommenheit der Lehre gilt damals, beim Wiedererwachen des Universums, wie heute. Die Lehre wird also in alle Ewigkeiten der Zukunft gelten, wie sie auch in alle Ewigkeiten der Vergangenheit galt. VÖLLIG LOSGELÖST von allen Bindungen sowie völlig losgelöst von allen Welten, sei es hier oder auf dem Mars oder jenseits des „schwarzen Loches", sei es Materie oder Antimaterie, kann und **wird** *DAS BUCH DES LICHTS* gelehrt und verstanden werden. OM. Der spirituelle Name wird diesen Lernvorgang erleichtern, bis dann hoffentlich einmal die ganze Welt mit allem darin in NIRVĀṆA ruhen wird, FREI von allem törichten Verlangen nach bedingter Existenz. OM. Gautama Buddha, Blavatsky und Dr. Georg Grimm, denen ich alle meine Bücher widme, waren die VORREITER der vollkommenen Lehre des *BUCHES DES LICHTS*. Was den Erhabenen Buddha anbelangt, so muss man leider immer wieder betonen, dass seine Lehre buchstäblich „vergewaltigt" wurde von den Thera Gelehrten. Doch auch dieser Fehler wird behoben vom *BUCH DES LICHTS* und seinen Zweigschriften. OM. Man lese „Der Sinn des Lebens, Nirvâṇa - Buddhismus, wie er sein sollte".

Wie bekomme ich nun während der Seelenatem Meditation meine Gedanken und Emotionen in den Griff, um einen nirvâṇischen Zustand zu erlangen, also DIE AUFHEBUNG ALLER WAHRNEHMUNG UND EMPFINDUNG, aber doch nicht **meine** Aufhebung? Das Geheimnis ist ACHTSAMKEIT und REPETITION, also Wiederholung. Der Lanoo möge nicht aufgeben. Wenn störende Beeinflussungen kommen, die Āsava आसव, dann BEOBACHTET man diese, man unterdrückt sie nicht. Durch den sich ständig wiederholenden, achtsamen Beobachtungsvorgang in meditativer Ruhelage während der Seelenatem Meditation verschwinden die störenden Strömungen irgendwann einmal. Dann werden die störenden Gedanken etc. schweigen und die Tür zu NIRVĀṆA wird sich einen Spalt weiter öffnen, immer mehr…

Dies führt auch zu immer reinerer Erkenntnistätigkeit. Irgendwann wird es dann dem Lanoo möglich sein, die friedliche Kontemplation zu erlangen. OM. Man muss sich aber nicht unbedingt, so wie ich es mache, nur auf seinen Atem konzentrieren während der Meditation. Sehr wirksam ist auch das Aufgehen in der Anschauung eines Baumes oder der glatten Oberfläche eines Sees, ja man kann eigentlich jeden Gegenstand nehmen inklusive des gesamten Erdplaneten, aber man muss dann dabei verbleiben, man sollte während der Meditation das Anschauungsobjekt nicht wechseln. Wenn man abgelenkt wird, dann kehrt man wieder zum erkannten Objekt zurück. Irgendwann wird auch dies nicht mehr nötig sein, denn in der vollkommenen Seelenatem Meditation wird dann auch das Anschauungsobjekt verschwinden und nur eine Vorschau auf NIRVĀṆA verbleibt. Dies nennt man friedvolle Kontemplation. Denn auch der größte Wüterich wird irgendwann friedlich, wenn er ein Lanoo wird, wenn er den spirituellen Namen LANOO annimmt. Bei einem dauert es länger, bei dem anderen geht es schneller. OM. Ich kenne z. B. einige Lanoos, die in ihrer meditativen Entwicklung schon viel weiter sind als ich. OM.

Seelenatem Meditation ist zunächst immer noch eine Entwicklung in der oder nach der Extensität. Die Entwicklung zur Intensität läuft dann, wie bereits erwähnt, parallel dazu. Nehmen wir den Traum. Ein Beispiel. Er hat mit konzentriertem, anschaulichem Denken zu tun. In wachem Zustand kann man herumspinnen, phantasieren, sich also Ereignisse einbilden etc. Im TRAUM aber findet eine vollkommene Beruhigung aller störenden Einflüsse statt, und damit die volle Energie des anschaulichen Denkens. Es besteht dann kein Unterschied mehr im Vergleich zum Tagesbewusstsein und der damit erlebten Wirklichkeit. Ich habe zunächst nicht verstanden, was damit gemeint ist, es wurde mir diktiert, und ich fahre einfach fort. OM. Jetzt verstehe ich es. Wer sich immer mehr meditativ konzentriert, der kann so real wie im Traum erkennen: Alle Erscheinungen sind vergänglich, der Körper ist eine vergängliche Entleerungsmaschine, eine urinierende und kotende Beschmutzung der übelsten Art, von der man sich trennen bzw. reinigen sollte. ALLES als veränderlich Wahrnehmbare ist nichts weiter als SCHMUTZ. OM. Darum kann man NIRVĀṆA erlangen durch Extensität (Konzentration auf ein Objekt) und dann aber auch nach innen, indem man sich auch vom Objekt der Konzentration löst, was übrigens ohne eigenes Dazutun geschieht. OM.

All dies ermöglicht die Macht des spirituellen Namens. Alle von mir davor gegebenen spirituellen Namen erkläre ich hiermit als nicht ungefährlich, weil sie den HÜTER zu sehr erwecken. Allerdings gibt es VIELE Menschen, die mir SEHR DANKBAR sind für den individuellen spirituellen Namen. Aber es gibt auch solche, denen der spirituelle Name geschadet hat. ICH HABE GEWARNT. Aber man bestand ja darauf. Jetzt also verleihe ich ALLEN MENSCHEN den spirituellen Namen LANOO. Das ist ungefährlicher und zielt in gleicher Weise auf NIRVĀṆA, das Ende des Leidens. OM.

Oh Lanoo, WAHRES GLÜCK IST UNABHÄNGIG VON PERSONEN UND DINGEN. Dies ist die wohl unpopulärste Botschaft des *BUCHES DES LICHTS*. Mit Hilfe Deines spirituellen Namens LANOO kannst Du den Drang stufenweise überwinden. Du musst nur die rechte **Erkenntnis** haben, nämlich dass Du alles als vergänglich Erkannte NICHT bist. Um dieses Ziel zu erlangen, empfiehlt es sich allerdings, Dich mit einem anderen Lanoo zusammenzutun. Alleine NIRVĀṆA zu erlangen, ist sehr schwer und nur wenigen möglich. OM.

Wie viel Durst nach der Welt ist noch in Dir? Weißt du es? Im Loslösungsprozess könnten völlig neue, bislang verborgene, noch unbefriedigte Lüste in Dir erwachen! Sei gewarnt. Du musst zunächst rechtschaffen werden, das heißt, die niedersten Lüste erkennen und überwinden. Beispiel: Du kannst ja ein Glas Wein trinken, aber nicht gleich die ganze Flasche. Du weißt schon, was ich meine. Das sind alles Stufen, um den Drang zu überwinden. Die niederste Grenze des Verhaltens ist aber, wenn Du andere ZWINGST, Deinen Willen oder Deine Lüste zu befriedigen. Dazu braucht es nicht unbedingt eines primitiven, bösen Menschen. Die höchsten Intellektuellen, also die so genannten „Gebildeten" sind oft die schlimmsten Monster. Ein solches Verhalten also wird Dich in unterste Höllenebenen schleudern. OM. Das MORALISCHE Handeln gilt es zu erlangen. Dazu gehört die Erlangung der Sittenreinheit, also entweder vollkommene Keuschheit oder ein maßvolles sexuelles Verhalten, aber doch nur mit einer Person, mit der Dich auch noch ANDERE Qualitäten und Interessen verbinden als nur sexuelle. Du weißt schon, was ich meine. Wer sittenrein stirbt, der hat schon viel erreicht und ist bestens vorbereitet für ein nächstes Leben, das so leidlos wie möglich ist. Wer sich mehr bzw. **viel mehr** zumutet, der wird fragen: „Wie erlange ich SO SCHNELL WIE MÖGLICH, also noch in diesem Leben, das NIRVĀṆA, also das Ende des Leidens und damit wahre Unsterblichkeit?" Das ist schnell erklärt. Lebe keusch, iss nur einmal am Tag ZU MITTAG eine leichte vegetarische Mahlzeit, trinke nur Wasser, schau kein TV oder Radio und befasse Dich INTENSIV mit der Lehre. OM. Auch hier gleich eine Warnung. Jeder Mensch hat eine gewisse „karmische Portion", die er Leben für Leben ausleben **muss**. WENN nun ein solcher Mensch SO EXTREM dem NIRVĀṆA zueilt, dann kann es sein, dass ihm EIN GROSSTEIL der sonst auf mehrere Leben verteilten karmischen Last in EINEM Leben aufgeladen wird. Nur wer sich mit der LEHRE befasst, kann überhaupt so eine Last tragen, um schneller NIRVĀṆA zu erlangen. Mit anderen Worten: Ein Mensch, der sich auf diese extreme Weise mit der LEHRE befasst, das kann jemand sein, der plötzlich am ganzen Körper mit Aussatz und Geschwüren befallen wird. Wenn er sich tapfer weiter mit der Lehre befasst, dann wird er MIT SICHERHEIT als STRAHLENDER ENGEL in höchsten himmlischen Welten wiedergeboren. Wer es zu fassen vermag, der fasse es. OM. EHRE SEI DEM *BUCH DES LICHTS*.

Mit Hilfe des spirituellen Namens LANOO wirst Du immer bedürfnisloser. Damit meine ich nicht unbedingt, dass Du arm in einem Kloster leben musst. Du kannst auch MILLIARDÄR sein, in einem Schloss wohnen und trotzdem NIRVĀṆA erlangen. Du darfst nur nicht mehr HÄNGEN und HAFTEN an Deinem Besitz. Einfacher gesagt als getan. Du musst also Deinen Drang nach irdischen Genüssen überwinden. OHNE den spirituellen Namen LANOO ist dies nicht oder nur sehr schwer möglich. Du wirst dann immer wieder in die Welt und ihre Vergnügungen zurückfallen. Der spirituelle Name aber bewirkt, dass Du immer gleichmütiger wirst gegen alles Irdische. So entsteht wahre Liebe für den Heiligen UND den Sünder. Diese wahre Liebe ist Nächstenliebe. Der Lanoo WEISS dann: NUR NIRVĀṆA ist das Ende des Leidens. OM. Wie steht es nun um einen moralisch vollkommenen HINDU? Erlangt der gleich NIRVĀṆA? Nein, denn erstens hat er nicht den spirituellen Namen LANOO, es sei denn, er akzeptiert ihn, und zweitens folgt er einer entstellten Version des höchsten, also BRAHMA und seiner Himmel. Doch auch die Brahma Himmel sind … VERGÄNGLICH.

Darum lesen allmählich auch die höchsten Götter *DAS BUCH DES LICHTS* und lernen über ihre wahre Natur und den ANGEMESSENEN Zustand, sei es der eines Wurmes oder eines Gottes.

Zurück zum Brahma Himmel. Die dort lebenden Wesen haben alles Interesse an irdischem Besitz und den Freuden daran verloren. Doch NIRVĀṆA werden sie nicht erlangen, es sei denn, sie werden LANOOS. Die meisten Wesen aber haben noch völliges Unverständnis für *DAS BUCH DES LICHTS*. Darum leiden auch die höchsten Himmelsbewohner, sei es in einem Brahma Himmel oder in einem der christlichen und muslimischen Himmel, denn irgendwann, wenn PRALAYA kommt, werden auch die höchsten Götter samt ihrer Engelscharen zusammenrücken MÜSSEN, denn dann geht es zurück in den URGRUND.

Das größte Problem der Menschen ist es aber, diese Götter anzubeten und sie somit daran zu hindern, NIRVĀṆA zu erlangen. DARUM ist *DAS BUCH DES LICHTS* der Lehrer von Menschen UND Göttern. OM.

Eines ist sicher, wer sich mit dem *BUCH DES LICHTS* befasst, der wird sogar irgendwann den Himmel auf Erden erlangen. OM. Ist das aber das Höchste? Lehren die Veden, die Bibel, der Koran wirklich das höchste? NEIN! Darum ist die Mehrzahl der Menschen (noch) völlig verständnislos gegenüber der Lehre des *BUCHES DES LICHTS*. OM.

Die Vollkommenheit der Lehre

DAS BUCH DES LICHTS und *SEELENATEM MEDITATION* lehren weit über die Veden, die Bibel und den Koran hinaus, da das *Buch des Lichts* viel älter ist. Das Höchste ist auch JENSEITS der Brahma Himmel, ja sogar jenseits der biblischen Himmel. Denn dort lesen wir in Matthäus 24, 35: „Himmel und Erde werden vergehen." Daran ändert auch der von Jesaja gesehene „neue Himmel und die neue Erde" **nichts**. Befassen wir uns einmal, geleitet durch den spirituellen Namen LANOO, den ich dem Leser jetzt verliehen habe, mit den Erlösungsstufen, die im *BUCH DES LICHTS* und in *SEELENATEM MEDITATION* detailliert beschrieben werden.

Schon hier auf Erden erlangt der Lanoo durch Studium der Lehre und Seelenatem Meditation einen Zustand HÖHER als den der Brahma Himmel. Seid nicht beleidigt, liebe Götter und liebe Brahmanen, aber so ist dies nun mal. In der Seelenatem Meditation erlangt der Lanoo zunächst die Vorstellung des Unbegrenzten Raumes. Ohne sich

mit der Lehre zu befassen, wird man dies nie verstehen. OM. Die Monade oder Wesenheit wird immer befreiter. Dies gelingt, indem sich der meditierende Lanoo ausschließlich auf einen Gedanken oder eine Form konzentrieren kann, ungestört von allem anderen. Ein solcher LANOO wird, geleitet durch den spirituellen Namen, JENSEITS der Brahma Himmel in einer Sphäre erwachen, die noch seinen Restbeständen der Anhaftung entspricht. OM. Aber das ist immer noch nicht das Höchste, obwohl bereits **jenseits** des Brahma Himmels. Auch dieser überweltliche Friede, auch diese majestätische Einsamkeit ist ... vergänglich. Man „fällt wieder zurück".
Auch diesen Drang gilt es also zu überwinden, auch das ist vergänglich und leidbringend, auch davon wird, kann oder muss sich der Lanoo achtsam lösen. Wir sehen hier bereits, wie unweit höher *DAS BUCH DES LICHTS* ist als alle Veden, welche ja erst NACH dem *Buch des Lichts* erwachten, leider als entstellte Version, der unwissenden Menschheit angepasst. Dies betrifft natürlich auch alle Religionen auf Erden, die es gilt zu vereinen und damit die Religionskriege zu beenden. Siehe auch die „*Wahre Bedeutung der Bibel*". OM. Und eben WEIL auch die Himmel JENSEITS der Brahma Himmel sowie die Himmel der Christen und Muslime vergänglich sind, eben darum muss oder kann man sich auch von diesem leidvollen, weil vergänglichen Anhaftungszustand lösen.

Auch die feinste ätherische, ja sogar ATOMARE **und** NON-ATOMARE bzw. antimaterielle Beilegung ist eben darum zu überwinden und ... abzulegen: DAS ist die Definition reinster Nacktheit, frei von allen beschmutzenden Beilegungen. OM. Ist das erst einmal erreicht, winkt ganz tief drinnen der Urgrund oder der nirvâṇische Seinszustand, also der einzig angemessene Zustand. OM. Erst wenn ich jeden Erkenntnisapparat abgelegt habe, kommt das NIRVĀṆA, der mir einzig angemessene Zustand FREI vom Verlangen nach allen vergänglichen Beilegungen und Strukturen. OM.
Aber, wie bereits erwähnt, auch das Nirvâṇa bzw. der Urgrund ist ANATTA, also **nicht** das Selbst, sondern eben nur der angemessene Zustand der Wesenheit. OM. Erst wenn keine Drangregung mehr stattfindet, ist NIRVĀṆA erlangt. Der nun befreite Lanoo will NICHTS mehr erkennen. OM. Der Lanoo ist dem Sterben entkommen bzw. dem Samsara, dem Hamsterrad der Wiedergeburt. OM. DENN, und man kann es gar nicht oft genug betonen und wiederholen: Es gibt gar kein Leben, es gibt nur ein STERBEN. Die Geburt ist der Beginn des Sterbevorganges und der Tod sein Ende. *DAS BUCH DES LICHTS* ermöglicht es uns, nicht mehr sterben zu müssen. Eine andere Unsterblichkeit gibt es NICHT. OM.

Der Lanoo ist dann ERLOSCHEN. Doch dies führte zu großen Missverständnissen, vor allem in der gestörten Welt des Dalai Lama und aller anderen falschen Theravada Buddhisten. Ich habe es ja bereits erwähnt. Man glaubte nämlich, dass man in NIRVĀṆA erloschen ist. Erloschen ist aber nur, man kann es gar nicht oft genug erwähnen, DAS VERLANGEN. Die Wesenheit selbst BRENNT NICHT MEHR. Der grause Drang ist überwunden. Und wenn dem dann endlich so ist, kann man auch seinen Erkenntnisapparat, und sei es der höchste, ablegen. Man hat dann den größten Feind besiegt, DEN DRANG NACH DER WELT. OM. Erst DANN ist man wirklich FREI, alles andere ist verborgenes SKLAVENTUM, noch klammernd an irgendwelchen emotionalen und mentalen Restbeständen. Erst wenn man sich auch davon gelöst hat, erst dann ist man wirklich UNSTERBLICH geworden, frei von allen sterblichen Hüllen, selbst den höchsten himmlischen. OM. Der ERWACHENDE LANOO versteht immer mehr: Die gesamte Welt mit allem darin ist Leid bringend. Schaut euch doch nur um! Ich wiederhole immer wieder: 35.000 Kinder verhungern jeden Tag auf Erden, während die pädophilen Pfaffen immer fetter werden! Das kann doch wohl nicht gottgewollt sein! Natürlich leben auch diese Leidenden ihr Karma aus, aber wie lange denn noch? Möge *DAS BUCH DES LICHTS* sie so bald wie möglich erlösen. OM. Es ist vielmehr so: *DAS BUCH DES LICHTS* lehrt den Lanoo, dass es ihn ja nur DRÄNGT oder gedrängt hat. Oder: Der WILLE hat die Natur **des Dranges**. Darum verlangte oder drängte es uns nach dem Erkenntnisapparat. Wenn ich also den Drang vernichte, brauche ich den Erkenntnisapparat nicht mehr. Dann kann, ja MUSS ich ihn wegwerfen, wenn ich NIRVĀṆA erlange. Wenn ich aber NIRVĀṆA wieder verlassen will, kann ich mir einen eigenen Erkenntnisapparat erschaffen, ohne die Hilfe irgendeines Gottes. DENN: Meinen bisherigen Erkenntnisapparat habe ich sowieso auch selber erschaffen bzw. verursacht. Wer es zu fassen vermag, der fasse es. OM.

Wenn aber unser Erkenntnisapparat unvollkommen ist oder geworden ist (durch Geburt, Behinderung oder Unfall etc.), dann ist es für den Lanoo nicht so einfach, sich davon zu lösen. Er mag erst wollen, dass sein Erkenntnisapparat vollkommener wird, um die Welt zu genießen. Aber genau genommen ist ein beschränkter Erkenntnisapparat PERFEKT, um sich mit der Loslösung vom Rest zu befassen und dies zu erstreben, denn diese „Beschränkungen" sind nur äußere, durch den DRANG bedingte und karmisch verursachte Hemmnisse. Der DRANG war doch der Grund, dass wir nach dem Tode den neuen Keim ergriffen hatten und wieder geboren wurden. Es gilt also für den Lanoo, den Drang zu **veredeln**, damit er KEINEN neuen mütterlichen Keim mehr ergreift. Man kann es nicht oft genug betonen, die VEREDELUNG des Dranges hat höchste Priorität. Nur so ist es möglich, in höheren Welten wieder zu erscheinen. OM.

Noch etwas erscheint mir von höchster Wichtigkeit zu sein, die Lehre betreffend. Also: Der Arzt heilt den Körper, falls dieser krank ist. *DAS BUCH DES LICHTS* aber erklärt DEN KÖRPER SELBST als Krankheit, von der man sich befreien kann. Darum ist *DAS BUCH DES LICHTS* der wahre Heiler. Wer es zu fassen vermag, der fasse es. OM.
Ich habe mich hier hauptsächlich mit dem Werdegang des Menschen befasst. Die Tiere, welche übrigens fast alle vom MENSCHEN abstammen, haben eine andere evolutionäre Entwicklung bis sie bzw. ihre Monaden endlich ins Menschenreich aufsteigen

können. Des Weiteren: Im Tier herrscht noch der Drang und die Triebe, mehr als im Menschen, manche Menschen ausgenommen, die **noch tierischer** sind als jedes Tier. Die geistige Aura ist beim Tier noch meist unentwickelt.
Um das zu verstehen, aber auch die Wesenheiten im Mineral- und Pflanzenreich, muss man sich mit dem *BUCH DES LICHTS* befassen. Nun zurück zum Menschen und dessen Drangvernichtung, die leichter fällt mit Hilfe des spirituellen Namens LANOO.

Die Mehrheit der Menschen identifiziert sich trotz vorhandener Geisthülle immer noch sehr mit dem Drang nach der Welt, anstatt eine gewisse Überwindung anzustreben. Sie verursachen für sich selbst aber schlechtes Karma, weil das kosmische Samsara sich unaufhaltsam zurückbewegt zum Urgrund und die Formen feinstofflicher werden und jedes noch verbliebene Verlangen anachronistisch ist und Leid verursacht. Ich will das erklären: Es ist wie eine interne Analepse. Man unterhält sich mit jemandem über Vergangenes, geht völlig darin auf und bemerkt dabei gar nicht, dass man bei ROT über die Straße geht. Man WUSSTE zwar, dass man bei ROT nicht über die Straße gehen soll, beachtete es aber nicht. Wer hat mich verstanden? Wenn im nächsten Leben die allgemeine Entwicklung sich bereits zum Geistigeren bzw. Feinstofflicheren bewegt, dann mag das Verlangen dieses Lebens obsolet sein. OM. Wie steht es nun mit tief gesunkenen Menschen, welche weder die Lehre kennen noch den spirituellen Namen? Die müssen halt noch durch die karmische Tretmühle, das Hamsterrad des Samsara, gehen. OM. Auch ein solcher Mensch aber hat noch einen, wenn auch kleinen Rest der Möglichkeit drangfreien Handelns in sich. Er kann sich befreien, doch ohne *DAS BUCH DES LICHTS* mag dies ein sehr langer, mühevoller, ja qualvoller Gang, eine via dolorosa, sein. Eine Eindämmung des Dranges ist jedoch auch für einen solchen Menschen möglich, mag es auch noch so viele Wiedergeburten benötigen. OM.

Jeder Mensch kann besser sterben, als er geboren wurde. Der spirituelle Name LANOO ermöglicht es ihm, den Drang zu veredeln und schlussendlich völlig zu vernichten. Eine Änderung der evolutionären Zielrichtung raus aus der Welt zurück in Richtung NIRVĀṆA oder zumindest in Richtung pränirvâṇischer, himmlischer Ebenen ist dazu notwendig. Voraussetzung ist die noch so sehr gefürchtete Sittenreinheit, weil sich ja der Mensch noch sehr mit seiner Geschlechtslust identifiziert. Oh Lanoo, vernichte wenigstens stufenweise Deinen Drang nach irdischen Dingen, denke an die Zeit in Atlantis, wo - laut *BUCH DES LICHTS* - die schlimmsten Sünden geboren wurden. Willst du wieder so tief fallen? Heute leben wir die Konsequenzen dieses Karma aus, DENN: Wir alle haben bereits alles Schlimme getan, kaum jemand will sich dessen bewusst sein, will dies akzeptieren. OM. Wer aber den spirituellen Namen LANOO nutzt, der wird bald zumindest in den Brahma Himmel aufsteigen, wo er ja die Wesenheiten, inklusive Brahma selbst, belehren kann, dass es etwas höheres als den immer vergänglichen Brahma Himmel gibt, nämlich NIRVĀṆA, das Ende des Leidens. OM.

Übrigens, die meisten Menschen sind stark verwirrt. Sie verurteilen das Verbrechen, genießen aber Krimis. Noch etwas am Rande: Wer keine Zeitung liest, der informiert sich nicht. Wer aber Zeitung liest, der bleibt uniformiert. Man löse das Rätsel.
Doch weiter. Lass mich den Zwang zur geistigen Tätigkeit erwähnen. Ich habe dieses Buch nicht geschrieben, um weiter der Welt anzuhaften, sondern um eine Loslösung von der Welt zu ermöglichen. Die meisten geistigen Tätigkeiten, inklusive Meditation, werden von großen Konzernen missbraucht, um die Arbeitenden zu größerer Leistung anzustacheln. Das ist satanisch. Diese Leute werden den karmischen Preis zahlen. Man bedenke, jegliche geistige Tätigkeit ist nur möglich mit Hilfe der Organe, also sind geistige Tätigkeiten auch Sehen, Hören, Riechen, Schmecken, Tasten, Fühlen und Denken. All diese Tätigkeiten kann man in der Seelenatem Meditation einstellen. DAS ist wahre Größe. Indem man den Geist befreit hat vom Drang, hat man wahre Größe erlangt. Und der Geist, von dem ich hier spreche, ist die wahre Wesenheit, die Monade. Das ist nicht der Geist der Religionen, welcher immer noch die vergänglichen Hüllen betrifft. OM.

Viele werden fragen, wo ist denn da Seligkeit, wenn ich nichts mehr will, nichts mehr wahrnehme und empfinde, also das NIRVĀṆA? Ich sage: DAS IST JA die Seligkeit! Wer es zu fassen vermag der fasse es. OM. Doch wir brauchen mehr Klarheit. Wir wollen ja GLÜCKLICH werden. Aber wie?
Wiederholung ist der beste Lehrmeister. Wirklich glücklich werden wir, wenn wir nichts mehr wollen und brauchen, weder von dieser noch einer anderen Welt, ja wenn wir nicht einmal mehr wiedergeboren werden wollen.

Wir wollen also nicht mehr nur den quälenden Drang befriedigen. Natürlich hatte der Leser vielleicht bisher seinen Drang befriedigt, indem er einen weltlichen Besitz erlangen wollte, ihn auch bekam, dann aber natürlich sofort ein neuer Drang erwachte. Je stärker der Drang, umso größer das zunächst erlangte Glücksgefühl, umso größer aber auch das neu erwachende Verlangen nach einem GRÖSSEREN Glücksgefühl. Wobei wir bei armen Narren wie Schwab, Soros, Musk und Co wären. Es ist ein Kreislauf des Leidens, man muss es nur richtig verstehen bzw. **erkennen**. Ein solcher Mensch erkennt (noch) nicht das WAHRE Glück der dauernden BEFREIUNG vom Drang. OM. Auch eine erlangte Gesundung nach langer Krankheit ist kein wahres Glück, denn hört die Gesundung auf, endet auch bald das Glücksgefühl. Es gibt kein wahres Glück in der Vergänglichkeit. Darum ist, wie bereits erwähnt, der **Körper** die wahre Krankheit, von der uns *DAS BUCH DES LICHTS* befreien will und kann. Wir müssen es nur zulassen. OM.
Ergo: Nur wenn sich DAUERND kein Drang mehr im Menschen regt, erlebt er wahres Wohlbefinden, frei von Körper, Gefühl, Denken, Seele und Geist.
Dann benötigt man auch kein Bewusstsein mehr. DAS ist wirklich wahres, vollkommenes Wohlsein. OM. Wiederholung ist bekanntlich der beste Lehrmeister. Dies führt

zu der folgenden mathematischen Formel: Kein Drang = NIRVĀṆA, vorausgehend mit der WELTFORMEL: LEBEN = DRANG. KEIN DRANG = NIRVĀṆA. Das ist höchstes vollkommenes Wohlsein und damit höchstes Glück. Das hat nichts mit überschwänglichem Glück zu tun. NIRVĀṆA ist viel höher und viel glücksverheißender, das ist **höchste Beruhigung**. DAS ist der wahre angemessene Zustand. OM. Er führt auch noch zu einer anderen Formel: **Höchste Moral = Höchstes Glück.**
Zu diesem Zwecke muss man HEITER werden, und wenn die ganze Welt in Schutt und Asche zerfällt! DIE LEBEN DOCH NUR IHR KARMA AUS! Der Normalmensch will solchen armen Seelen helfen, indem er die augenblickliche Elendssituation, also das momentane Problem, löst. Die WAHRE Hilfe aber, die WAHRE Heilung wäre, diesen Menschen den Pfad zu weisen, wie sie irgendwann eine neue leidvolle Wiedergeburt VERHINDERN! Aber diese - liebevoll gesagt - lebenssüchtigen NARREN wollen ja LEBEN! Und natürlich müssen sie auch wieder sterben!

Und weiter geht es in Richtung NIRVĀṆA. Wer heiter ist ohne Grund, der hat Wahlverwandtschaft mit den höchsten Himmelsebenen! HEITERKEIT ist der Schlüssel zur Himmelswelt. Von dort aus kann man ganz leicht das NIRVĀṆA erlangen. Bist Du missmutig und mürrisch? Dann ist für Dich in NIRVĀṆA kein Platz, nicht einmal in den unteren Himmelswelten, wo die Menschen sich nur von Äther ernähren und GLÜCKLICH sind, ungeachtet dessen, dass auch dieser Zustand vergänglich ist. Heiterkeit muss also eine CHARAKTEREIGENSCHAFT werden. Das ist leichter als man glaubt. Auch im höchsten Elend kann man heiter sein. Das hat nichts mit Gleichgültigkeit zu tun, ganz im Gegenteil. Der HEITERE kann ein Kind eher aus den Flammen retten als der Ängstliche, dies nur als Beispiel. Bist Du missmutig oder mürrisch? Dann ist für Dich weder Platz im Himmel noch in NIRVĀṆA, höchstens in dieser mürrischen kranken Welt.

Oh, Lanoo. Die Wesen in den Himmelswelten, inklusive der höchsten Götter, leben gar herrlich, ernähren sich von FREUDE. Noch schöner, noch höher, noch vollkommener aber ist es für jene, die den Drang auch nach den höchsten Himmelswelten sowie nach ihren Göttern, den höchsten Gott eingeschlossen, ÜBERWUNDEN haben. Das ist dann VOLLKOMMENES Wohlbefinden. Stell Dir vor, Du hast keinen Durst mehr, dann stört es Dich auch nicht, wenn kein Wasser da ist. Auch Schopenhauer war schon nahe an der Wahrheit, wenn er lehrte, dass man GLÜCKLICH ist, wenn man vom **Willensdrang** erlöst ist. Dann begehren und fürchten wir nichts mehr, dann ist ALLES für uns überflüssig. OM. Wir können dann nur bedauernd zurückblicken auf die Zeit, als wir im Banne des Vergänglichen, also des NICHT Selbst, der vergänglichen Hüllen waren. Von den höchsten Himmeln blicken wir dann auf den Jammer der Welt. Du sagst, wir müssen dann doch gerade die Menschen RETTEN vor diesem Elend? Ja, warum denn? Die meisten Menschen wollen doch gar nicht gerettet werden, sie wollen nicht NIRVĀṆA, sie wollen nur wissen, wie sie so leidlos wie möglich das Leben genießen können. Darum beten sie auch ihren Gott an, dass er, wenn's geht, ihre Miete bezahlt, sie gesund hält etc. Mit anderen Worten: Die meisten Menschen wollen nicht GOTT, sie wollen etwas VON Gott, ansonsten kann er ihnen nämlich gestohlen bleiben. So ist das. Dafür bin ich aber nicht zuständig. Der LANOO ist zuständig für den ANGEMESSENEN Zustand, also das NIRVĀṆA. OM. Und in dem Maße, in dem auch das Moralische steigt, in dem Maße wird man auch heiter, und man erzeugt eine Wahlverwandtschaft zu den höheren Himmeln, als Zwischenstufe zu NIRVĀṆA. Das bedeutet: Während andere noch die Himmelswelt genießen und in ihren ätherischen, geschlechtslosen Körpern in der Himmelswelt schweben und tanzen, gibt es immer mehr solche, die still sitzend meditieren, denn für sie ist die Himmelswelt immer noch nicht der angemessene Zustand, sondern nur eine Zwischenstation nach NIRVĀṆA. OM. Noch etwas: Der Mensch verfügt über einen Bewegungsapparat. Ist dann Stillsitzen und Meditieren nicht schädlich? Es gibt Studien, welche belegen, dass sich beim Sitzen der Sitzmuskel verhärten und gegen den Ischias Nerv drücken kann, was große Schmerzen verursacht. Das wusste natürlich auch der Buddha, enthüllt mir der große Chohan, und DARUM empfahl der Buddha zwar zu meditieren, aber auch zu gehen, was er und seine Mönche ausgiebig taten. OM.

Laut *BUCH DES LICHTS* war die frühe Menschheit geschlechtslos - feinstofflich. Das erste, was sich verdichtete, war vor vielen Millionen Jahren DAS OHR. Die immer noch androgynen Menschen vernahmen also als erstes ihre NAMEN, die sie sich selbst gegeben hatten, entsprechend der Schwingung, welche die Monade in der Matrix verursachte. Die Verdichtung der Materie führte weiter zur Fehlidentifizierung der Wesenheit mit dem, was sie NICHT ist. OM. Des Weiteren: Es geschieht immer häufiger, dass Kinder OHNE Monade geboren werden, sondern nur durch die unteren Beilegungen. Die Form wird dann von einem Naturdämon ausgefüllt. Je weniger darüber erwähnt, umso besser. Doch weiter mit **monadisierten** Menschen. OM.

Die Einteilung der Welt

Die in der sich immer mehr verdichtenden Welt gefangene Wesenheit begann, geleitet durch die Urschrift des *BUCHES DES LICHTS*, die Welt einzuteilen, und zwar folgendermaßen:
Ein Jupiterjahr definierte sie als 12 Erdenjahre, ein Saturnjahr als 30 Erdenjahre. 12 x 30 = 360. Was bedeutet diese Zahl 360? Es ist die durchschnittliche, sich verringernde und überbietende Menge von Tagen in einem Erdjahr und der Grund dafür, weshalb man viel später im Altertum den Kreis in 360 Grad einteilte. Mehr darüber in meinem Buch *DIE WELTFORMEL.*
Mit anderen Worten, die Menschheit MUSSTE sich, berauscht von der Materie, zunächst mit den vergänglichen Strukturen befassen und sie einteilen sowie aus ihnen Energie gewinnen, bis zur heutigen Situation.

Damals, vor Millionen von Jahren auf Erden, war der Drang so groß, dass an eine Befreiungslehre gar nicht zu denken war, sondern nur an eine ANHAFTUNGSWISSENSCHAFT. Und das ist bis heute so geblieben. Der Mensch leidet lieber unter seiner Vergänglichkeit, anstatt sich von ihr zu lösen, sein Verlangen nach den vergänglichen Beilegungen zu überwinden. OM.

Die Monade wollte wissen, wer bin ich, und sie beschmutzte sich immer mehr, sich mit den vergänglichen BEILEGUNGEN identifizierend. Die führt zum Elend unserer Gegenwart. Vielleicht war es ein notwendiges Elend. Erst wenn man lange und intensiv genug leidet oder gelitten hat, ist man wohl bereit zum Umdenken, nämlich so: **Ich bin auch nicht das Denken!**

Falsch denken die Wesenheiten aber bereits seit über 150.000.000.000.000 Jahren, seit Wiedererwachen des Universums aus dem Urgrund. Man kann es ein „notwendiges falsches Denken" nennen. *DAS BUCH DES LICHTS* lehrt: Es bedurfte erst eines Julius Cäsar, um der Verwirrung ein Ende zu setzen, was den römischen Kalender betraf. Sosigenes und Flavius, beide professionelle Astronomen, assistierten dem Amateur-Astronomen Cäsar dabei. Die Daten wurden gerade gerückt. Mehr darüber im *BUCH DES LICHTS Band I*. Es war ja für die Menschheit geradezu NOTWENDIG, den Anhaftungszustand so einzuteilen, dass man zumindest etwas Glück im und mit dem Vergänglichen erfahren konnte. Am Ende führte all dies aber bis heute nur zu Kriegen. Die weitere Verdichtung der Wesenheiten bzw. ihrer Beilegungen führte damals, vor etwa 18.000.000 Jahren, auf Erden zur Teilung der Menschheit in die Geschlechter. Das hätte nie geschehen dürfen, denn der Mensch ist ein GEISTIGES **geschlechtsloses** Wesen. Doch wer nicht hören will, der muss halt fühlen. Wie war es aber vor über 150.000.000.000.000 Jahren beim Wiedererwachen des Universums? *DAS BUCH DES LICHTS* lehrt, dass die SUPERMONADE die Ebene zuerst einteilte für die nachkommenden Monaden. DER DRANG der Wesenheiten aber veranlasste die brahmanische Supermonade, auch unterste Ebenen zu bewirken. Darin fielen die menschlichen Monaden und lebten ihren Drang, ihre TRIEBE aus, welche notwendigerweise zur Teilung der Geschlechter immer und immer wieder führen MUSSTEN, desgleichen auf unserem Mond, der einst, vor vielen Milliarden von Jahren, ein lebender Planet war. Davor stießen die androgynen protoplasmischen Menschen Teile ihrer Beilegungen aus, was zur Entstehung der Tiere auf Erden führte, welche sich vor etwa 25.000.000 Jahren in die Geschlechter teilten. OM. Der DRANG des Planetenengels des Mondes emanierte vor vielen Milliarden von Jahren die ERDE aus dem sterbenden Mond. Siehe die BDL Zweigschrift *DIE WELTFORMEL*. Was nun, wenn der PLANETENENGEL seinen Drang überwinden würde? Dann hätte ja der auf der Erde lebende Mensch keine Möglichkeit mehr, NIRVĀṆA zu erlangen? Sei unbesorgt, oh Lanoo, die Lipika würden dies nicht zulassen, Wer sind die Lipika? Man befasse sich mit der Lehre. OM.

Der heftige Drang im Menschen führte zur Unwissenheit, die Weisheit der Alten betreffend. Dies betrifft auch die sieben Tage der Woche. Sie sind in falscher Reihenfolge gegeben, denn jeder Tag wird von einem Planeten unseres Sonnensystems beeinflusst. Darum gilt natürlich die allerdings später verdrehte atlanto-arische Einteilung. War all dies nötig? Nicht, wenn damals die Lehre des *BUCHES DES LICHTS* geherrscht hätte. Doch diese Lehre war bis vor Kurzem noch verborgen im Urgrund, zunächst der Unwissenheit der Menschen Platz machend, zugleich wartend darauf, mir diktiert zu werden vom Maha Chohan. OM. Man bedenke: *DAS BUCH DES LICHTS* lehrt 311.040.000.000.000 Jahre kosmischer Entwicklung von Mensch und Universum und ist damit das vollkommenste Werk im Universum, mir diktiert, damit alle Wesen endlich erwachen und sich nicht mehr der Sucht nach der Materie hingeben, sondern NIRVĀṆA erlangen bzw. dem NIRVĀṆA zustreben. OM.

Die Menschen, damals fehlgeleitet von unpassenden Namen, haben einfach noch nicht genug gelitten, waren noch nicht bereit für *DAS BUCH DES LICHTS*. Jetzt, wo wir uns im Wassermann Zeitalter befinden, ist die Zeit gekommen, alle Religionen zu vereinen und von Glaubenden zu Wissenden zu werden. OM. Der Leser möge bedenken, DREI Realitäten gibt es: 1. Den Urgrund, 2. Alle Wesenheiten und 3. Die Urmaterie. Alle drei sind zeitlos-ewig, unerschaffen. DU bist also Gott, JEDER ist Gott. Wir ALLE sind Götter im Werden, und weil wir unvollkommen sind, darum sind unsere Beilegungen oder Körper ebenfalls unvollkommen. Das gesamte Universum ist die Totalsumme des Verlangenszustandes aller Wesenheiten in Manifestation. OM. MŪLAPRAKRITI oder die Urmaterie erfüllt all unsere Wünsche, entreißt uns das Ergebnis jedoch immer wieder. Was entsteht, muss vergehen. So manche mögen einwenden: Dann lass mich doch entstehen und vergehen, auch wenn ich darunter immer wieder leiden muss. Es gibt doch auch GLÜCKSZUSTÄNDE, also Beruf, Familie, die Sinnesfreuden etc. Das stimmt. Doch es gibt noch etwas anderes, und dieses andere ist NIRVĀṆA, die wahre Unsterblichkeit, nach der die Menschen verzweifelt dort suchen, wo sie nicht ist, nämlich in der Welt bzw. in einer nachtodlichen, aber immer noch vergänglichen himmlischen Lichtwelt. Ehre sei dem *BUCH DES LICHTS*. OM.

Die zuerst den Wesenheiten gegebenen spirituellen Namen, auch von großen Meistern, halfen zwar, das Leiden zu verringern, aber BEENDEN konnten sie es nicht. Dies ist jetzt nur möglich mit Hilfe des *BUCHES DES LICHTS* und des spirituellen Namens LANOO. Dieser spirituelle Name führt uns so leidlos wie möglich, erleichtert die Erlangung der Wahrheit, welche wahres Glück ist, unabhängig von Personen und Dingen. Nur ein LANOO wird *DAS BUCH DES LICHTS* als LOSLÖSUNG von allem verstehen und nicht etwa nur als unterhaltsamen Lesestoff. Immerhin, der spirituelle Name der frühen Menschen, aber auch der Engel, half zumindest, sich auf den Weg nach NIRVĀṆA zu begeben. Doch jetzt ist alles anders. Wir sind tiefer ge-

sunken und gefallen als damals die Engel. Die Teilung in Geschlechter hätte längst vorbei sein müssen. Und doch ist es geschehen.
Nun bedarf es UNBEDINGT des spirituellen Namens LANOO, und zwar für ALLE, um den Quantensprung ins NIRVĀṆA zu schaffen, ohne weitere manvantarische Verzögerung. OM.
Man bedenke, dass der Urstoff Mūlaprakriti, also die Matrix, nicht immer zur Verfügung steht, um den Drang zu befriedigen. Auch die Matrix hat Perioden der Ruhe und der Aktivität.
Man nutze also die Zeit, sich vom Drang zu LÖSEN, damit auch der Urstoff Mūlaprakriti periodisch zur Ruhe kommen kann. Dies führt mich zur ungeheuerlichsten Aussage der Welt. Und die ist folgendermaßen: Erst wenn die ganze Welt mit allem darin verschwunden ist, ist der wahre Sinn des Lebens erfüllt. Aber dieses totale Verschwinden der Welt darf nicht erzwungen werden, sondern wird stufenweise durch freie Wahl und geleitet vom *BUCH DES LICHTS* gewährleistet, ganz gleich, wie lange es dauern mag. OM.
Darum lehrt das *BUCH DES LICHTS*: Erst wenn der Urgrund, alle Wesenheiten und die Urmaterie NICHT MEHR interagieren, ist der Sinn des Lebens erfüllt. Im Augenblick interagiert alles immer noch, resultierend in Geburt, Leben und Tod. OM. Nur wenige sind bereit, sich von allem zu lösen. Man kann aber nicht zwei Herren dienen. Damit meine ich, dass wir nur **zwei** Möglichkeiten haben, reinkarnieren oder nicht. Ein Drittes gibt es nicht. Wer es zu fassen vermag, der fasse es.
Ein Beispiel: Als es die Erde noch gar nicht gab, sondern nur ihren Mutterplaneten, den Mond, also vor etwa 7 und mehr Milliarden Jahren, da waren die Bewohner auf dem Mond noch astral, später etwas feinstofflicher, jedoch nicht im gleichen Maße wie heute. OM. Ihr DRANG inklusive dem Drang des Planetengottes des Mondes veranlasste sie, den ERDPLANETEN zu emanieren und an der neuen (Erd)-Kette mitzuwirken. OM. Ohne *BUCH DES LICHTS* wird man dies nie verstehen. Das gesamte Universum ist ein DRANGZUSTAND, welcher der Erlösung bedarf. Darum wird *DAS BUCH DES LICHTS* die führende Schrift im gesamten Universum sein und das gesamte Universum in ein kosmisches Kloster verwandeln, bis jede Lebensform in Nirvâṇa ruht. OM.

Der Urknall

Da erwachte der Drang der Wesenheiten aufs Neue, jedoch NICHT zum ersten Mal. Darum gab es auch keinen ersten Urknall, sondern immer nur ein konstantes Wiedererwachen aller vom Drang getriebenen Wesenheiten. OM. Dies ging folgendermaßen vonstatten: Es gibt einen latenten Zustand VOR dem Erwachen des Universums, also vor dem Erwachen des Dranges. WIEDERHOLUNG IST DER BESTE LEHRMEISTER. Darum wiederhole ich: Es sind also drei: 1. Der Urgrund, 2. Alle Wesenheiten und 3. Die Urmaterie oder die Matrix. Dann kommt der wiedererwachende „Urknall", korrekt definiert nur in *DIE WELTFORMEL* und im *BUCH DES LICHTS*.

Zusammenfassend sei jedoch gesagt: Die noch namenlosen Wesenheiten verlassen in hierarchischer Folge den Urgrund, doch ALLE sind sie getrieben von UNWISSENHEIT, also vom Drang nach vergänglicher Existenz. So entsteht die ganze vergängliche sichtbare und unsichtbare Welt mit allem darin. Man bedenke: Wahres Glück ist **unabhängig** von Personen und Dingen, das andere „Glück" ist vergänglich, wird Dir immer wieder entrissen und ist damit als LEID zu verzeichnen. Und dies immer und immer wieder. Wann wird der Mensch endlich lernen, dass er nicht hierher gehört, sondern dahin, wo er herkommt. So gesehen ist der gesamte Kosmos mit allem darin ... DUMM bzw. freundlicher gesagt in einem Zustand der Unwissenheit, das Ewige im Vergänglichen suchend. Zum Beispiel: In einem Film sah ich, wie Außerirdische die Erde besetzen wollten, der Grund: Ihr Planet ging zu Ende, würde bald explodieren. Arme Außerirdische, auch sie sind nichts weiter als vergängliche Illusionen, wenn man ihre Beilegungen meint. Sie hätten die Zeit nutzen und sich mit der Lehre befassen sollen. OM.

Man bedenke des Weiteren: *DAS BUCH DES LICHTS* lehrt: Die Urmaterie ist im Zustand des LAYA, also absoluter Homogenität. So soll oder kann es auch bleiben irgendwann. Lasst doch Mūlaprakriti in Ruhe. OM. Die Bibel berichtet vom „Schoß Abrahams". Das ist nichts weiter als ein okkulter Hinweis auf NIRVĀṆA. Lest bitte *DIE WAHRE BEDEUTUNG DER BIBEL.* Wenn man die WAHRE Bedeutung der Bibel kennt, dann findet man automatisch zum *BUCH DES LICHTS*. Wenn ich weiß, woher alles kommt, dann weiß ich, wohn ich gehöre. Warum bin ich dann hier, wenn ich nicht hierher gehöre? Warum habe ich Nirvâṇa verlassen? Um genau das zu lernen. Reinkarnationen sind Lehre und Wanderjahre der Monade, also der zeitlos ewigen unsterblichen Wesenheit. OM.

Haben wir es denn bisher gelernt? Nein, oder kaum? Macht nichts, wir haben ja alle Zeit der Welt. OM. Wir hatten ja in diesem Mahapralaya bisher über 150 Billionen Jahre Zeit und über 150 Billionen Jahre steht das Universum noch. Wie lange will der Leser noch leiden?? Werde LANOO und lass los. Gib Dich Deinem spirituellen Namen hin und folge dem *BUCH DES LICHTS*. OM.

Man fragt mich immer: Wussten die hohen Götter denn nicht von NIRVĀṆA? Die Antwort ist: NEIN, sie dachten, SIE sind die Schöpfer. Sind sie aber gar nicht, weder Brahman, Shiva, Krishna, Christus, Allah etc., etc, noch sonst einer der Götter. Es sind astrale Wesen, die eine gewisse Überlegenheit besitzen gegenüber den hier unten manifestierenden Monaden. Sie sind durch alle Formen gegangen und an der jetzigen höchsten geistigen sozusagen noch „festgesteckt". Der Mensch IST aber kein Geist, er HAT nur einen. *DAS BUCH DES LICHTS* benutzt den Begriff GEIST in dualem Verständnis, einmal als Wesenheit und einmal als deren höchste, aber immer noch vergängliche, Beilegung. Wann welcher Geist gemeint ist, wird genau definiert. OM.

DIE HÖCHSTEN Emanationen sind allerdings DIE SIEBEN STRAHLEN, im *BUCH DES LICHTS* definiert. Darum ist *DAS BUCH DES LICHTS* die Lehre für Menschen UND Götter. Übrigens, weil es so viele Stammesgötter gibt, verlangt der Stammesgott der Bibel: „Du sollst keine **anderen** Götter neben mir haben." Möge *DAS BUCH DES LICHTS* uns alle befreien.

Wie steht es nun mit dem Engel der Erde? Könnte er NIRVĀṆA erlangen? Und wenn dem so wäre, dann würde die Erde ja vor ihrer Zeit sterben, denn laut BDL lebt die Erde etwas über 4 Milliarden Jahre. Die Hälfte dieser planetarischen Lebenszeit ist bereits vergangen. Was, wenn unser Planet vor seiner Zeit stirbt? Die Antwort ist: Die Lipika würden dies nicht zulassen und würden unseren CERN „Wissenschaftlern" gehörig auf die Finger klopfen. Siehe Hawking und Co. Ein Haus kann oder sollte man erst einreißen, wenn alle Bewohner ausgezogen sind. Das bedeutet: DER MENSCH ist das höchste Wesen im Universum. NUR DER MENSCH kann NIRVĀṆA erlangen. Erst wenn alle MENSCHEN NIRVĀṆA erlangt haben, können sich die anderen Wesenheiten dem Urgrund zuwenden. Wer es zu fassen vermag, der fasse es.

Noch genauer gesagt: DER MENSCH ist den Göttern **überlegen**. Ja, er ist sogar mobiler. Denn die karmische Konstanz der „Götter", also der 7 Strahlen und ihrer Unterstrahlen und deren DRANG führt nun mal zunächst zu einer noch zu erwartenden Gesamtlebenszeit von über 150.000.000.000.000 Jahren. OM. Die SONNE bzw. deren Wesenheit zum Beispiel könnte nicht NIRVĀṆA erlangen, noch nicht. ZU GROSS, zu brennend ist der Drang der Sonne, sich manifestierend in ihrer leuchtenden Struktur. Ich gebe ein Beispiel: Beim Wiedererwachen des Universums erwacht der DRANG in der ersten Wesenheit, der SUPERMONADE. Sie fällt in die URMATERIE, eine REIBUNG verursachend, welche zu einem kalten, kosmischen Feuer wird und den gesamten Raum erfüllt. ANDERE, die wir heute vielleicht GÖTTER nennen würden, verlassen als SIEBEN STRAHLEN (und mehr) den Urgrund, fallen in das KALTE FEUER der ersten Sonne, übernehmen Teile ihres Glanzes. Das Zentralfeuer wehrt sich, will die anderen Feuer verschlingen. Nun kommen die LIPIKA, welche sich zuvor positioniert hatten, und ZWINGEN die Zentralsonne ins Zentrum und die anderen in die Peripherie. Die Konsequenz: Die Zentralsonne kann die sie Umkreisenden nicht verschlingen, sie aber können auch nicht entkommen. So ist jedes Sonnensystem auf KRIEG aufgebaut. Allein deshalb ist es wünschenswert, dass diese kranke Welt irgendwann verschwindet. Dazu muss aber der DURST, der DRANG in den Wesenheiten verschwinden, sie müssen ihr Verlangen nach Manifestation überwinden und endlich den ihnen angemessenen Zustand des NIRVĀṆA einnehmen, also die AUFHEBUNG aller Wahrnehmung und Empfindung.

Welchen spirituellen Namen sie sich oder andere ihnen bisher gegeben haben, es scheint noch nicht zu wirken. Der übermäßige Drang in den Planetengöttern, welche

von den Religionen zu Engeln degradiert wurden, damit sie IHREN Gott als einzigen präsentieren und anbeten konnten, dieser Missbrauch des Wissens, führt zur ständigen Reinkarnation, so wie die Erde die Reinkarnation der Mondwesenheit ist. Aber darauf können wir Menschen, falls wir wirklich Erlösung wollen, keine Rücksicht nehmen. Menschen beten diese Planetengötter bzw. astralen Engelwesen und deren Hierarchien an. Das ist immer von Übel, und es geht, wie gesagt, so weit, dass Menschengruppen Kontakt zu diesen astralen Wesen aufnehmen und sie damit zu STAMMESGÖTTERN machen. EIN LANOO allerdings, geleitet durch seinen spirituellen Namen, kann dieser Illusion entgehen und an den Göttern vorbei NIRVĀṆA erlangen. OM.
Ich fühle mich übrigens nicht dazu berufen, die Welt zu retten, ich rette mich lieber selbst. Allerdings muss man sagen, dass ein meditierender Heiliger, der ich nicht bin, mehr für die Loslösung und Heilung anderer bewirkt als alle Helfer der Welt zusammen.
Nun ist es doch geschehen. Ich wollte es verhindern bzw. umgehen. Doch um die Wichtigkeit des spirituellen Namens zu betonen, muss ich noch einmal zum Moment des Urknalles oder Wiedererwachens des Universums zurückkehren.

Die SIEBEN STRAHLEN entsprangen also der Supermonade und wir dann den 7 Strahlen bzw. wir verließen **durch sie** den Urgrund. Sie prägten unsere Eigenschaften. Doch jetzt will ich es gleich betonen: *DAS BUCH DES LICHTS* enthebt uns des Einflusses der Sieben Strahlen sowie der astralen Götter, die heute von den Religionen angebetet werden. *DAS BUCH DES LICHTS* ist die Schrift, welche JEDES Gesetz zur Seite schiebt, inaktiviert und nur noch eines betont: RAUS AUS DIESEM IRRENHAUS. Um aber dem LANOO, geleitet durch den spirituellen Namen, zu demonstrieren, welche MACHT er überwindet, welchen KAMPF, nämlich auch den Kampf gegen die SIEBEN STRAHLEN, sei hier noch einmal zusammenfassend ihre Funktion betont, im Detail natürlich im *BUCH DES LICHTS* definiert.

Die 7 Strahlen, im *BUCH DES LICHTS* beschrieben, konditionieren alle Ebenen der menschlichen Existenz, vor allem auch die Persönlichkeit, also das ANATTA, in allen ihren Facetten. Der unerlöste Mensch befindet sich geradezu unter PRÄGUNG der Sieben Strahlen! Das gilt auch für Emotionen etc. Je nach Karma kann derselbe Strahl unterschiedliche Einwirkungen auf verschiedene Individuen haben, vor allem auf deren Mental- und Seelenstruktur. Um sich des Einflusses der 7 Strahlen bewusst zu werden sowie der Schwierigkeit ihrer Überwindung, will ich zusammenfassend ihre gewaltige kosmische Macht beschreiben. An all diesen bewegt sich der LANOO meditativ vorbei in Richtung NIRVĀṆA.

Strahl 1: Der Strahl des Göttlichen Willens und der Macht
Das war der erste karmische Impuls, den wir beim Wiedererwachen des Universums erhielten.

Strahl 2: Dieser Strahl aktivierte Liebe und Weisheit in die Wesen
Bis heute allerdings steht er im ständigen Kampf mit dem Fluch der Vergänglichkeit, dem auch die größte Liebe unterliegt bzw. der eine wahre, so genannte „ewige" Liebe unmöglich macht. OM.

Strahl 3: Der Strahl der abstrakten Intelligenz und Aktivität
Dieser Strahl aktiviert Denker und Wissenschaftler, allerdings mit geringem Erfolg, wie man heute feststellen kann. Überall scheint immer noch SATAN seine Hand im Spiel zu haben.

Strahl 4: Der Strahl der Harmonie durch Konflikt
Es handelt sich hierbei um reine Energie, auf Gleichgewicht und Schönheit in der Natur gezielt. *DAS BUCH DES LICHTS* aber lehrt: Es gibt KEIN wirkliches Gleichgewicht in vergänglicher Existenz. Alles ist in ständigem Schwanken begriffen. Die kosmische Waage steht nie still, ist nie im Gleichgewicht. OM.

Strahl 5: Der Strahl des konkreten Wissens und der Wissenschaft
Dieser Strahl ist auf spirituelle Harmonie gerichtet, welche aber nie eine wirkliche Loslösung VON ALLEM erlaubt.

Strahl 6: Der Strahl des Idealismus und der Hingabe
Auch dieser Strahl verspricht zwar himmlische Beglückung, doch JEGLICHE Hingabe unterliegt ebenfalls der Vergänglichkeit dessen, dem man sich hingibt sowie der sich hingebenden Persönlichkeit. NIRVĀṆA z. B. ist auch Anatta. Man kann sich NIRVĀṆA gar nicht hingeben, man kann sich nur von allem als veränderlich Wahrnehmbaren lösen.

Strahl 7: Der Strahl der zeremoniellen Ordnung und Magie
Dieser Strahl hat am meisten "versagt", weil er oft zur negativen Umkehrung dieser Werte führte und führt. Beispiel: Die meisten Gläubigen von heute sind nichts weiter als Heiden bzw. Menschen, die heidnische Rituale kopierten, ihre Macht erkannten und nun die Menschen damit in die Irre führen. OM.
Wie weit aber auch die Theosophen von der Wahrheit entfernt sind, die Sieben Strahlen als Vorbild zu nehmen, ist an folgendem Artikel zu sehen, den ich in einer amerikanischen Vorlesung hörte. Ich übersetze ins Deutsche und zitiere:

„Der Pfad der Selbstfindung

Vieles auf dem geistigen Entwicklungsweg hat zu tun mit der sukzessiven Bewusstwerdung dessen, wer wir sind – spirituell gesehen. Es ist die Forschung nach dem Selbst, der Seele, was wir alle anstreben. Eine Ahnung über die qualitativen Unterschiede zwischen Seelentypen zu haben ist schon ein wichtiger Ansatzpunkt beim

Befolgen dieses Pfads der Selbstfindung. Wahr ist, dass auf der Grundebene alle Seelen gleich sind, denn wir sind alle ein Teil des Einen Lichts, welches das Eine Leben ist. Jedoch, beim Betrachten der Seele, wie sie sich durch die Persönlichkeit ausdrückt, sind nicht alle Seelen identisch. Wie ich kurz versucht habe darzustellen, gibt es sieben Seelentypen, und jeder übermittelt eine einzigartige göttliche Qualität und Absicht. Jeder hat der Welt etwas spirituell Essentielles zu überbringen. Jeder ist ein Bruchstück des göttlichen Lichts, das sich auszudrücken sucht. Die Reise zur Erleuchtung ist mehr als einfach seine Seele im Innern zu finden; sie ist das Erlernen der Unterscheidung ihrer Natur und Qualität. Durch solche Erkenntnis kann mehr von der Seele zum Ausdruck kommen. Den Seelenstrahl zu kennen heißt, die individuelle spirituelle Aufgabe zu entdecken, zu deren Erfüllung jeder von uns hier ist.“ Zitat Ende

Der Denkfehler liegt schon in der Überschrift ‚**Der Pfad der Selbstfindung'.** Man kann sich selbst oder das Selbst gar nicht finden. Man kann sich nur lösen von dem, was man essentiell NICHT ist, wenn man WAHRE Leidensfreiheit erlangen will. Wenn ich „den Seelenstrahl” kenne, dann sind da auch wieder zwei. Auch Strahlen sind veränderlich. Auch das göttliche Licht kommt und geht. Der Leser mag einwenden, dass bei NIRVĀṆA ja auch zwei sind, derjenige, welcher NIRVĀṆA erlangt und dann NIRVĀṆA selbst. Dies ist aber ein sich NICHT verändernder Zustand, es ist wahre Ewigkeit, frei von Dauer. OM.

Wir sind alle krank, weil wir **hier** sind. Wären wir nicht krank, dann wären wir nicht hier. *DAS BUCH DES LICHTS* ist der große Heiler. Wie steht es nun mit den weltlichen Heilern, den Ärzten? Sie heilen bedingt. Ich will das erklären: Der Arzt heilt die Krankheit des Körpers, aber *DAS BUCH DES LICHTS* erklärt **den Körper selbst** als die Krankheit und heilt uns von dieser Beschmutzung, indem wir irgendwann nicht mehr in diese Welt zurückkehren müssen, falls wir uns dazu entscheiden.

EHRE SEI DEM *BUCH DES LICHTS*. Oh, wie gewaltig ist doch das Wohlbefinden des Lanoo, wenn er erst einmal vom Drang befreit ist! Das mag dauern, aber irgendwann einmal ist das Ziel erreicht, ist das Ziel erreicht!
Der Wille des Menschen ist eine tiefe, dunkle, astrale Macht... Diesen WILLEN soll man zum Verschwinden bringen. DAS ist erhaben, DAS ist friedvoll, diese völlige Willenslosigkeit bzw. Willensfreiheit. OM. DIESER Zustand ist das WIRKLICH Göttliche. Auch die höchsten Himmelsbewohner können sich nicht damit messen. Nicht mal durch das Sterben wird man gestört. Es ist ein willkommener, absolut angemessener Vorgang, man stößt doch nur Schmutz ab. OM.

Der spirituelle Name LANOO ist keine Pseudoesoterische New Age Faselei, sondern der Beginn einer weltweiten kosmischen REVOLUTION, welche zurück in den Urgrund führt. Ein Lanoo hat nichts mehr zu tun mit dieser Ordnung der Dinge. Das Entstehen und das Vergehen der Welt interessiert ihn nur, damit er sich leichter von ihr lösen kann. *DAS BUCH DES LICHTS*, absolutes Wissen, ist nicht dazu da, es den Menschen auf Erden angenehmer zu machen, sondern sie zu ERLÖSEN von diesem Irrenhaus.

Ist jemand für diese radikale Entwicklung erst einmal bereit, dann beginnen möglicherweise Probleme, von denen er sich bis dahin keine Vorstellung machte. ALLES in ihm wird sich AUFBÄUMEN gegen die Entscheidung, die angebliche Ordnung der Dinge als UNORDNUNG zu sehen, von der man sich lösen sollte. Der Hüter wird wüten! Irgendwann aber kann schließlich die Wesenheit sagen: „Ich gehe fort, lass euch allein, ich kehre zu mir selber ein."

Bedenke, oh Leser, bei Deiner Geburt hast Du geweint, und die anderen haben gelacht. Jetzt sorge Du dafür, dass die anderen weinen, während DU **lächelnd stirbst**. Was ich damit meine, ist folgendes. Ich saß in einigen Hospizen und hielt die Hände der Sterbenden. Die meisten weinten und hatten Angst. Einige konnte ich aber dazu bringen, trotz großer Schmerzen zu lächeln. Ich sagte ihnen eindringlich: „ZWINGE DIR EIN LÄCHELN AUF. Denn der Gemütszustand beim Tode entscheidet den Eintritt in Dein nächstes Leben". Und sie lächelten unter Schmerzen - und starben. Wer fluchend stirbt, stirbt unvernünftig, denn die Sterbestunde ist auch sehr entscheidend für die physische, geistige und mentale Situation der Wiedergeburt ... OM.

Lieber Leser, lies das Folgende viele Male durch: Dein Durst nach der Welt hat nicht das Geringste mit Deinem eigentlichen Wesen zu tun. Bisher hast Du diesen Durst nach der Welt befriedigt, so gut Du konntest, nur um immer wieder zu sehen, dass Dir das Erlangte immer wieder entrissen wurde, spätestens im Tode. Geleitet durch Deinen spirituellen Namen LANOO erkennst Du aber: Das Problem besteht nun nicht mehr darin, wie Du Deinen Durst nach der Welt befriedigen kannst, sondern ob Deine wahre Befriedigung nicht eher darin liegt, Dich vom Durst nach der Welt zu befreien! Ich wiederhole: **Das Problem besteht nun nicht mehr darin, wie Du Deinen Durst nach der Welt befriedigen kannst, sondern ob Deine wahre Befriedigung nicht eher darin liegt, Dich vom Durst nach der Welt zu befreien!** Wer es zu fassen vermag, der fasse es.

Darum, oh Lanoo, sage ich Dir: Kein Drang ist der Neigung wert. Einen Drang nach NIRVĀṆA gibt es gar nicht. Wenn überhaupt, dann drängt es einen, sich zu LÖSEN von allem Vergänglichen und damit Leidvollen, weil man - geleitet durch die Lehre - jetzt weiß, dass jenseits des Vergänglichen die zeitlos ewige EWIGKEIT und UNSTERBLICHKEIT, frei von Körper, Gefühl, Denken, Seele und Geist, wartet. Und die hat nichts zu tun mit der angeblichen Ewigkeit in einem Himmel der Religionen, der immer vergänglich und damit - vom höchsten nirvâṇischen Standpunkt aus gesehen - ebenfalls leidvoll ist. Wer sich aber gelöst hat vom Vergänglichen, der ist nicht zerstört, sondern FREI. OM.

Schauen wir uns doch mal die BEGRIFFE an, die uns so beschäftigen, also auch den Bereich des Erkennens, und zwar durch die Brille des spirituellen Namens LANOO. Da handelt es sich doch bei der Persönlichkeit um den körperlichen Organismus. Den sollten wir, NEUTRAL geleitet durch den spirituellen Namen, betrachten und definieren, um uns zu LÖSEN von den Objekten bzw. von dem Drang danach. Was wir benennen sind doch nur BEILEGNUGNEN, auch den spirituellen Namen betreffend. Auch LANOO sind wir natürlich NICHT. Doch wenn ALLE sich LANOO nennen würden, dann würden wir uns nicht mehr unterscheiden voneinander. Das wäre EIN SEGEN, denn wir hätten dann ja nur ein Ziel: NIRVĀṆA. OM.
Wenn wir alle LANOOS sind, dann ist das, was uns zuvor trennend kennzeichnete, nicht mehr vorhanden. Dann sind wir nur noch LANOOS. Aber auch diese Bezeichnung legen wir dann an der Schwelle von NIRVĀṆA ab. Alle Begriffe gelten also nur für unsere Beilegungen. Hätten wir alle nur die Beilegung LANOO, dann würden wir diese leichter überwinden, dann wäre der ganze leidvolle Spuk bald zu Ende, und wir würden wunschfrei in NIRVĀṆA ruhen. OM.
Dieses Buch ist wie eine Rakete, immer aufs Neue gezündet durch den Leser, gesegnet mit dem spirituellen Namen LANOO. Während des Schreibens zünden sich die Stufen. Im Augenblick ist es die dritte Stufe. Doch meine Rakete fliegt und führt nicht zum Mars, wie die Rakete von dem verrückten Musk. Meine Rakete fliegt und fliegt und fliegt und führt direkt zurück nach NIRVĀṆA. Wir steigen aus, gehen hinein und lassen die Rakete zurück.
Mit Genehmigung und Autorität des großen Chohan verkünde und wiederhole ich nun: ICH VERLEIHE HIERMIT DER GANZEN WELT MIT ALLEM DARIN DEN SPIRITUELLEN NAMEN LANOO.
ABER: Habe ich bisher geschrieben, dass die Welt sich erst NIRVĀṆA zuwenden wird, wenn alle NUR den spirituellen Namen LANOO haben, so verkünde ich jetzt: Jeder darf als Übergangslösung seinen jetzigen Namen (noch) behalten und bekommt als ZUSÄTZLICHEN Namen den spirituellen Namen LANOO, ob er das nun will oder nicht. So ist das nun mal. Manchmal muss man die Menschen zu ihrem Glück ZWINGEN. Es ist dies jedoch ein Frieden bringender Zwang. Nicht nur jeder Mensch, sondern JEDE LEBENSFORM, ganz gleich wie sie jetzt genannt wird oder sich noch nennt, ob hier oder in einem Paralleluniversum der Materie UND der Antimaterie, hat nun den zusätzlichen spirituellen Namen LANOO, bis der jetzige Name im Äther verschwindet und alle NUR NOCH Lanoo heißen.

Die geschlechtslose Menschheit

LIEBE LANOOS!
Ihr werdet reinkarnativ bald geschlechtslos sein! So lehrt *DAS BUCH DES LICHTS*. Der Mensch war geschlechtslos und wird es wieder sein. Dies ist ja auch der Grund dafür, dass es jetzt so viele Trans - Verwirrungen zwischen den Geschlechtern gibt.

Vor über 30 Jahren habe ich das bereits prophezeit! Alle haben damals gelacht, heute bekommst Du 'nen Pass dafür. Bald werden ALLE geschlechtslos sein. Wie es dann weitergeht? Befasse Dich mit dem *BUCH DES LICHTS*. OM.
Hier ein Hinweis: Die Menschheit wird sich dann durch Absonderung und kriyāśakti क्रियाशक्ति reproduzieren. Um dies wirklich zu verstehen, muss man *DAS BUCH DES LICHTS* studieren.
Lieber Lanoo, Du kannst die Entwicklung nicht aufhalten, so sehr Du Dich auch dagegen stemmen magst. Du warst geschlechtslos, und Du wirst wieder geschlechtslos sein. Du warst sogar JENSEITS der Geschlechtslosigkeit, also rein ätherisch. Deine Skandhas hatten noch nicht „gegriffen". Dann verdichteten sich die Wesen, und aus dem einen Namen wurden viele unterschiedliche. EHRE SEI *DEM BUCH DES LICHTS*, denn jetzt überflutet mich seine Weisheit. ALLE und ALLES hießen vor Billionen von Jahren schon einmal LANOO. In NIRVĀṆA ist man natürlich ohne Namen. Man braucht keinen. Es ist also beschlossene Sache. Die ganze Welt mit allem darin erhält den - zunächst noch zusätzlichen spirituellen - Namen LANOO, in Sanskrit लनोओ .
Wenn ich also jetzt schreibe ‚LIEBE LANOOS', dann meine ich damit nicht nur alle Menschen, sondern auch alle Mineralien, Pflanzen, Tiere, Engel und Götter bzw. deren Monaden, wobei *DAS BUCH DES LICHTS* ja lehrt, dass viele Engel einst hohe Götter waren und dann zu „Engeln" von der Kirche „degradiert" wurden, damit man einen einzigen Gott etablieren konnte. Klappt aber nicht, wie man sieht.
Einen allmächtigen Schöpfergott gibt es darum natürlich nicht, so sehr auch unsere lieben Christen und Muslime daran glauben mögen. Ich zitiere Dr. Georg Grimm, der jetzt in NIRVĀṆA weilen mag:

„Die Lehre von einer persönlichen Fortdauer in einem ewigen Himmel oder einer ewigen Hölle hat den Glauben an einen persönlichen vollkommenen Gott zur Voraussetzung und führt im Verein mit diesem Dogma zu geradezu ungeheuerlichen Widersprüchen! Wie kann ein menschliches Erkenntnisvermögen den Gedanken fassen, dass ein Gott, der doch der Inbegriff vereinter Allgüte und Allmacht sein soll, Wesen schafft, von denen er **voraussieht,** dass sie in ihrer **Überzahl -** „viele sind berufen, aber wenige sind auserwählt" (Mt 22, 14) - der **ewigen** Verdammnis in einer Hölle anheimfallen werden! Freilich wählen sich diese Wesen dieses ihr grauenhaftes Schicksal infolge ihrer Willensfreiheit **selbst**. Aber wie kann der allgütige Gott ihnen ein solch entsetzliches „Geschenk" verleihen, nachdem er doch zufolge seiner Allwissenheit **voraussieht**, dass es in so fürchterlicher Weise missbraucht werden wird! Was würde man von einem natürlichen Vater sagen, der sein Kind in die Welt hinausschickt oder auch es schon zeugt in der bestimmten Voraussicht, dass es später „freiwillig" ein mit lebenslänglichem Zuchthaus zu bestrafendes Verbrechen begehen und zeitlebens in tiefter Verzweiflung dahinbrüten wird!

Was wäre aber ein solches Unterfangen im Vergleiche mit jenem anderen, ein Wesen ins Dasein zu setzen, damit die einen, nämlich die Tiere, die keinen freien Willen haben, also zugestandenermaßen **schuldlos** und ohne jede Aussicht auf Entschädigung – denn sie sind ja nach Bibel und Koran nicht unsterblich, ein Leben des Schreckens und der Angst führen!“ (Zitat Ende.)

Erkennt ihr die PERVERSION solcher Lehren, einen **allwissenden, allgütigen** Gott betreffend, den es natürlich NICHT gibt? OM. EHRE SEI DEM *BUCH DES LICHTS!*

Ob nun aber Engel oder Gott, ein LANOO ist jetzt bereits weit über diesen Zustand hinaus gelangt, denn er WEISS, dass auch die Götter vergänglich sind, ganz gleich, wie lange sie leben mögen, und darum strebt ein Lanoo einen solchen Zustand gar nicht erst an. Er zielt direkt nach NIRVĀṆA. Und sollte der Lanoo als „Zwischenstation” in ein Götterreich gelangen, dann wird er auch diese Wesen BELEHREN, dass sie STERBLICH sind und ihnen die Möglichkeit eines NIRVĀṆA offenbaren. Es mag sogar sein, dass der Lanoo einem Gott im Götterhimmel den Namen LANOO verleiht, um ihn zu befreien von seinem Zustand der Unwissenheit. OM.

Der Tag wird also kommen, wo ALLE WESEN, geleitet durch den Namen LANOO, das Nirvâṇa erlangen werden, und die ganze Welt mit allem darin im NIRVĀṆA verschwindet. Das wäre ein großer Segen, nicht mehr geboren werden, nicht mehr leben, und nicht mehr sterben zu müssen. OM.
Alle Wesen, irdische sowie außerirdische, werden Schüler des *BUCHES DES LICHTS* sein. Sie alle schweben nach innen, dem NIRVĀṆA entgegen. Je weniger, liebe Lanoos, ihr euch gegen diese Realität stemmt, umso weniger werdet ihr reinkarnieren und leiden. REGIERUNGEN DIESER WELT, beendet eure menschenfeindlichen Aktivitäten und folgt dem *BUCH DES LICHTS*, Buch der Bücher und Retter der Menschheit! OM.
Ordnet euch dem *BUCH DES LICHTS* unter! Ihr seid jetzt offiziell LANOOS, also SCHÜLER des *Buches des Lichts*. Wie kann denn ein Schüler über seine Lehrer herrschen? Das geht gar nicht.
DER MENSCH SOLL NICHT ÜBER DEN MENSCHEN HERRSCHEN! Auf so vielen planetarischen Ketten habt ihr bis jetzt versucht, euren eigenen Ideen zu folgen! Das war zwar bisher notwendig, ist aber von jetzt ab falsch. Ich weiß, es klingt provozierend naiv, aber ich verkünde: *DAS BUCH DES LICHTS* nimmt euch von jetzt an das Denken ab, bis ihr es nicht mehr benötigt und frei vom Denken NIRVĀṆA erlangt. Diesen Zustand - frei von ALLEM, auch und sogar vom DENKEN, kann man in der SEELENATEM MEDITATION erlangen. Es führt zu wahrer Unsterblichkeit. OM.
Des Weiteren: ALLE GEGENSTÄNDE sind irgendwann ebenfalls LANOOS. Ich will das erklären. JEDES ATOM ist laut Buch des Lichts die Hülle einer Monade, eines

Gottes im Werden. Warum also dem Atom nicht gleich von Anfang an den Namen LANOO geben? Auch wissenschaftlich ist dies kein Problem. Ich gebe ein Beispiel. Nehmen wir mal die bis jetzt bekannten Atome, Moleküle und deren Verbindungen, obwohl es, laut *BUCH DES LICHTS,* unendlich viel mehr dieser Strukturen und ihrer Ursachen gibt, als das Periodensystem lehrt. Von nun an sind alle aufgewiesenen Elemente LANOOS.
Um das wirklich zu verstehen, müssen wir uns zumindest andeutungsweise damit befassen, was Atome und Moleküle in Wirklichkeit sind, denn unsere HÜLLEN, also unsere Beilegungen bzw. Körper BESTEHEN ja aus diesen Göttern im Werden. Und doch kann man sagen, dass unsere Körper zum großen Teil aus Zwischenräumen bestehen. OM. Zunächst einmal verwenden die verwirrten Wissenschaftler den falschen Namen für diese Teilchen. Dies ist der UNWISSENHEIT unserer so genannten Wissenschaft geschuldet, denn sie glaubten noch bis vor kurzem, dass es eine unteilbare Struktur gibt und nannten sie ATOM. Das Wort entspringt dem griechischen A TOMOS und bedeutet A = nicht und TOMOS = teilbar, also ATOMOS = UNTEILBAR. Unser Unwissenschaftler dachten dies in der Tat sehr lange. Bis sie herausfanden, dass das Atom sehr wohl teilbar oder spaltbar oder TOMOS ist. Fragen Sie mal die Lanoos in Hiroshima, wie teilbar oder spaltbar das Atom ist. Muss ich deutlicher werden? Was nun, liebe Wissenschaftler?
Was nun? Ist nicht die Zeit gekommen, *DAS BUCH DES LICHTS* und vor allem *DIE WELTFORMEL* zu studieren, und endlich AUFZUWACHEN!! Gerade unsere so genannten Wissenschaftler mögen das Folgende lesen und endlich LERNEN, was das Atom und seine Hüllen wirklich sind! Also liebe „Wissenschaftler", lest und staunt! Um uns herum besteht alles aus Atomen und Molekülen. Das gilt für Mineralien, Pflanzen, Tiere und Menschen, ja sogar für die höchsten Geistwesen. Die sind alle von kleinen Universen umgeben. Wenn ein Atomkern die Größe der Erde hätte, dann wäre ein Elektron etwa dort, wo sich jetzt der sterbende Mondplanet befindet. Das ist *BUCH DES LICHTS* Lehre, liebe Wissenschaftler, und das wird auch bald die eure sein. OM.
Wie lange wollt ihr noch die Menschen schröpfen, nur um eure unsinnigen Ideen und Thesen zu verbreiten, sie mit lebensgefährlichen CERN Versuchen zu untermauern, von viralen Problemen gar nicht erst zu reden? Schmeißt eure Bücher weg und widmet euch dem *BUCH DES LICHTS*. Noch eine Bemerkung an unsere Pseudoesoteriker, die hinaustrompeten: „Das Universum sammelt Erfahrung durch Dich!" Dazu kann ich nur sagen: „Ohne mich!" Noch etwas: Ja, das Leben ist kostbar, aber nicht, damit wir weiter leben, sondern um uns endlich zu lösen von diesem unwürdigen Zustand!

Auch die ätherische Himmelswelt, ja sogar die „Antimaterie", besteht aus Atomen und Molekülen, aber aus astral - ätherischen. Das muss ja so sein, weil wir alle nichts weiter sind als die Glieder EINES KOSMISCHEN Menschen, nämlich ADAM KAD-

MON. Es gibt nur EINEN Menschen im gesamten Universum! Lies *DAS BUCH DES LICHTS*, dann weißt Du, was ich meine. OM.

Zurück zu den Atomen und Molekülen. Die sind so klein, dass nur ein EINGEWEIHTER mit offener Stirnchakra sie sehen kann. Jeder andere braucht ein Mikroskop, z.B. ein LASER MIKROSKOP, das sogar, nach *BUCH DES LICHTS*, AIDS heilen kann. Wie ist nun ein Atom WIRKLICH gebaut? Um das Folgende wirklich, wenn auch nur zunächst im Ansatz, zu verstehen, bedarf es der erkennenden Macht des spirituellen Namens. Wer diesen nicht hat oder nicht akzeptiert, der wird NICHTS von dem verstehen, was nun kommt. OM.

Alles, was eine Hülle hat, hat auch einen Kern. Hülle ohne Kern gibt es gar nicht. JEDE Hülle würde sofort zerfallen ohne den TRISHNA Kern oder ohne den LEBENSDURST des Kernes, dem allerdings irgendwann einmal bzw. immer und immer wieder die Hülle entrissen wird, was zur Reinkarnation des Kernes in einer neuen Hülle führt. OM. Der KERN ist also in Wirklichkeit die MONADE und nicht etwa der von der Wissenschaft definierte sichtbare Atomkern. Der ist ebenfalls nur Hülle. Um den sichtbaren „Kern", welcher ebenfalls nur die Hülle der Wesenheit ist, sind wolkenmäßig die so genannten Elektronen gruppiert. SO GROSS ist der Lebensdurst einer Monade, deren sichtbare Atome sich um die Monade gruppieren, dass es schon einer gewaltigen Kraft bedarf, diese Einheit zu brechen. Die Wissenschaftler tun dies aber, indem sie z. B. zwei spaltbare Uranklötze gegeneinander knallen lassen und so die atomare Struktur des wirklichen Atoms zerstören. Die Teile fliegen auseinander und zersprengen andere Strukturen oder atomare Hüllen. Diese Reaktion nennt man Kettenreaktion. VIELE WISSENSCHAFTLER werden behindert wie der Hawking wieder reinkarnieren und sich verzweifelt fragen: WARUM? Weil ihr euer Wissen missbraucht habt, ihr Narren! Darum! Wie lange wollt ihr denn noch leiden? Akzeptiert euren neuen spirituellen Namen LANOO, verbrennt eure närrischen „wissenschaftlichen" Bücher und werdet LANOOS, die ihr ja bereits seid, indem ich euch diesen spirituellen Namen verliehen habe. OM. Zurück zum bestehenden Atom. Die Elektronen schweben wie eine Wolke um den Kern. Ausschließlich aus „Atomen" bestehen Eisen, Kupfer, Gold und Helium etc. 118 verschiedene Atome zählt die Wissenschaft heute. *DAS BUCH DES LICHTS* aber lehrt, es gibt BILLIONEN von Atomen sowie unterschiedliche Elemente. Eine entsprechende Periodentafel würde von hier bis zum Mond reichen. Moleküle haben mehrere „Kerne", umgeben von Elektronen. Ein einfaches Molekül ist Wasser. Es gibt sehr viele verschiedene Moleküle. Der Mensch kann sie auch selber verändern, zum Beispiel, wenn er etwas verbrennt oder Medikamente herstellt. Liebe Wissenschaftler! Ihr benennt die BINDUNGSENERGIE der Atome und Moleküle, aber ihr RESPEKTIERT sie nicht! Warum zerstört ihr diese Bindungen und verursacht Kettenreaktionen, radioaktive Beschmutzungen, Atombomben, etc.? Die Energie der Zukunft wird im *BUCH DES LICHTS* beschrieben. Diese

Energie dient aber nur zur LOSLÖSUNG aller Wesen, nicht zum Verbleib. OM. WACHT ENDLICH AUF!
Ihr närrischen Wissenschaftler wisst natürlich nicht, dass jedes Atom ein Gott im Werden ist, also eine Wesenheit, die LEBEN will, so leidvoll dies auch sein mag. Ihr aber stellt euch ihr in den Weg, missbraucht sie buchstäblich! Ihr stellt euch der Monade in den Weg und werdet den Preis zahlen! Liebe neue Lanoos, also z. B. hoffentlich liebe Wissenschaftler und deren Studenten, die bisher in die Irre geführt bzw. gelehrt wurden. Wiederholung ist der beste Lehrmeister, und nun, da ihr LANOOS seid, lest bitte dies: Ihr habt bis jetzt die Atome verändert, der Wesenheit ihre Beilegungen entrissen, und die Wesenheit wird sich RÄCHEN an euch, z. b. euch BEHINDERT wieder reinkarnieren lassen, wie es dem armen Hawking geschah, dessen letzte gekeuchten Worte waren: „WAS WAR VOR DEM URKNALL?" Hätte dieser verwirrte Mann *DAS BUCH DES LICHTS* gelesen, dann hätte er gewusst, dass es gar keinen URKNALL per se gibt, sondern nur ein periodisches Wiedererwachen unerschaffener zeitlos ewiger Kräfte. Beispiel: Wenn Du abends zu Bett gehst, dann stehst Du doch am nächsten Morgen auch als derselbe auf, oder? Man darf solche Vergleiche natürlich nicht zu weit führen.

Zurück zur Kernspaltung, ihr lieben, aber närrischen Wissenschaftler. WARUM ihr Uran benutzt, ist euch nicht einmal bewusst. *DAS BUCH DES LICHTS* lehrt, dass ihr URAN **missbraucht.** Auch URAN will seine Ruhe haben oder auch die URAN MONADE will von euch in Ruhe gelassen werden und ihren reinkarnativ-evolutionären WEG gehen. Was macht ihr stattdessen, ihr Narren? Ihr zerstört die Struktur des Uran, spaltet dessen Atomkerne. Dadurch entsteht große Wärme, die ihr als Energie benutzt. Ihr nennt das dann Kernspaltung. Ich nenne das Missbrauch des Urans. WACHT ENDLICH AUF. Aber WIE sollen wir uns sonst mit Energie versorgen, werden viele einwenden. Nun, indem wir unsere Ansprüche senken und unsere ZIELRICHTUNG ändern. Diese Erde wird sowieso in einen großen Feuerball implodieren, nachdem sie zum Mond des Nachfolgeplaneten geworden ist. VERSTEHT endlich, dass ihr nicht hierher gehört, sondern dahin, wo ihr herkommt, WERDET ENDLICH LANOO und macht euch auf den Weg zurück nach NIRVĀṆA, geleitet vom *BUCH DES LICHTS* **und** von eurem neuen spirituellen Namen!

Alle eure technischen Einrichtungen und Erfindungen sind für die Katz. LASS LOS. Ich kann hier nur Andeutungen machen. *DAS BUCH DES LICHTS Band 11* zum Beispiel lehrt, dass unter anderem Wasserstoff die Energie der Zukunft ist, aber doch nur, um uns schneller zu ermöglichen, NIRVĀṆA zu erlangen, nicht um - wie dieser verwirrte Musk und andere glauben - neues Leben auf dem Mars zu schaffen. Diese Leben gibt es ja bereits, es ist nur in Latenz. OM. Was Musk anbelangt, so kann man sagen, dass dieser arme Wicht unter einem immensen Ödipus Komplex leidet. Für seinen Vater war er immer nur ein Nichtsnutz, ein Versager. Jetzt möchte Musk seinem Vater über das Grab hinaus beweisen: ICH BIN KEIN VERSAGER.

Alle Stukturen, also alle LANOOS, haben Bindungsenergie. Es ist damit wie mit der Bindung zwischen Menschen. Wenn du zwei Liebende mutwillig trennst, dann werden sie bitter leiden, und Du später karmisch auch. OM. Jede Atombombe zeigt dir, wie stark die Bindungsenergie von Uranatomen ist. Und wie Leid bringend. OM.

Wikipedia schreibt und definiert falsch (wie auch z. B. meine Person betreffend):
„Eine gute Vorstellung von Atomen und Molekülen hat man aber erst etwa seit dem Jahr 1900. Heute wissen wir, dass Atome eben doch teilbar sind“.
Und ich zitiere weiter: „Früher dachte man, dass Atome nicht weiter teilbar seien. Daher stammt auch der Name „Atom" (**aus dem Griechischen átomos, unteilbar**). Atome bestehen jedoch wiederum aus kleineren Teilchen, den Protonen und Neutronen (die so genannten Nukleonen) im Atomkern sowie den Elektronen in der Atomhülle (oder Elektronenhülle)“.
Dazu sage ich: Mit unteilbar meinte der griechische Wissenschaftler DIE MONADE, DIE WESENHEIT, deren HÜLLE das Atom ist. DIE WESENHEIT ist unteilbar. Hört endlich auf, unsere großen griechischen Denker zu beleidigen. Gesteht doch euren Denkfehler ein!! Denn Tomos bedeutet TEILBAR. Jetzt bin ich allerdings zu weit in mein Buch *DIE WELTFORMEL* abgeglitten, vor allem das dortige Nachwort betreffend „**Warum sich die Wissenschaft, wenn nicht geleitet durch das BDL, oft irrt“.**

Liebe LANOOS, die Menschheit hatte - laut *BUCH DES LICHTS* - über 150.000.000.000.000 Jahre Zeit, ihre Probleme zu lösen. Ist es ihr gelungen? IST ES IHR GELUNGEN? NEIN! Sie verhalten sich heute noch wie Steinzeitmenschen, die sich gegenseitig die Schädel einschlagen. **Darum** wird und soll - nach Anordnung des großen Chohan - der Mensch nicht länger über den Menschen herrschen! SCHLUSS MIT DEM IRRSINN. Wer hat mich verstanden? WER HAT MICH VERSTANDEN? Wer nicht, der muss halt weiter leiden. Ich habe meine Pflicht getan. OM. Warum bin ich dann noch hier, warum schreibe ich das? Weil in mir MITLEID ist mit diesem NARRENKOSMOS und seinen verwirrten Bewohnern! Bald wird *DAS BUCH DES LICHTS* euch heilen, denn ihr habt jetzt einen unbezahlbaren SCHUTZENGEL, und das ist euer neuer spiritueller Name LANOO.

DIE OHNMACHT DER WESENHEIT

Immer und immer wieder, Leben für Leben, versucht die zeitlos ewige unsterbliche Wesenheit den Stempel ihrer Unsterblichkeit der **Materie** aufzudrücken. Immer und immer wieder versagt sie, denn die vergängliche Materie entzieht sich stets dem Zugriff der Wesenheit, im *Buch des Lichts* MONADE genannt. Vergängliches und Ewiges passen nun einmal nicht zusammen, so sehr man sich das auch wünschen mag. Alles endet immer wieder im Zusammenbruch der Strukturen. Gibt es eine Lösung des Problems? Eine Möglichkeit wäre, dass die zeitlos ewige Wesenheit ERKENNT, dass alles Vergängliche **leidvoll** ist, und wie man sich von diesem Leid bringenden Zustand befreit, oder aber man wird immer wieder geboren, lebt und stirbt. DER SPIRITUELLE NAME beschleunigt den Vorgang der Loslösung. Dann erlangt man DIE AUFHEBUNG ALLER WAHRNEHMUNG UND EMPFINDUNG, aber nicht die Aufhebung desjenigen, der nichts mehr wahrnimmt und empfindet. Wer es zu fassen vermag, der fasse es. OM.

MEISTER JESUS UND DER SPIRITUELLE NAME

Fragen, welche die Antwort enthüllen

Warum seufzst Du: „Wozu das alles, wenn es mir doch wieder entrissen wird?!!" Damit meinst Du alles, was Dir lieb und teuer ist, also Personen und Dinge. Doch das leidvolle Deiner Frage weist Dir bereits den Weg. Du willst nämlich etwas, das Dir gar nicht zusteht, Du willst „die verbotene Frucht" der Bibel. Du willst … LEBEN! Dies aber ist eigentlich ein Dir unangemessener Zustand! DENN, immer und immer wieder, Leben für Leben, Tod für Tod, wirst Du mit der Nase darauf gestoßen, dass Du **nicht** hierher gehörst, sondern dahin, wo Du herkommst. Aber wo ist das? Du magst es AHNEN, doch WISSEN kannst Du es wirklich nur, wenn geleitet durch die Lehre des *Buches des Lichts*. OM.
„Warum leide ich, warum nur leide ich??!" Das hast Du Dich wohl schon oft gefragt, wenn Dinge nicht geschahen, wie Du sie erhofftest. Als Antwort genügt zunächst einmal, DASS Du leidest. Also scheint das Erwünschte, was immer es wohl sein mag, das geheime Potential des Leidens selbst, DEINES Leidens, zu enthalten, welches sich auf diese Weise offenbart. Schnell wendest Du Dich wieder der Welt zu, dem brausenden Leben, und Du suchst mit neuen Personen und Dingen und mit neuen Beziehungen Dein Leid zu bekämpfen. Für eine Weile mag dies wohl gelingen, doch dann ereilt Dich die nächste Enttäuschung. So lernt der Mensch. Doch OHNE ***Das Buch des Lichts*** mag es ÄONEN dauern, bis Du endlich Dein Glück NICHT mehr in Personen und Dingen oder gar in irgendeiner der nachtodlichen Lichtwelten suchst, sondern in der LOSLÖSUNG von alledem. OM.
Du fragst, Dich betreffend, WER BIN ICH? Und weil dies die falsche Frage ist, welche Dich nur immer weiter in die Irre führt, erfährst Du auch immer nur, wer oder was Du NICHT bist, und Du folgst dieser falschen Spur. Der große Philosoph Descarted dachte bereits in diese falsche Richtung, indem er definierte: „Ich denke, also bin ich." Denkste, hätte ich da fast gesagt, denn auch das Denken bist Du eben NICHT. Denn: Wenn Du Dich in der Seelenatem Meditation sogar vom DENKEN löst, dann wirst Du feststellen, dass Du immer noch da bist. OM. Also **bist** Du essentiell **nicht** das Denken. Wer es zu fassen vermag, der fasse es.
Oh Lanoo, wann immer Du etwas in bzw. von der Welt der Erscheinungn willst, so willst Du eigentlich … LEIDEN. Du bist Dir dessen nur nicht bewusst. Wann wirst Du das endlich verstehen und wann wirst Du endlich nicht mehr WOLLEN? Wie steht

es nun mit NIRVĀṆA? Das kann man sehr wohl wollen, denn hat man es erst einmal erlangt, dann regt sich kein neuer Wunsch mehr danach, denn NIRVĀṆA ist, im Vergleich zu den vergänglichen nachtodlichen Lichtwelten, von den Religionen „Himmel" genannt, zeitlos ewig unvergänglich, es hat weder Anfang noch Ende. OM.

Ich werfe dem Lanoo nicht vor, Wohlsein zu begehren und Wehe zu verabscheuen, doch er sucht es an falscher Stelle. OM. Freu Dich, oh Lanoo, das Leid der Vergänglichkeit mahnt Dich: DU BIST UNVERGÄNGLICH! **Bedenke:** Nur kurz ist Dein Leben, welches in Wirklichkeit ein STERBEN bzw. ein Sterbevorgang ist. Du weißt oder ahnst es ja bereits: Die Geburt ist der Beginn des Sterbevorganges, und der Tod ist das Ende des Sterbevorganges.

Du willst das Geheimnis des „Ich" lüften? Du fragst Dich ‚WER BIN ICH'? Was meinst Du eigentlich mit diesem Begriff „Ich"? Meinst Du das, worin Du aufgehst, was Du BIST? Gehst Du in Körper, Gefühl, Denken, Seele und Geist auf? Dazu sage ich Dir nur: Knapp vorbei ist auch daneben, Du BIST nicht all dies, Du haftest alledem nur an. Wüsstest Du, was da noch weiter ist, so würdest Du begeistert Deine Anhaftung an diese vergänglichen und letztendlich leidvollen Strukturen überwinden! Wann wirst Du endlich durchschauen und VERSTEHEN, was Du NICHT bist, nämlich Deine vergängliche Persönlichkeit. **Die** bist Du nicht. DURCHSCHAUE diese Persönlichkeit als Deinen größten Feind, den es zu besiegen gilt.
Aber WIE kann ich diesen Feind besiegen? Das wirst Du verzweifelt ausrufen! Als erstes musst Du die **richtige** Frage stellen, also nicht „Wer **bin** ich?", sondern „Wer bin ich **nicht**?"
Du musst also zunächst einmal UMDENKEN. Du musst Dein NICHT - ICH durchschauen und DANN, geleitet durch Seelenatem Meditation und *DAS BUCH DES LICHTS*, Dich stufenweise von allem NICHT - Ich lösen. OM. Es gilt also nicht, Deine Persönlichkeit als **nicht das Ich** zu durchschauen, sondern als nicht DEIN Ich. Frage nicht "Was gehört mir?", sondern "Was gehört mir NICHT?" Und dann löse Dein Verlangen danach. Dies führt uns zur SEELENATEM MEDITATION. Man sitzt oder liegt da mit geschlossenen Augen und beobachtet den Atem. Der Lanoo wird irgendwann feststellen, dass er nicht einmal selbst atmet, ES atmet ihn bzw. Dich. Man atmet nicht mehr selbst, sondern man LÄSST es atmen. Man mischt sich in den Atemvorgang nicht mehr ein. OM. Man wird feststellen, dass - wenn man den Atem achtsam wahrnimmt - das Ein- und Ausatmen von selbst geschieht. Die Pause zwischen Ein- und Ausatmen wird immer größer. Ich nenne sie "die göttliche Pause". Irgendwann, und mag es Monate oder Jahre dauern, wird der Atem stillstehn ... Wer dies erzwingt, der landet in der geschlossenen Psychiatrie. Also Vorsicht.
ES atmet Dich. Dieser Vorgang wird zunächst immer wieder von Gedanken etc. gestört. Stufe um Stufe löst man sich von diesen Störungen, wie in der BDL Zweigschrift *SEELENATEM MEDITATION* gelehrt. Man denkt immer mehr, der Realität entsprech-

end: “LEID BRINGEND ist das Vergängliche! ANATTA ist das Vergängliche! Darum gehört es mir nicht! Darum bin ich das nicht! Darum ist das nicht mein Selbst! Ich werde mich davon lösen, indem ich es ACHTSAM WAHRNEHME! OM.”

Nun bist Du bereit für Erkennendes Schauen. Damit ist gemeint: Alles, was Du als VERGÄNGLICH erkennst, das bist Du NICHT. Wer so denkt, der denkt richtig! Aber noch **begehrst** Du, **ergreifst** Du, **haftest** Du an. Doch mehr und mehr wird Dir BEWUSST, dass Du NICHT der körperliche Organismus bist, ja dieser Organismus ist etwas von Dir durchaus Verschiedenes! Auf jeden Fall ist er VERGÄNGLICH, hat Anfang und Ende, und zwar nicht DEIN Anfang und Ende, sonst wärest Du Dir dieser leidvollen Veränderung gar nicht bewusst. Du AHNST bereits, dass Du nicht das bist, was Anfang und Ende hat. Dann bleibt nur noch eine Möglichkeit: Du bist anfangs- und endlos! OM. Woher nun das Leiden? Es ist durch die Intensität Deines Anhaftungszustandes bedingt. Deine Anhaftung ist vielleicht so stark wie ein Sekundenkleber. So sehr haftest Du an dem, was Du gar nicht bist? In dem Maße wirst Du LEIDEN, wenn Dir das entrissen wird, woran Du haftest, und es WIRD Dir entrissen, immer und immer wieder, es sei denn ... OM.
Wie kam es zu Deiner Anhänglichkeit an den Körper? Durch den WILLEN. Nur Dein WILLE hat Dir den Körper verschafft, kein vollkommener Gott. DU bist UNVOLLKOMMEN, und darum auch Dein Körper, den DU gewollt bzw. VERURSACHT hast, wenn auch mit karmischer Assistenz anderer Wesenheiten. Sei gewiss: DU SELBST jedoch bist UNERSCHAFFEN, ZEITLOS EWIG. Was die Religionen von ihrem Gott behaupten, dass NIEMAND ihn erschaffen hätte, das gilt auch für DICH. Deine vergänglichen Beilegungen allerdings hast DU verursacht. Und weil Du unvollkommen bist, darum sind es auch Deine Beilegungen, als da sind: Körper, Gefühl, Denken, Seele und Geist. Wer es zu fassen vermag, der fasse es.

WAS VERBINDET MICH MIT MEINEM KÖRPER?

DER WILLE verbindet Dich. In meinem Buch *DIE WELTFORMEL* wird dieser Wille oder DRANG schonungslos definiert. DER WILLE hat Dich also dazu bewogen, den Urgrund zu verlassen. OM. So wie man sich etwas FREMDES verschafft, so hast Du Dir Deinen Körper verschafft, ja verursacht, indem Du Dich in die MATRIX oder URMATERIE gestürzt hast. Diese zeitlos ewige Urmaterie gleicht sich automatisch an den Verlangenszustand der Wesenheit, ja **verursacht** ihn. SO entstehen die Formen und sind NICHT etwa von einem vollkommenen Schöpfergott erschaffen. OM. Jedoch, ohne sich mit dem *BUCH DES LICHTS* zu befassen, wird man dies NIEMALS verstehen, wird immer wieder geboren, leben und sterben und somit … LEIDEN. OM. Wie genau dies abläuft, wird im *BUCH DES LICHTS* gelehrt. Getrieben von Deinem Willen, hast Du den im Elternteil enthaltenem Keim ergriffen, Dich im Bauch der Mutter breit gemacht und bist nach 9 Monaten in die Welt geflutscht.

Die ganze Welt ist damit nur ein WOLLEN bzw. ein GEWOLLTER Zustand bzw. durch WOLLEN entstanden und durch nichts anderes. OM. Seit TRILLIONEN VON JAHREN ergreifen wir immer wieder die Welt der Materie, werden geboren, leben und sterben. Weder Bibel noch Koran befreien uns von diesem Fluch, sondern nur *DAS BUCH DES LICHTS*, falls wir das so wollen. OM. Die Methode dieses ständigen Ergreifens und Anhaftens ist keineswegs nur von der sexuellen Vereinigung abhängig. Laut *BUCH DES LICHTS* war die Menschheit geschlechtslos und wird es wieder sein! Es gibt außerdem - laut BDL - jede Menge anderer Reproduktionsmöglichkeiten für die Wesenheiten, all dies ihrem Trishna, also dem Verlangenszustand entsprechend. Jedes ATOM ist die Hülle einer Monade, also ein Gott im Werden! OM. Nur wenige Menschen sind bereit, diese Welt als einen unaufhöhrlichen Strom des Leidens zu **erkennen**. JEDE Freude wird irgendwann einmal zum LEIDEN, ja zur URSACHE des Leidens. Jedes köstliche Mahl verwandelt sich in Kot und Urin. Also gibt es, laut BDL, nur LEIDEN in der Welt der Erscheinungen! DENN: Personen und Dinge sind vergängliche Objekte, was immer wieder bei Verlust der Struktur zum Leiden der an die Struktur anhaftenden Wesenheit führt. OM. Es gibt also NUR Leiden in der Welt der Erscheinungen. Man kann diesem konstanten Leidenszustand aber auch entgehen, indem man sich vom WOLLEN löst, das WOLLEN überwindet. Welches Wollen? Nun, das LEBEN Wollen! OM. Wer nun hier an SELBSTMORD als Lösung des Problems denkt, der denkt falsch.
Du kannst Dich zwar entleiben, aber das VERLANGEN, das noch in Dir brodelnde WOLLEN, wirst Du auf die Weise niemals los. *DAS BUCH DES LICHTS* und SEELENATEM MEDITATION befreien Dich vom Leiden, falls Du das so wünschst. OM. Wie lange und wie oft willst Du Dich noch begraben lassen unter der Sturzflut des VON DIR verursachten Leidens? Du hoffst auf einen Erlöser, der die Arbeit für Dich übernimmt? Du hoffst umsonst. Mit solch kindischem Denken machst Du nur die Pfaffen reich und füllst die Kollekten ihrer heidnischen Institutionen.
Wie oft noch, oh Lanoo, willst Du geboren werden, leben und sterben? WANN wird Dich **endlich** das GRAUSEN erfassen vor dieser kranken Welt? **Wann?** Den meisten Menschen aber fällt es schwer, zu ERKENNEN, dass Leben NUR Leiden ist. Sei's drum. Den zwei oder drei Erwachenden oder Erwachen Wollenden, die mich VERSTEHEN, ist dieses Buch gewidmet, dessen Botschaft VIEL ZU FRÜH ist. OM. Irgendwann werden das aber alle verstehen.

REIN UND RAUS

Schulen, Universitäten und die Religionen lehren NICHT wirklich, wie Du in diese Welt **hinein** gekommen bist, darum kennen sie auch nicht den Weg **hinaus** aus diesem Irrenhaus. WIE bist Du denn in diese kranke Welt gekommen? Durch dein VERLANGEN, Du WOLLTEST es, wie BDL wiederholt betont. DEIN WILLE war also der treibende Faktor. Es gibt diesem Drang folgend zwei Positionen, die sich gleichen.

Wenn die Wesenheit den Urgrund verlässt, escheint sie zunächst einmal auf hohen geistig-ätherischen Ebenen. Sie wird eine ANSCHAUENDE Wesenheit, sie ERKENNT die ganze Welt bzw. die ätherischen HÜLLEN der dort lebenden Wesenheiten. Damit ist es ihr aber nicht genug, DENN diese Ebenen entsprechen nicht dem Verlangenszustand der Wesenheit. Sie will MEHR. Also fällt sie tiefer, in dichtere Seinsebenen. Was haben nun ein nach NIRVĀṆA Strebender sowie eine Nirvâṇa **verlassende** Wesenheit gemeinsam? Sie verharren zunächst in TOTALER ANSCHAUUNG dessen, was sie da erkennen bzw. wahrnehmen und empfinden. Der NIRVĀṆEE nimmt dies zum Anlass zu erkennen, dass dies NOCH NICHT Nirvâṇa ist, also benutzt er diesen anschaulichen Zustand, sich weiter meditativ davon zu lösen. Die nach unten fallende Wesenheit aber, welche in gleicher Anschauung und Anschauungsebene verharrt, stellt fest, dass dieser Zustand ihrem BRENNENDEN VERLANGEN nach LEBEN noch nicht entspricht. Also fällt sie weiter nach unten. Wer hat mich verstanden? Es handelt sich also hier um zwei gleichartige Wahrnehmungsvorgänge, erfahren von zwei Wesenheiten mit unterschiedlicher Zielrichtung. OM. Wie steht es nun mit Pflanzen und Mineralien? Sie entstammen meist dem Menschen bzw. dessen ätherischen und sich später verdichtenden Strukturen. Sie befinden sich „nur" in Anlehnung und Abstoßung. Das ist ihr Erfühlungsvorgang, welcher sich, sobald sie das Menschenreich betreten, differenzieren wird, eben menschlicher wird. Und dennoch gleicht dieser Zustand der Pflanzen und Mineralien auch dem Wahrnehmungsvorgang eines nach NIRVĀṆA strebenden Menschen. Sie sind wie in ein und demselben Zug, welcher mehrere Stationen anfährt. BEIDER Zug fährt nach NIRGENDWO, also IMMER nach NIRVĀṆA, mit dem Unterschied, dass der NIRVĀṆEE bis zum Schluss in dem Zug bleibt, die anderen alle aber, getrieben vom Verlangen nach den „Zwischenstationen", eben genau dort aussteigen, leben und leiden. Der aber nach INNEN, also nach NIRVĀṆA Strebende reagierte auf die vergänglichen Welten **nicht** mit Vernunft, der Anhaftende sehr wohl, denn man braucht VERNUNFT, um in dieser Welt bestehen zu können. Wer aber FREI von Vernunft ist, der will auch nichts mehr definieren, außer ‚DAS BIN ICH **NICHT**, DAS BRAUCHE ICH NICHT, DAS IST NICHT MEIN SELBST'. OM. Der Nirvâṇee hat bloße Anschauung ohne Vernunftstätigkeit, denn die braucht man nur, um das Angeschaute zu definieren, damit umzugehen, es zu seiner Welt zu machen, es zu gestalten, umzuformen, bis es zu dem Irrenhaus geworden ist, in dem wir jetzt leben.

Mit anderen Worten, dies aber nur vom höchsten nirvâṇischen Standpunkt aus gesehen: Der NARR benutzt seine fünf und mehr Sinne, um weiter im Morast der Welt zu wühlen, was zu Kunst, Kultur, Politik, Wissenschaft und Religion von heute führt. Der Weise aber in voller Wahrnehmung seiner fünf und mehr Sinne, benutzt diese, um sich von seinem Verlangen nach ihnen ZU LÖSEN! Wer es zu fassen vermag, der fasse es. OM.

OH LANOO, die Welt kannst du NICHT verändern oder gar verbessern! Sie ist wie sie ist. Sie entzieht sich Deinem Einfluss immer wieder aufs Neue und strukturiert sich aufs Neue. Und wenn Du diese Welt bereits als PROBLEM erfasst, dann ist dies zwar lobenswert, doch es sollte Dir nur dazu dienen, Dich von dieser Welt zu LÖSEN! OM. Wer es zu fassen vermag, der fasse es.

OH LANOO, gelacht hast Du als Kind, geflüstert als Verliebter oder Verliebte, in Wollust bist Du erschauert, geistige Liebe erfasste Dich auch, gekost hast Du Deine Kinder, BEGLÜCKT hast Du gelacht, wenn heiße Wünsche in Erfüllung gingen, doch dann, DOCH DANN hast Du geschluchzt wegen des Verlustes geliebter Personen und Dinge! Die Kranken und Siechenden schrien vor Schmerz, Eltern brachen unter dem Verlust ihrer Kinder zusammen, das Röcheln der Armen und Verworfenen war nicht zu überhören, GEFOLTERTE "Unschuldige" fluchten ihren Schmerz gegen Gott, und am Schluss erklang nur noch das Todesröcheln der Sterbenden. Fazit: Ein Leben des "Glückes" verwandelt sich immer wieder in ... KOT. Dich schockieren diese Worte? Sie sind WAHRHEIT, ob Dir das nun gefällt oder nicht. Nun ja, wenigstens WAR es schön, wirst Du einwenden, und wieder entscheidest Du Dich für ein neues Leben und damit für neues Leiden! DENN: Gierig ergreifst Du nach dem Tode Deines Körpers einen neuen Körper, eine neue zukünftige Leiche. Ist dem noch so? Habe ich übertrieben?
Wie lange willst Du noch solch ein "Normalmensch" sein? Wie lange willst Du noch die Augen vor der Wahrheit verschließen? WANN wirst Du Dich ENDLICH für das ENDE des Leidens entscheiden, aber doch nicht für das Ende desjenigen, der **nicht mehr** leidet bzw. nicht mehr leiden will! DANN bist Du bereit für NIRVĀṆA! Dann brauchst Du nichts mehr und bist trotzdem noch da. Wer keinen Durst mehr hat, was bedeutet dem noch ein Brunnen? Damit ist auch gemeint: Wenn Du OHNE Leib immer noch bist, dann fallen alle Begierden des Leibes weg sowie deren Befriedigungen. Dies alles, und man kann es gar nicht oft genug wiederholen, NUR vom höchsten NIRVĀṆISCHEN Standpunkt gesehen!

Was machen die Menschen stattdessen? Sie frönen weiter ihrer Gier nach wohligen Empfindungen. Aber es gibt immer noch Arme, Kranke, Irre, Verworfene, Gefolterte und jede Menge Sterbende. Diese Unglücklichen sperrt man weg oder begräbt sie, damit man sich erleichtert wieder dem Irrtum der "heilen Welt" hingeben kann, verbunden mit der Hoffnung auf ein ewiges Leben im Himmel. OM. Da lobe ich mir schon den Weisen Friedrich Schiller, der uns mahnt: **"Wer freute sich des Lebens, der in seine Tiefen blickt?"**

Aber warum fällt es der Mehrheit der Wesen so schwer, diese Weisheit einzusehen, sie zu **verstehen**? Weil es den meisten Wesen an **Erkenntnisvermögen** mangelt. Sie sind noch wie Tiere, sind noch fixiert auf eine kurze Zeitspanne, meist nur die "Gegenwart" betreffend. Sie bedenken nicht die KONSEQUENZEN ihres törichten Anhaftens an Personen und Dinge. Man sollte ein solches Leben wie im Zeitraffer wahrnehmen.

Dann wird man gar wundersame Erkenntnisse erlangen. Durch einen solchen Zeitraffer von Geburt, Kindheit, Jugend, Erwachsensein, Alter und Tod wird so manchem die Narretei einer solchen vergänglichen Existenz bewusst. UND DAS SOLL SICH ENDLOS WIEDERHOLEN?
Befassen wir uns doch mal mit den so sehr begehrten EMPFINDUNGEN. Man empfindet wohlig, leidvoll und neutral. Im "Speisesaal des Lebens" fragt der Kellner nicht: "Darf es sonst noch etwas sein?" Warum fragt er das nicht? Weil es nichts ande-res gibt als Wohliges, Leidvolles und Gleichgültigkeit Verursachendes. Ansonsten gibt es nichts. Wenn man sich allerdings von diesen drei LÖST, dann kommt NIRVĀṆA, das Ende des Leidens.

Die wohlige Empfindung

Nehmen wir als Bespiel nur DIE WOHLIGE EMPFINDUNG. Ist sie wirklich so wohlig oder hat sie Konsequenzen? Die wohlige Empfindung erscheint einem zunächst begehrenswert. Sie wird ja durch die SINNE erfahren bzw. durch die Sinnesorgane. Und doch sind alle Sinnesfreuden SATANISCHER Natur, ganz gleich wie schön sie auch sein mögen, weil sie uns ja doch an diese Welt des Leidens ketten und die REINKARNATION verursachen. OM. Diese Wahrheit ist vielen unverständlich, weil die meisten Menschen moralisch oft sogar noch UNTER dem Tier stehen. OM. Der Weise ist darum von WAHRER Liebe zu den Wesen erfüllt, deren Liebe auf GRENZENLOSEM MITLEID basiert. Man möge übrigens nicht dem Irrtum verfallen, mich mit einem solchen Weisen zu verwechseln oder gar als Vorbild zu betrachten. Mein Name ist LANOO, der Schüler! Die Liebe des Weisen hat darum nichts zu tun mit der anhaftenden Liebe wie z. B. besungen in meinen Hits. OM. Unsere satanischen Medien aber stacheln uns immer wieder dazu an, sich den Sinnesfreuden hinzugeben, Produkte zu kaufen, die besser schmecken, riechen und uns abhängiger machen. OM. Der Leser mag aufbegehrend einwenden: IN MIR HERRSCHT ABER DER DRANG NACH DEN SINNESFREUDEN! WO KOMMT DIESER DRANG HER? Die Antwort: "Von Satan persönlich, denn SATAN ist der Gott der Welt **und** der Kirche, ja Satan ist der höchste Gott der Religionen. OM. Aber, so lehrt *DAS BUCH DES LICHTS*, Satan ist ein NOTWENDIGER Gott. Er führt uns in Versuchung, wir leiden darunter und lösen uns schließlich hoffentlich vom Fluch des Verlangens nach den Sinnesfreuden. Doch wann? WANN? Wie lange willst Du noch leiden, oh Lanoo? DU bist doch der Erschaffer Deiner Sinnesorgane! Kein vollkommener Gott hat sie erschaffen! UND NUR DU kannst Dich vom Fluch der Sinnesorgane befreien! DEIN DRANG (und kein vollkommener Schöpfergott) ist der Verursacher Deiner Sinnesorgane, die DU verursacht hast, wenn auch unter karmischer Assistenz anderer Wesenheiten, welche Dir das Denken und andere Funktionen ermöglichten. OM.
Die NICHTBEFRIEDIGUNG Deines Dranges ist die wahre Ursache Deines Leidens. Das Nichterlangen dessen, was Du begehrst ist die Ursache Deines Leidens. Du willst

nicht mehr leiden? Dann begehre nichts mehr! Das kannst Du nicht? Dann leide weiter! BEDENKE, OH LANOO! Jeder Drang will befriedigt sein, und das immer und immer wieder!
NIEMALS wird es eine wirkliche Befriedigung des Dranges geben. Der Drangerfüllte versucht es immer und immer wieder, bis er SÜCHTIG wird und aufs Neue dem ständig wieder erwachenden Drang nachgibt. Das weiß ich aus eigener Erfahrung. Dann kommt der lange Weg zurück in den "Normalzustand", beginnend mit dem ENTZUG. Wer es nicht in diesem Leben schafft, sich vom Drang zu lösen, der wird möglicherweise **drangerfüllt** wiedergeboren und leidet wieder. OM.

Du erlebst FREUDE an einer Person oder einem Objekt? Die Freude wird zum LEID, wenn Person und Objekt vergehen, und sie WERDEN vergehen, früher oder später. Du leidest also, weil oder wenn Dein DRANG durchkreuzt wird. Und je größer die Freude bei Drangerfüllung, umso größer das LEIDEN bei Drangdurchkreuzung. OM. Leiden beheben kannst Du also nur, wenn Du Deinen DRANG nach den Sinnesfreuden überwindest, wenn Du also SITTENREIN wirst, ganz gleich, wie viele Leben das dauern mag. OM. Dann erst findest Du WAHREN Frieden, denn wahrer Friede ist Friede vom … DRANG. Unersättlich ist aber der Drang. SEINEN Durst wirst Du NIEMALS stillen. Alles, was Du tun kannst, um WAHREN Frieden und WAHRE UNSTERBLICHKEIT zu erlangen, ist, den Drang nach Vergänglichem zu überwinden. Wie steht es nun mit dem Drang nach NIRVĀṆA, also dem Drang nach dem ZEITLOS EWIGEN, sogar jenseits der immer vergänglichen nachtodlichen Lichtwelten der Religionen, "Himmel" genannt. Hat man erst einmal NIRVĀṆA erlangt, erhebt sich kein neuer Drang danach. So einfach ist dies, und doch so schwer für das Gros der Menschheit zu verstehen. OM. In mir war ein unbändiger DRANG nach Anerkennung. Wie töricht. Es erinnert mich an die Worte des Vaters von John F. Kennedy, als er zu seinem Sohn am Sterbebett sagte: "Es ist nicht wichtig, was DU von Dir hältst, es ist wichtig, was DIE WELT von Dir hält."
Das ist wohl der dümmste Satz der Welt, weil er den Suchenden immer tiefer in den bereits von mir erwähnten Kot des Lebens zieht.

OH LANOO! WERDE DRANGFREI! Dann vermisst Du gar nichts mehr! Die Erlöschung des Dranges führt zum höchsten Glück und zu WAHRER Unsterblichkeit, frei vom Verlangen nach allen vergänglichen Beilegungen, als da sind: KÖRPER, GEFÜHL, DENKEN, SEELE UND GEIST! Erlange **das zur Ruhe Kommen** Deines Dich vergiftenden Dranges! Werde bedürfnislos. Ernähre den Leib nur, um Dich besser von ihm lösen zu können! OM. Entsage dem gemeinen kotigen Menschenwohl! Wahres Glück ist das Glück der DRANGFREIHEIT! Und ist es denn nicht so, dass ALLE WESEN nur EINES suchen? Und dieses Eine ist das GLÜCK, welches **bleibt** und **nich**t vergeht! Sie vermuten und suchen dieses Glück nur an der falschen Stelle! OHNE das *BUCH DES LICHTS* wird diese Glücksfindung nur den wenigsten gelingen. Und es wird unendlich viele Leben und Leiden dauern. OM. Gäbe es nur ein Leben, wie viele glauben, dann wäre das alles nicht weiter schlimm! OM. Es ergibt sich also DIE UNSTERBLICHKEITSFORMEL:

WAHRER FRIEDE

= DRANGFREIHEIT
= WAHRE ZEITLOS EWIGE UNSTERBLICHKEIT
= FREI VON KÖRPER, GEFÜHL, DENKEN, SEELE UND GEIST.

Die Erlangung dieses Zustandes wird auch in meinem Buch *DIE WELTFORMEL* definiert.
Wer ist wirklich erlöst vom Drang? Es ist der Bedürfnislose. Er braucht kein Geld etc., weil er ja keine Bedürfnisse hat. Muss er darum verhungern? Einem solchen, der WIRKLICH wahre Bedürfnislosigkeit entfalten will, dem helfen sogar die höchsten Götter. DARUM war ja auch der (wahre) Jesus bettelarm und nicht so gierig und verfressen wie unsere heutigen Pfaffen! Die platzen ja fast aus allen Nähten! Es ist schon so: NUR HEILIGE können uns wirklich führen. Weil es aber außer den Meistern kaum lebende Heilige gibt, erkläre ich durch Autorität des großen Chohan *DAS BUCH DES LICHTS* als vollkommene, befreiende Lehre und Vorbildfunktion für ALLE Wesenheiten im gesamten Universum. OM. Leider ist es aber immer noch so, dass die meisten Wesen eine LEIDVOLLE WIEDERGEBURT erwartet. Umso wichtiger ist die befreiende Lehre des *BUCHES DES LICHTS*.

Woher komme ich? *DAS BUCH DES LICHTS* behauptet und lehrt, dass wir nicht von dieser Welt sind, sondern nur vergängliche Beilegungen ergriffen haben, für die wir brennen und nach denen wir uns benennen. Der Tod ist natürlich KEINE Erlösung der Wesenheit, FALLS das Verlangen nach der Welt noch verbleibt. OM. Manche mögen einwenden: "Ich WOLLTE nicht in diese kranke Welt geboren werden, bin also für mein Hiersein nicht verantwortlich!" Bist Du aber doch, denn DEIN noch unerfülltes, unüberwundenes Verlangen im Augenblick des Todes hat Dich zurück geschleudert auf das Samsara, das Hamsterrad der Wiedergeburt. Ein Kind ist NICHT das Produkt seiner Eltern. Das Kind ist das Ergebnis seines KARMA, und es ergreift den neuen befruchteten Keim im Mutterleib, um seinen Verlangenszustand fortzusetzen. OM. Weder Deine Eltern noch sonst jemand ist dafür verantwortlich, sondern nur Du ganz allein. OM. Wenn Du wirklich nicht mehr in diese Welt wiedergeboren werden willst, dann checke Dich mal richtig durch, ob nicht doch in irgendeinem unentdeckten Winkel Deines Wesens noch ein unerfülltes Verlangen, ein DRANG, lauert. OM. Ich sage jetzt mal provozierend: Der sogenannte "normale Mensch", zu dem oft auch die Intelligentesten gehören, ist in Wirklichkeit dumm wie Brot, selbst wenn er sein ganzes Zimmer mit seinen Nobelpreisen tapezieren könnte. Er ist immer noch dumm wie Brot im Vergleich zur erlösenden Lehre des *BUCHES DES LICHTS*. Ein Meister sagte einst

zu mir: “Im Vergleich zu den Wesen in den Lichtwelten sind die Einsteins und Newtons dieser Welt nicht mehr als Paviane. “
Nichts gegen Brot, aber warum sind die meisten Menschen “dumm wie Brot”? Weil sie sich identifizieren mit ihren vergänglichen Beilegungen und damit immer zu falschen Schlüssen kommen, sei es in Politik, Banken, Wissenschaft und Religion. Sie alle folgen einem falschen Pfad, der sie immer tiefer in die leidvolle Welt hineinführt und zu einer neuen, immer leidvollen Wiedergeburt. Immer tiefer verfangen sie sich in der Welt des Irrtums, immer dümmer, oder sollte ich sagen, UNWISSENDER werdend. Immer und immer wieder dringt der irrende Mensch, getrieben von Unwissenheit, in ein neues leidvolles Leben. Gerade “die da oben” sind oft krimineller, perverser und unzüchtiger als man es sich vorstellen könnte. Solche Menschen werden zunächst nach ihrem Tode als OPFER in Höllenregionen wiedergeboren, so lange, bis sie lernen und verstehen.

HILFE, ICH BIN DEPRESSIV!

Nahezu eine Milliarde Menschen auf Erden sind depressiv. Warum? Unsere neunmalklugen Psychologen und Psychiater faseln etwas von einer krankhaften Gemütsstörung. Vielleicht leiden sie selbst darunter und sind damit wie die Blinden, welche die Blinden führen. Aber was ist die URSACHE, die wahre Ursache für eine Depression? Es ist das ANATTA, genauer genommen das sich extreme Identifizieren mit und Anhaften an Körper, Gefühl, Denken, Seele und Geist! Je mehr man das Glück in der vergänglichen Welt sucht, genauer gesagt das Glück der Sinnesfreuden, umso enttäuschter und damit depressiver wird man. *DAS BUCH DES LICHTS* und natürlich und besonders diese Schrift sind der Ausweg aus diesem Labyrinth des Anatta.

DAS BUCH DES LICHTS kann diesen Leidensweg abkürzen. Es beschreibt eine Weltenwanderungsperiode von 311.040.000.000.000 Jahren, also vom Wiedererwachen des Universums bis zu seinem periodischen Verschwinden in den Urgrund. Alle Wesenheiten, die Meister ausgenommen, sind in einem Zustand der Anhaftung. OM. Und immer wieder wird die Wesenheit von EMPFINDUNGEN durchströmt, als da, wie bereits erwähnt, sind: 1. Freudige, 2. Leidvolle und 3. Gleichgültige. Andere drei gibt es nicht, weder hier in unserem Universum noch in einer Parallelwelt, ja sogar in einer formlosen, körperfreien non-atomaren Welt gibt es immer noch Empfindungen, wie *DAS BUCH DES LICHTS* lehrt. Wer NIRVĀṆA will, der muss sich auch aus einer solchen formlosen ARUPA Ebene der Antimaterie lösen. OM. Bei manchen Menschen ist es bereits soweit. Nicht sie jagen den Sinnesfreuden hinterher, sondern die Sinnesfreuden ihnen. Dann beginnt der wahre Kampf. OM.
Man kann es gar nicht oft genug wiederholen: Freude auslösende Objekte werden auf Grund ihrer unausweichlichen Auflösung zu LEID BRINGENDEN Objekten, die zu Leid bringender Wiedergeburt führen. Dann beginnt der Kampf gegen das Anatta, also

das, was Du NICHT bist, also die vergängliche Struktur. Das mag viele Leben dauern. Wir alle stehen unter dem Gesetz der Wahlverwandtschaft. Edle Menschen erwachen nach dem Tode in Lichtwelten und böse Menschen, also die meisten Politiker, Banker und Priester, erwachen in Höllenwelten, wo sie "runderneuert" werden. Es ist dies, als ob Dir jemand auf dem Zahnnerv bohrt, aber ohne Betäubungsmittel und ohne dass Du das Bewusstsein verlierst. Da wird jede Sekunde zur Ewigkeit. OM. Dieses Gesetz der Wahlverwandtschaft prägt auch das Verhalten der chemischen Elemente, wie in meinem Buch *DIE WELTFORMEL* beschrieben. OM.
WIE LANGE, oh Lanoo, willst Du eigentlich noch LEIDEN? Wie lange willst Du noch der SKLAVE Deiner Wahrnehmungen und Empfindungen sein? SANNAVEDAYITANIRODHA, also die **Aufhebung** Deiner Wahrnehmungen und Empfindungen, soll oder kann Dein Ziel sein, wenn Du NIRVĀṆA erlangen willst.

Und immer und immer wieder kommt die Frage: "Wenn es Reinkarnation und vergangene Leben gibt, warum kann ich mich nicht daran erinnern?"
DAS BUCH DES LICHTS lehrt: Kannst Du Dich an Deine Geburt erinnern? Natürlich nicht. Nach DEINER Schlussfolgerung wurdest Du nie geboren. Du magst antworten: "Ja, aber JETZT bin ich da, also muss ich wohl geboren worden sein! Das ist doch logisch!" Richtig, und jetzt sei weiter logisch, denn nur DIE LOGIK führt unweigerlich zu einer ständig wiederkehrenden Geburt, verursacht durch den DRANG nach dem, das immer wieder geboren wird. Nun magst Du einwenden: "Ich habe mich nicht danach gedrängt, in diese kranke Welt geboren zu werden!" Stimmt, aber Du hast es VERURSACHT. Es ist und war **Dein Karma**. OHNE *Buch des Lichts* Verständnis magst Du noch viele Leben als Opfer-Täter-Opfer-Täter wiedergeboren werden, bis der Leidensdruck von Dir weicht. OM. Außerdem kannst Du Dich sehr wohl an vergangene Leben erinnern. TALENT ist einer von vielen Beweisen. Karma und Reinkarnation ist reine Logik. Hier nur ein Beispiel:
Wer sich viele Leben als Komponist mit Musik beschäftigt hat, der mag bereits mit diesem **Talent** geboren werden bzw. geboren worden sein. Dies erklärt z. B. auch, warum Mozart in der Lage war, bereits im Alter von 7 Jahren eine Sinfonie zu schreiben. Das gleiche gilt für jede Art von Talent auf sportlichem und wissenschaftlichem Gebiet. Außerdem: Alle Existenzen sind in der MONADE gespeichert. Sie bestimmt Leben und Leiden, Deinem Verlangenszustand entsprechend. OM.
Des Weiteren: Wer sich mit dem *BUCH DES LICHTS* befasst und täglich meditiert, dem werden sich früher oder später vergangene Existenzen offenbaren, der wird dann bereit sein dafür … OM.
Nimm z. B. einen chronisch Kranken. Nun kommt ein Arzt, der ihn von dieser Krankheit heilt. Überglücklich verkündet der vorher Kranke: ICH BIN GESUND! In Wirklichkeit aber ist er immer noch krank. Denn was er nicht weiß, oder was er nicht wissen bzw. einsehen will, ist – was wir jetzt bereits wissen - DER KÖRPER ist in Wirklichkeit die Krankheit!!

Diese Wunde aber kannst Du nicht so einfach schließen, und so werden die meisten Menschen KRANK geboren, leben krank und sterben krank, immer und immer wieder. Wie kann man nun diese Wunde, KÖRPER genannt, wieder schließen, und zwar so, dass sie sich nie mehr öffnen wird? Zunächst bedenke man: NUR DER KÖRPER samt seinen ätherischen und astralen Beilegungen kann Schmerz empfinden. Hat man sich von diesen vergänglichen Hüllen gelöst, dann gibt es keinen Schmerz mehr. MUKTANANDA war ein Guru in L.A. Er wurde am offenen Herzen operiert, OHNE NARKOSE!

Wie ist dies möglich? Die Erklärung ist einfach. MEDITATIV hat sich Muktananda von seinen vergänglichen Hüllen gelöst, verweilte in nirvâṇischer Ruhe jenseits der Welt der Erscheinungen und kehrte erst nach Ende der Operation wieder in den Körper zurück. OM. Darum verkündet *DAS BUCH DES LICHTS* die Heilung JEGLICHER Krankheit durch Sich Lösen vom Verlangen nach den vergänglichen Hüllen, als da sind Körper, Gefühl, Denken, Seele und Geist. OM. Dann und erst dann kommt das wahre Wohlbefinden, die wahre Seligkeit. Manche fragen mich: Wo soll denn da Seligkeit sein, wenn es in NIRVĀṆA gar keine Empfindung mehr gibt? Die Antwort: "DAS IST JA DIE SELIGKEIT!" Wer es zu fassen vermag, der fasse es. Nur dort, wo sich für IMMER kein Drang mehr regt, nur da ist wahre Unsterblichkeit. Desgleichen mit überschwänglichen Gefühlsäußerungen. Sie sind ebenfalls von Übel. Wahre Hilfe kann nur eine auf LOSLÖSUNG gerichtete Lehre bringen. Bibel und Koran sind dafür ungeeignet, weil sie bestenfalls in einen Himmel führen bzw. dort stecken bleiben in diesem Himmel, der ebenfalls VERGÄNGLICH und damit leidvoll ist. OM. Man kann gar nicht oft genug auf den Gemütszustand der Bewohner der oberen Lichtwelten hinweisen. Diese sind nämlich heiter. Wer also heiter stirbt, der hat bereits viel erreicht auf dem Weg zu NIRVĀṆA, und er wird in einer dieser höheren Lichtwelten erwachen, aber hoffentlich dort nicht stecken bleiben.

So mancher hat Angst davor, zu ERLÖSCHEN, denn darunter versteht er irrtümlicherweise seine Vernichtung. NIRVĀṆA aber bedeutet nicht Vernichtung, sondern nur das Erlöschen des DRANGES nach den Sinnesfreuden. Damit entfällt auch die Notwendigkeit aller körperlichen Organe. OM. Nun mag der Leser einwenden: Dann kann ich ja die Sache gleich abkürzen und mir das Leben nehmen. Die Antwort darauf kennt der Lanoo bereits. Wer sich das Leben nimmt, in dem schlummert oft noch unentdecktes Verlangen, welches ihn in ein nächstes Leben schleudert. Dies geschieht übrigens nach unangenehmer Zwischenzeit in einer der nachtodlichen astralen Welten. Man ist da wie in einem Limbo. Man kann nicht hoch und nicht runter, nicht vor und nicht und zurück. OM. Selbstmord bringt also nichts.

ABER, der Vollständigkeit halber will ich hier noch einmal auf das Thema SALLEKHANA kommen. Es handelt sich dabei um ein Jaina Sterbefasten. Gesetzt den Fall, was sehr selten ist, da ist jemand, der WIRKLICH alles Verlangen nach irdischer UND himmlischer Existenz überwunden hat, wenn dem also wirklich so ist, dann gibt es

nach einer jainischen "Selbsttötung" keine sich neu formierenden und arrangierenden "permanenten Atome". DANN wird ein solcher in NIRVĀṆA erwachen bzw. zunächst in einer der vielen Lichtwelten, weil er keinerlei irdischen DRANG oder TRISHNA hinterlassen hat.
ABER, und ich wiederhole **ABER,** ein solcher Fall ist wahrscheinlich einer unter MILLIARDEN, also **denkt** nicht einmal daran, euch umzubringen. Ich wiederhole: Die nachtodlichen Welten für Selbstmörder sind sehr schmerzhaft, weil man da sehr oft in einer atralen Zwischenwelt gefangen ist und dann wieder reinkarniert, ja reinkarnieren muss. OM. OM.
Sallekhana aber ist ein Zustand, wo jemand im Kreise seiner Lieben liegt, nichts isst und trinkt, bis er nachWochen stirbt. Mit "einem Bein" ist ein solcher bereits in einer der Lichtwelten und stirbt friedvoll lächelnd. OM. Trauernde, jammernde Menschen haben keinen Platz neben einem derart Sterbenden. Alle sind von stiller Fröhlichkeit erfüllt. Wer es zu fassen vermag, der fasse es. OM.

Worte haben Macht

Wie steht es um das Wort NICHTS? Ist NICHTS wirklich NICHTS?

Jeder Erkenntnisvorgang hat mit dem Erkennen von Personen und Dingen zu tun, also mit **Objekten**, tot oder lebendig. Das Subjekt erkennt Objekte. Nie gab es einen anderen Vorgang in der Welt der Erscheinungen. OM. Laut *BUCH DES LICHTS* sind ALLE Objekte LEID BRINGEND, sei es auf Erden, im Himmel oder in der Hölle. OM. Wenn ich mein Verlangen nach allen Objekten überwinde, dann habe ich mein LEIDEN beendet und erlange NIRVĀṆA. OM.
Wer sich aber noch mit seinen vergänglichen Beilegungen identifiziert, der mag sehr wohl glauben, dass er im NICHTS verschwunden ist, wenn diese Beilegungen nicht mehr sind.
Wer aber VERSTEHT und ERKENNT, dass seine Beilegungen sowie die Beilegungen anderer NICHT das Selbst sind, für den öffnet sich "das unbekannte Land", zeitlos ewige, anfangs- und endlose Unsterblichkeit. OM. Aber noch brennen wir alle. Wir brennen wie eine Kerze, welche man nur ausblasen muss, um die Wahrheit zu erlangen. DENN das Erlöschen einer Kerze betrifft ja nur die FLAMME. Die Kerze brennt dann nicht mehr, ist aber immer noch da. Wer es zu fassen vermag, der fasse es.

DU bist dann immer noch, Du BRENNST nur nicht mehr. Brennen? Man brennt nur nicht mehr nach den vergänglichen, Reinkarnation verursachenden Strukturen. Das Brennen ist vorbei, die Kerze brennt nicht mehr, DIE KERZE ist aber doch immer noch da! In NIRVĀṆA erkenne ich nur nichts mehr, bin aber immer noch da. Wie das ist? Befasse Dich mit der Lehre. Es gibt also gar kein Nichts in dem Sinne, dass nichts mehr da ist, wenn alles als veränderlich Erkennbare verschwindet. Die meisten "Buddhisten", inklusive des närrischen Dalai Lama, verstehen diese Logik nicht. Sie glauben doch tatsächlich, dass man in NIRVĀṆA verschwunden, ja vernichtet ist. OM. Wenn dem so wäre, dann würde ich ja lieber wiederkommen, Leben für Leben.

Dass NIRVĀṆA die einzige WAHRHEIT ist, soll nun im Folgenden noch einmal aus anderer Sichtweise dargelegt werden.
WENN alles Vergängliche und damit Zeitliche NICHT mein Selbst ist, dann gilt es nur noch, dies zu beweisen. Es geht sowieso nur darum, was ich NICHT bin, und nicht was ich BIN. Denn: Weiß ich erst einmal, was ich NICHT bin und LÖSE ich mich meditativ davon, dann verbleibt das WAHRE Ich, was immer dies auch sein mag. OM. Das hat nichts mit GLAUBEN zu tun, sondern mit WISSEN. Religionen und ein angeblich allmächtiger Gott, den es natürlich nicht gibt, es sei denn, in den Hirnen derer, die daran glauben, solch einen Schöpfergott gibt es also natürlich NICHT, haben darum auch nichts damit zu tun. OM. Selbst ein angebliches NICHTS bedenkend bin ICH ja immer noch da. Ein absolutes Nichts gibt es natürlich darum NICHT, wird es auch nie geben, so wie es eine absolute ZERSTÖRUNG der Wesenheit niemals geben wird, sondern bestenfalls nur die Zerstörung vergänglicher Beilegungen. Aber auch eine SOLCHE absolute Zerstörung der Materie gibt es NICHT. Denn jede "zerstörte" Materie kehrt IMMER zu ihrer URFORM zurück, der MATRIX oder der URMATERIE MULAPRAKRITĪ. OM. Wer allerdings glaubt, dass er aus den vergänglichen Elementen besteht, sich voll mit ihnen identifiziert, der wird leidvoll immer wieder - von vergänglichen Strukuren eingekesselt - reinkarnieren. So lernt der Mensch. OM. Aber lernt er wirklich? Wer aber RICHTIG erkennt, dass er nicht aus dem Erkannten BESTEHT, der löst sich irgendwann davon, will es nicht mehr, und der ist für NIRVĀṆA bereit. Er **weiß**, dass er NIEMALS vernichtet werden kann, weil er nie erschaffen wurde. Er ist dann ... UNERKENNBAR, aber keinesfalls zerstört. OM. EHRE SEI *DEM BUCH DES LICHTS*. OM.
Außerdem bedenke man: Auch das Denken über ein solches Problem ist ... NÄRRISCH, weil man mit dem DENKEN nicht auf den Grund der Sache kommt. Auch das Denken ist eine Aktivität der vergänglichen Beilegung, also des Gehirns. Erst wer sich meditativ auch davon löst, den erwartet die WAHRHEIT. OM. Darum führt der Gedanke an ein NICHTS ebenfalls in die Irre. OM.
Wonach verlangt es Dich denn, selbst wenn Du schon ein Lanoo bist? Es verlangt Dich nach Sehen, Hören, Schmecken, Tasten, Riechen, Fühlen, Denken, nach Körper, Gefühl, Seele und Geist. All dies sind natürlich vergängliche Strukturen, Dich damit vom angemessenen unerkennbaren Zustand trennend. OM.

Warum willst Du eigentlich Gestalten, Töne, Düfte, Tastobjekte und Gedanken? Weil Du diese Gestalten empfinden und wahrnehmen willst! Kannst Du Dir eigentlich vorstellen, auch OHNE Wunsch nach Empfindung und Wahrnehmung dieser Gestalten zu sein? Kannst Du das wirklich? Nimm Dir bloß nicht zuviel vor und mach Dich STU-

FENWEISE an die **Loslösung** von diesem Verlangen, falls Du wirklich das NIRVĀṆA willst, die AUFHEBUNG aller Wahrnehmung und Empfindung, aber doch nicht die Aufhebung desjenigen, der nichts mehr wahrnimmt und empfindet! Übrigens: Ohne Wunsch nach alledem zu sein, bedeutet ja nur, sich auch irgendwann vom ERKENNEN bzw. dem VERLANGEN nach Erkennen zu lösen, denn es gibt ja in NIRVĀṆA nichts Vergängliches mehr, was erkannt werden kann. Darum brauche ich in NIRVĀṆA keine Erkenntnisorgane mehr, ja sie wären mir hinderlich. OM. Und sei gewiss, oh Lanoo: "Nur weil Du wunschlos bist oder werden kannst, bedeutet dies nicht, dass Du ZERSTÖRT bist, Du WILLST nur nichts mehr!" Wer hat mich verstanden? Was BIN ich dann noch, wenn ich nichts mehr will? WILL ERST EINMAL NICHTS MEHR! OM. Das hat sogar der große Schopenhauer erkannt, blieb nur kurz vor NIRVĀṆA „stecken"! Das eigentliche **Nichts** ist darum nur ein Nichts für die ERKENNTNIS, aber nicht für den jetzt Wunschlosen, der zuvor ERKANNTE. Wer es zu fassen vermag, der fasse es.
Der Lanoo möge auch bedenken: Es gibt kein Sein, sondern bestenfalls ein Werden. Und das Beispiel mit dem Feuer kennen wir ja bereits. Des Weiteren: Die Wesenheit selbst liegt ja HINTER dem Willen, sie IST nicht der Wille. Er, also der WILLE, bricht nur aus ihr hervor, und sie trägt die Konsequenzen des Anhaftens an Personen und Dinge. *DAS BUCH DES LICHTS* führt zu einem ENDE des Herausbrechens des Willens. Es verbleibt der Wille nach NIRVĀṆA, der allerdings erfüllt werden kann und sich NIE MEHR erhebt. OM. Woher kommt aber die Erscheinung oder Beilegung der Wesenheiten? Sie WILL es und stürzt sich in die Urmaterie, welche sie befruchtet. Das ist in Wirklichkeit der erste Befruchtungsvorgang in der Welt. DU, die MONADE, die zeitlos ewige, unerschaffene Wesenheit befruchtet den kosmischen Schoß MULAPRAKRITĪ, und das Ergebnis sind Deine vergänglichen, ständig reinkarnierenden Beilegungen. OM. Andere Wesenheiten halfen Dir dann karmisch, Dich mit weiteren Hüllen versorgend, um damit geboren zu werden, zu leben und zu sterben. OM. Es ist ja auch DER WILLLE, welcher zum Unheil führenden Dualismus führt. Man will, man bekommt, und man leidet darunter. Warum leidet man? Weil man sich GLÜCK erhoffte von diesem Dualismus, der jedoch immer nur **eine** Botschaft und Konsequenz hat: TRENNUNG. Man will diese erzwungene Trennung überwinden, und es verlangt einen nach einer natürlichen Bindung, welche wieder getrennt wird. Und so weiter bis in alle Ewigkeit, es sei denn … Oh Lanoo, die Wahrheit ist UNERKENNBAR. Du willst die Wahrheit? Löse Dich von allem Erkennbaren UND AHNE DAS UNGEHEURE!

Wie viele sind schon in NIRVĀṆA? Wen treffe ich in NIRVĀṆA? Alle Erlösten UND Unerlösten. Wie ist das? Unbeschreibbar, weil alle Beschreibungen nur für die Welt der Erscheinungen gelten. OM. Eines ist sicher: **Alle** Wesenheiten haben eine wahre Heimat, eben das NIRVĀṆA. Ich habe es bereits kurz erwähnt, will es hier aber noch einmal detailliert betonen. *DAS BUCH DES LICHTS* und der GAUTAMA BUDDHA

lehren, was das Selbst NICHT ist und nicht, dass es kein Selbst gibt. Diese Narretei zu verkünden, nämlich, dass es gar kein Selbst gibt, war dem Dauergrinser DALAI LAMA vorbehalten. Dieser närrische Mann lehrt tatsächlich, dass es gar kein Selbst gibt, dass man in NIRVĀṆA zerstört ist. ZERSTÖRT! Jeder ehrliche Buddhist sollte diesen Mann wegen Beleidgung des Gautama Buddha anzeigen. Des Weiteren scheint der Lama beim Grammatik Unterricht geschwänzt zu haben. Der Fall stellt sich folgendermaßen dar: Der Begriff ANATTAN - in Pali sowie im SANKRIT (BDL Band 13) - wird als **Prädikat** gebraucht und ist damit korrekt übersetzt mit **'Ist nicht das Ich'** oder **'Ist nicht das Selbst'.** Wer so denkt, der denkt richtig. Diese ganz klare Grammatik haben Leute wie Dalai Lama und Co. verstanden, als "Ist **ohne** Selbst" und "**Wesenlos**". Der Grund ist eindeutig. Diese lieben, aber verwirrten Menschen haften eben noch an den vergänglichen Beilegungen, ja **identifizieren** sich mit ihnen und BELEIDIGEN die Lehre des *BUCHES DES LICHTS* und des BUDDHA. OM. Zugleich aber erlauben sie ihren Schülern alle möglichen - angeblich auch sexuellen - Schandtaten gegenüber Erwachsenen UND Kindern.
Ich wiederhole: Auf keinen Fall lässt sich die falsche Deutung von **anatta** als "Ist **nicht** das Selbst" oder "**Wesenlos"** aufrechterhalten. Der verwirrte Lama bzw. seine "Sanskrit Gelehrten" aber drehten weiter an der irren grammatikalischen Schraube. Und zwar so: Sie erfanden eine Deutung des Begriffes **attavirahata.** Es handelt sich hierbei um eine grammatikalische Verschwörung, um die Thesen des närrischen Dalai Lama zu verbreiten. Denn: **Attavirahata** bedeutet zwar **OHNE ATMAN,** also **OHNE SELBST** und wurde später einfach der Urlehre aufgepfropft**.** Es gibt nämlich in Wahrheit gar nichts anderes als das Selbst. OM.
Mit der unverschämten Verdrehung der Urlehre ist es so wie mit dem Missverständnis des überhaupt nicht genialen Albert Einstein, der zunächst behauptete, es gäbe keinen Äther, weil man ihn gar nicht brauche. SPÄTER aber verkündete das Genie Einstein: "ES GIBT GAR NICHTS ANDERS ALS ÄTHER!" Richtig. Und wenn der verschwindet, dann verbleiben wieder:

1. DER URGRUND
2. ALLE WESENHEITEN
3. DIE URMATERIE oder MATRIX.

(Siehe mein Buch *DIE WELTFORMEL*). Wie kam es aber zu dieser Verdrehung der Begriffe? Die Unmöglichkeit bzw. Unfähigkeit, sich zu lösen von den vergänglichen Beilegungen, deutete ich bereits an. Doch da ist noch etwas anderes. Es gab eine Zeit, da bedeutete das Sanskrit atman = svabhava, also WESENHAFTIGKEIT. Anattan ist dann automatisch wesenlos. Die Sache wird ganz klar für die Fälscher: Wenn ich anatta BIN, dann bin ich eben wesenlos.
Anatta bedeutet aber nur "Das ist **NICHT** mein Selbst." Des Weiteren: Nur weil ich nicht weiß, was etwas ist, es also wie mein wahres Wesen UNERKENNBAR ist,

bedeutet das doch nicht, dass es dies bzw. MICH nicht gibt. Der beste Beweis für die Existenz der **Wesenheit** ist folgender: In der SEELENATEM MEDITATION kann ich mich von allem lösen, was ich NICHT bin, also von allem anatta, von allem als veränderlich Erfahrbaren kann ich mich **lösen** UND BIN IMMER NOCH. Wie das ist? Man befasse sich mit der Lehre.

Mit anderen Worten: Die Lehre des Dalai Lama ist also irreführend. Die vergänglichen Beilegungen sind das Resultat von permanenten Atomen, Restbestandteile unbewältigten Verlangens, welche sich um den neu befruchteten Keim gruppie-ren und die Wesenheit in den befruchteten Schoß ziehen. OM.

ABER: Wer nur auf die Beilegungen meditiert, der richtet großen Schaden für sich und andere an. ERKENNEN darf man die Beilegungen, aber nicht meditativ an ihnen haften. ACHTSAM BEOBACHTEN, geleitet durch mein Buch *SEELENATEM MEDITATON*, sollte man sie, bis auch sie aus der Erkenntnis verschwinden und einem höheren Zustand Platz machen … bis DAS NIRVĀṆA, die WAHRHEIT, naht. Wird alles in *SEELENATEM MEDITATION* gelehrt. OM. Und genau darum ist NIRVĀṆA kein Nichts, sondern nur die todlose Endstation der sich vom Leiden lösenden Wesenheit. OM.

Doch es kam, wie es kommen musste. Der Lebensdrang ist groß in den meisten Wesenheiten. So werden sie immer und immer wieder geboren und leben und leiden immer und immer wieder. OM. Nur der Heilige oder der Heiligkeit Zustrebende empfindet wahre Güte und wahres Mitleid, denn er VERSTEHT und sieht den Leidenszustand der Leben für Leben Anhaftenden. OM. Wenn wir nur die vergänglichen Zusammensetzungen wären, dann würden wir nicht darunter leiden, aber wir LEIDEN. Wer dies leugnet, der muss halt wiedergeboren werden und wieder … LEIDEN!

EKEL

Das folgende Kapitel ist an Radikalität wohl kaum zu überbieten und gilt nur, wenn vom höchsten nirvâṇischen Standpunkt aus gesehen, und es ist nur für jene gedacht, die NIRVĀṆA noch in diesem Leben oder so schnell wie möglich erlangen wollen. OM. Also dann: Hast Du schon einmal einen schönen Mann, eine schöne Frau gesehen?

Und hat Dich das sogar sexuell erregt? Du stehst also auf eine vergängliche Struktur. Hast Du schon einmal tiefer geschaut? Stell Dir mal vor, Du würdest tiefer sehen und erkennen, so dass Du das SKELETT der schönen Frau oder des Mannes siehst? Immer noch von Verlangen erfüllt? Du stehst auf Skelette? Warum nicht? Das ist doch auch ein Teil der Frau oder des Mannes, die Du begehrst! Das SKELETT NICHT? Wie? Was? Das eine am selben Körper willst Du, und das außen NICHT? Dir fehlt nur die rechte VOLLKOMMENE ERKENNTNIS dessen, was Du eigentlich begehrst, weil Du nicht TIEFER schaust! Du begehrst, realistisch gesehen, ein urinierendes und de-

fäkierendes Wesen! Das begehrst Du nicht? Nur einen Teil davon? Dann begehrst Du die Hülle, aber nicht den Kern! Und das genügt Dir? Was, wenn die Frau Krebs bekommt und ihre Brust nur zu einem ekelhaften stinkenden Lappen wird? Begehrst Du sie immer noch? Wahrscheinlich muss dann eine Jüngere herhalten!? Du meinst wohl, dass Du ihre SEELE begehrst? Willst Du meine Intelligenz beleidigen? WANN wachst Du endlich auf? WANN? Was jetzt kommt, darf man nur vom höchsten nirvâṇischen Loslösungszustand beurteilen.
Schau mal in ihren Darm, in ihre Blase, in ihren zirkulierenden Blutkreislauf! In ihre Darmpolypen! In ihre KREBS verseuchten Brüste! Erregt Dich das sexuell? Ich glaube doch nicht. Also liebst und begehrst Du nicht die ganze Person, sondern nur einen, wenn's geht, GESUNDEN Bruchteil davon, nämlich die HÜLLE! Was glaubst Du wohl, wie diese Frau leidet, wenn Du eine JÜNGERE begehrst und nimmst? Wer hat mich verstanden? Hast DU mich verstanden?

Maha Thera Dr. Georg Grimm bringt es auf den Punkt, wenn er schreibt: "Ein Mensch, der keinen Drang nach Lust mehr hat, weil er das **Sieche und Wehe** jeder menschlichen Gestalt **durchschaut** hat, ist nicht nur von dem Ozeans des Leidens frei, das in Abhängigkeit von jeder Art von Lust entsteht - im Grunde geht alles Leid auf den Drang nach Lust zurück - der empfindet schon deshalb ganz allein eine ungeheuere Ruhe in sich. Ein solcher Mensch, der nicht einmal mehr einen **Drang**, einen Wunsch nach seinem eigenen Körper als Erkenntnisapparat verspürt, wird auch durch den Untergang dieses Körpers in keiner Weise affiziert. Diesen Drang kann er aber nur verlieren, wenn der Körper als nicht Ich (anatta) und der körperliche Zustand als leidvoll, der körperlose Zustand jedoch als der uns allein angemessene durchschaut wird." (Ende Zitat).
BDL lehrt: Traue nicht einmal Deiner VERNUNFT! Dies soll im Folgenden erklärt werden:
Dein **eigentliches** Wesen kann NIEMALS ein Objekt der Erkenntnis werden, weil alles Erkennbare NICHT Dein Selbst ist, WEIL jeder Erkenntnisvorgang immer nach außen, in die Welt gerichtet ist, wo das Selbst eben nicht ist. OM. DU bist DAS SUBJEKT des Erkennens, und als Subjekt erkennst Du alle möglichen sich außen befindlichen OBJEKTE. Die **bist** Du aber NICHT, denn sie entstehen und vergehen und Du nimmst das nur wahr. OM. Wenn Du aber **alles** bis auf den Grund durchschaut hast, geleitet durch die Lehre und durch dieses - zugegeben - schockierende Beispiel bewiesen, dann fragt sich, wo die VERNUNFT ihren Platz haben soll. Wenn ich ALLES durch bloße Logik der Lehre, ALLES unmittelbar bis auf den Grund **durchschaut** habe als NICHT mein Selbst und übrigens auch nicht als das Selbst der anderen Wesenheit **durchschaut** habe, dann brauche ich zur Vervollkommnung dieser Erkenntnis nicht auch noch **vernünftig** werden oder VERNUNFT erlangen. Es erübrigt sich. OM. Ja, sogar die Vernunft ist dann unnötig. Wer hat mich verstanden? Ich wiederhole: Wenn ich, geleitet durch die Lehre, alles unmittelbar DURCHSCHAUE, bis tief in den

kotgefüllten Darm sozusagen, dann muss ich weder überlegen, überdenken, bedenken, schlussfolgern noch beweisen. All dies ist ja eine Vernunftstätigkeit, also ein unnötiges Notbehelf, um eine mangelhafte Anschauung zu ergänzen. Die VERNUNFT ist ja nur ein GRÜBELN über Dinge, die durch unmittelbare Anschauung schon evident sind, als da wäre, radikal gesagt: Wer Kot und Urin SIEHT, der kann sich ja wohl in den **Träger** dieses Schmutzes nicht verlieben. BEMITLEIDEN kann man einen solchen allerdings sehr wohl. OM.
Viele von euch werden jetzt enttäuscht sein von mir, dass ich solche Dinge behaupte. Braucht ihr aber nicht, NICHTS DAVON hat mit mir zu tun. Ich gebe nur die LEHRE weiter. Ob das die Wahrheit ist oder nicht, das könnt nur ihr allein entscheiden. OM.

Doch weiter mit dem *BUCH DES LICHTS*. DARUM benutzt man die "völlig unnötige" Vernunft nur, um über Dinge nachzudenken, die auf Grund ihrer unmittelbaren Anschauung bereits evident sind. Wer hat mich verstanden?
Aber wir wollen ja mit der Vernunft nicht zu hart ins Gericht gehen. Vernunft benötigt man zum praktischen Handeln und für den Umgang mit den Mitwesen. Wen es also noch in dieser Welt hält, der wird wohl ohne Vernunft nicht auskommen. Ich wiederhole aber: Vernunft ist für den nach Loslösung Strebenden nicht unbedingt nötig. Und zwar deshalb: Wer sich ausschließlich des anschaulichen Erkennens bedient und die leidvolle Wirklichkeit einer jeglichen Struktur ERKENNT, wer so geleitet in absoluter körperlicher und geistiger Abgeschiedenheit verweilt, der braucht keine Verunft, er bleibt restlos in der unmittelbaren ANSCHAUUNG verweilend. Es würde ihm völlig genügen, um die **Torheit** seiner Existenz auf Erden zu VERSTEHEN. Vernunft braucht er dazu wie einen Klotz am Bein. OM. Ein solcher würde sich nicht mal als ein ICH sehen, weil er sich ja, im besten Falle, von allem NICHT - ICH meditativ **gelöst** hätte. Er würde eigentlich jede weitere Vernunftstätigkeit als Belästigung empfinden. Wer keinem Objekt mehr anhaftet, der ist sich selbst dann auch kein Subjekt mehr. Wer es zu fassen vermag, der fasse es. OM.

Darum gibt es für eine SOLCHE Wesenheit natürlich **kein** "Ich". Ich will das erklären. Es kann fúr eine in vollkommener Versenkung befindliche Wesenheit kein Ich geben, weil sie ja nicht mehr DENKT. "ICH" kann man nur sagen und definieren, wenn man "Ich" DENKT. Wer hat mich verstanden? Der Dalai Lama folgerte daraus, dass es gar keine Wesenheit gibt. Doch weiter. Wenn die Wesenheit NICHT denkt, dann denkt sie GAR NICHTS, weder ICH noch NICHT Ich! Der Meditierende löst sich in der Meditation auch von seinem Manas Rupa, also von seinem Mentalkörper und dem Gehirn. Was ist denn logisches Denken? Laut BDL ist logisches Denken eine reflektierende, abstrahierende Vernunftstätigkeit. Darum brauchen wir ja auch, wie bereits erwähnt, in letzter Instanz keine Vernunft. OM. Dies führt uns wieder zur ästhetischen Kontemplation. In einem solchen Zustand erkennen wir nur etwas, OHNE es definieren zu wollen. So erlangen wir unweigerlich, früher oder später, während der

SEELENATEM MEDITATION, das NIRVĀṆA. Wir ERKENNEN sogar allerhöchste beseeligende Himmelswelten, die wir aber keineswegs definieren, sondern nur erkennend dazu benutzen, um uns auch davon zu lösen auf Grund ihrer Vergänglichkeit. OM.
Oh Lanoo, dies ist das Urproblem der ganzen Welt mit allem darin: Wer den Urgrund verlassen hat und wer sich WESENHAFT als zur WELT gehörig sieht, der verkennt die Sachlage völlig. Denn die Sachlage ist: Deine Persönlichkeit mit allem darin ist Dir etwas durchaus Wesensfremdes. Wenn Du also der Körper etc. wärest, dann kannst Du ihm gar nicht vorhergegangen sein, so wenig wie ein Mensch mit Hut eben dieser Mensch IST, sondern bestenfalls nur jemand, der sich den Hut irgendwann aufgesetzt hat. Aber auch das stimmt natürlich NICHT, denn der gesamte Körper mit allem darin ist etwas, dass sich der Mensch karmisch "aufgesetzt" hat. OM. Wer es zu fassen vermag, der fasse es.
Man kann es auch anders erklären. *DAS BUCH DES LICHTS* spricht von der undefinierbaren Wesenheit, welche weder verschieden noch nicht verschieden ist von den Permanenten Atomen des Verlangens, also den Skandhas. Denn da ist immer noch ein Gefühl, die Person zu sein, doch das, was jetzt noch dieses Gefühl erfährt, bleibt bis ins NIRVĀṆA, dann aber als ein Losgelöster. OM.

Die närrischen Theraveda Buddhisten haben sich nach dem Tode des Buddha geweigert, ein solches "Ich""anzuerkennen, weil sie sich eben doch nicht ganz von ihren Lüsten trennen wollten oder konnten. OM.
Damit meine ich nicht, dass man in NIRVĀṆA noch fühlt. Wenn aber z. B. ein Tathagata, also ein MEISTER, Nirvâṇa verlässt, dann kann nicht einmal er verhindern, dass er **fühlt**, und zwar wegen seiner aurischen Hülle. Er WEISS aber, dass er das nicht **ist**. Und das Mitleid, welches ein Meister empfindet, das ist völlig verschieden vom Mitleid, das man empfindet, wenn man Menschen leiden sieht etc. Ein Meister hat sogar Mitleid mit der Sonne sowie mit dem kleinsten Regenwurm, denn er weiß, dass beide, die Sonne sowie der Regenwurm, Symptome einer Krankheit - LEBEN genannt - sind. OM. Es gibt also etwas, das in uns existiert, und das man nicht vernachlässigen sollte. *DAS BUCH DES LICHTS* ist die BLÜTE des kosmischen Denkens, weil es auch das Denken als NICHT essentiell uns zugehörig erklärt. Wer sich meditativ auch vom Denken löst, der hat es geschafft. Denn das "Ich" ist jenseits aller Definition und Erkenntnis, also JENSEITS der Welt der Erscheinungen. OM.
Am schlimmsten sind die Polemiker. Wir sehen sie in den Buddhistischen Ashrams, wie sie diskutierend aufeinander einsprechen, nur um den andern zu widerlegen. Diese bedauernswerten Menschen müssen halt noch viele Male wiedergeboren werden, um ENDLICH zu verstehen, dass sie mit ihren unsinnigen Tätigkeiten nur das Leid bringende ANATTA stärken. OM.
Noch niemand hat sich wohl wirklich je gefragt, warum Tiere sich paaren wollen. Man nennt es einfach, wie beim Menschen auch, "Fortpflanzungstrieb". Woher aber dieser

Trieb und warum? Nun, *DAS BUCH DES LICHTS* lehrt, dass die meisten Tiere vom MENSCHEN abstammen bzw. Absonderungen des einst protoplasmischen Menschen sind und sich vor etwa 25.000.000 Jahren in die Geschlechter teilten, der Mensch vor etwa 18.000.000 Jahren. Diese Teilung der Arten bzw. in die Arten führte und führt zum Gefühl der Getrenntheit, welches VEREINIGUNG will. Man lausche nur dem sehnenden Röhren der Hirsche in der Brunftzeit. Übrigens sind die meisten Paarungszeiten gebunden an den Sexualzyklus der Weibchen. Bis heute hat sich daran nicht viel geändert. Es sind ja immer meist die Frauen, die durch Kleidung, Schminke und Verhalten darauf aufmerksam machen, dass sie paarungsbereit sind und zwar polyöstrisch, also mehrmals pro Jahr, dies natürlich nur mit eigener Zustimmung.

Was veranlasst nun die Männchen, dieser Lockung zu erliegen? Es ist das Versprechen der zu erwartenden LUST. Tiere UND Menschen erleben LUSTGEFÜHLE bei Paarung. Gäbe es keine Lust bei der Paarung, dann wäre die ganze Welt bald ausgestorben. OM. Es geht also um die "versprochene Lust" durch das Weibchen, was den Penis des Männchens ersteifen lässt. SO GROSS ist dieses Versprechen der Lust und sein Erfüllungsdrang, bedingt durch steigende Kundalinî. Dies führt zum PAARUNGSKAMPF, bei dem die paarungsbereiten männlichen Konkurrenten oft auf Leben und Tod kämpfen, um sich mit dem Weibchen vereinen zu können. Während des ganzen Kampfes sieht das Weibchen still zu, hoffend, dass es sich mit dem **Sieger** vereinen kann, um so die Geburt der Nachkommenschaft zu sichern. Aber da gibt es noch etwas. Das tierische Weibchen möchte auch einen ORGASMUS erleben. Das gilt vor allem für Säugetiere. *DAS BUCH DES LICHTS* lehrt: Die meisten weiblichen Tierarten haben eine Klitoris, und die meisten männlichen einen Penis. Doch diese dienen nicht immer der Fortpflanzung. Nehmen wir als Beispiel die in Ostafrika heimische Vogelart des Büffelwebers (Bubalornis niger). Die Männchen dieser Vogelart haben zwar einen Penis, der dient jedoch lediglich der sexuellen Stimulation und nicht der Samenabgabe. Haben diese Vögel einen Orgasmus, dann zittern sie und bekommen glasige Augen. OM. Woher aber der Orgasmus? Woher die Nachkommenschaft? Der Penis ist ein Pseudopenis. Das Vogelmännchen besitzt diesen Pseudopenis bzw. einen Gewebestab, der zwar kein Sperma überträgt, aber Lust erzeugen kann. Damit reibt der Büffelweber Vogel den After seiner Partnerin. Eine halbe Stunde lang geht das so. Dann ejakuliert er den Samen aus seiner **wirklichen** Geschlechtsöffnung. Das Männchen, das seine Geliebte am nachhaltigsten pläsiert, hat die beste Chance, sie zu überzeugen, sein Sperma zur Befruchtung zu nutzen. Na ja.

Die Fortpflanzung der Arten ist das Resultat der Lust und des VERLANGENS nach LEBEN. Dies schließt natürlich die Lust der SINNE mit sich ein sowie die sexuelle Lust. Die daraus resultierende Geburt neuen Lebens ist sekundär und ist dem Egoismus geschuldet. Man will, dass etwas von einem überlebt. OM. Manche Tiere wollen die Brut gar nicht und fressen sie auf, sowie manchmal ihren Sexualpartner, sogar noch während der Paarung. Genauer gesagt: Das bei lebendigem Leib angefressene

Redback-Spinnenmännchen z. B. befruchtet mehr Eier als eines, das den Sex "normal" beendet. Wenn das Spinnenweibchen nämlich damit beginnt, das Männchen beim Sex genüsslich zu verspeisen bzw. an ihm herumzukauen, dauert der Sex länger - und entzieht dem Männchen mehr Spermien. Homosexualität ist ebenfalls usus unter gewissen Säugetieren, Insekten und Vögeln.
Manche Tiere kümmern sich aber auch liebevoll um ihre Brut. Doch das Hauptmotiv ist immer … LUST. Und wo Lust aufkommt, kommt LEID auf! So lehrt *DAS BUCH DES LICHTS.* Darum ist SITTENREINHEIT die Vorbedingung zur Erlangung des NIRVĀṆA. Dass dies in einem Leben kaum möglich ist, wird wohl jedem klar, es sei denn, wir haben hier einen heiligen Lanoo unter uns. OM.

Die Frage wird auch gestellt: Wieviele Millionen von Lichtjahre sind Himmel und Hölle von uns entfernt? Der Lanoo weiß es bereits. Himmel und Holle sind weniger als einen Millimeter vom Leser entfernt. Durch seine Verhaltensweise bringt er sich AUGENBLICKLICH in Verbindung mit Himmelswelten oder Höllenwelten. Eine gute Tat ist wie ein kleiner Schlüssel zur Himmelswelt, öffnet die Tür ein Stückchen weit, die böse Tat aber von derselben Person vielleicht kurz danach begangen, schließt diese Tür wieder und öffnet die Tür zur Höllenwelt. So entscheiden wir selbst, mit welchen Welten wir gerade jetzt verbunden sind, aber auch, wo wir nachtodlich erwachen und dann, auf welcher physischen Ebene wir wiedergeboren werden. OM.
Der kluge Epikur irrte also, wenn er glaubte, dass die Götter in den "Zwischenräumen der Welt" wohnen. *DAS BUCH DES LICHTS* lehrt, dass die Götter und alle anderen geistig - ätherischen Wesenheiten sich in unseren **Erkenntnisebenen** befinden. In den Jhanas der SEELENATEM MEDITATION ist es uns möglich, dies selbst zu erleben bzw. zu verifizieren. OM. Oh Lanoo, wann wirst Du verstehen? Himmel und Hölle sind bewiesen seit Millionen von Jahren von vielen weit voneinander lebenden Heiligen und ihren Schriften. *DAS BUCH DES LICHTS* lehrt: Der **heutige** Himmel der Religionen, bestehend aus dem mentalen und emotionalen "Restbestand" der Lebewesen, existiert seit etwa 14.000.000 Jahren. OM.
Oh Lanoo, ich verweise auf einen grundsätzlichen Irrtum der theosophischen Gesellschaft. Sie lehrt: 3 Ebenen werden unterschieden. 1. Die physische, 2. die astrale und 3. die spirituelle. Soweit, so gut. Doch dann stimmt's nicht mehr, und zwar wenn die Theosophen von einem automatischen spirituellen Wachstum sprechen. So etwas gibt es nicht, denn ganz gleich, welchen spirituellen Entwicklungsstand man erlangt, er wird einem wieder entrissen, zeitlos ewig ist nur NIRVĀṆA, welches kommt, wenn wir uns auch vom Spirituellen lösen. Dem NIRVĀṆA zu entsagen, um die Menschheit zu retten, lehrt *DAS BUCH DES LICHTS* ebenfalls nicht, es ist aber durchaus möglich. OM. Was ist nun der höchste spirituelle Name? Viele werden sagen GOTT! Wirklich? BDL lehrt jedoch: Das höchste ist NIRVĀṆA. Aber Lassen wir mal "GOTT" den Vortritt und wie ein MENSCH angeblich, laut Bibel, GOTT geworden ist. OM. Also dann.

DIE MENSCHWERDUNG GOTTES

Wir lesen im Neuen Testament: ”Der Logos ward Fleisch und wohnte unter uns. Wir sahen seine Herrlichkeit als des eingeborenen Sohnes vom Vater.“ Ach wirklich? Und wo bleibt die Mama?

Doch weiter. JESUS war angeblich der ewige Sohn des Vaters, ein Sohn, der litt, am Kreuz starb und wieder auferstand. Nun ja, NICHTS davon ist historisch bewiesen. OM.

Ich zitiere Kirchenvater Gregor von Nazians (3. Theologische Rede von 379): „Er, Jesus, wurde als Mensch getauft, aber er vergab als Gott Sünden - nicht weil er selbst Reinigungsriten brauchte, sondern um das Element des Wassers zu heiligen. Er wurde als Mann versucht und überwand als Gott. Ja, er fordert uns auf, frohen Muts zu sein, denn er hat die Welt überwunden. Er hungerte, aber er speiste Tausende. Ja, er ist das Brot, das Leben gibt und das vom Himmel kommt. Er dürstete, aber er rief, wer da dürstet, der komme zu mir und trinke. Ja, er versprach, dass Quellen lebendigen Wassers aus denen strömen, die glauben. Er war müde, aber er ist die Erquickung derer, die müde und beladen sind. Er zahlt die Tempelsteuer, aber mit einer Münze aus einem Fisch. Ja, er ist der König derer, die sie verlangten. Er betet, aber er erhört auch Gebete. Er weint, aber er trocknet Tränen. Er fragt, wo Lazarus begraben ist, denn er ist ein Mensch; aber als Gott erweckt er Lazarus vom Tod. Er wird verraten für nur dreißig Silberstücke, aber er erlöst die Welt für einen hohen Preis, denn der Preis war sein eigenes Blut. Als Lamm wird er zur Schlachtbank geführt, aber er ist der Hirte von Israel und jetzt auch von der ganzen Welt. Er stirbt, aber er gibt Leben und zerstört den Tod durch seinen Tod. Er ist begraben, aber ist wieder auferstanden.” (Zitat Ende).

Ich muss den lieben Kirchenvater enttäuschen. Natürlich hat ein solcher Jesus der Bibel nie gelebt, anders als im manipulativen Denken der Bibelautoren. Lies mein Buch *DIE WAHRE BEDEUTUNG DER BIBEL*, und Du wirst verstehen. OM.

Aber bitte, geben wir den verwirrten Bibelgelehrten noch eine Chance. Sie fragen doch tatsächlich: „Wie kann Gott Mensch werden?“ Was für eine törichte Frage! Ein allwissender, allmächtiger Gott kann ALLES werden, was er werden will!

Doch sie argumentieren weiter: „Denn die göttliche und die menschliche Natur können sich nicht eine in die andere verwandeln, so daß die göttliche zur menschlichen oder die menschliche zu göttlichen würde; und sie lassen sich auch nicht so vermengen, daß eine neue dritte aus beiden hervorginge, die dann weder ganz göttlich, noch ganz menschlich wäre. Überhaupt würde ja, wenn das geschehen könnte, daß die eine in die andere aufginge, entweder nur Gott und kein Mensch, oder nur mehr der Mensch und kein Gott übrig bleiben. Oder falls sie so vermengt würden, daß aus den beiden verstümmelten eine dritte Natur hervorgienge (wie von zwei Tierindividuen verschiedener Arten, einem Männchen und Weibchen, ein drittes geboren wird, das weder die ganze Natur des Vaters, noch die der Mutter hat, sondern eine aus beiden gemischte dritte); so wäre diese weder Gott, noch Mensch. Der Gott-Mensch, bei welchem wir göttliche und menschliche Natur fordern, kann folglich nicht entstehen durch Verwandlung der einen Natur in die andere; auch nicht durch eine stümmelhafte Vermengung beider zu einer dritten, weil all das entweder unmöglich oder, wenn möglich, bedeutungslos wäre für das, was wir verlangen. Sollten aber auch die beiden Gesamtnaturen auf irgend eine Art etwa in der Weise verbunden werden, daß doch ein anderer - Mensch und wieder ein Anderer - Gott wäre und folglich nicht der nämliche Gott wäre, welcher Mensch ist; so können unmöglich die beiden leisten, was zu leisten unerläßlich. Denn Gott wird es nicht leisten, weil er es nicht zu leisten braucht; der Mensch aber wird es nicht leisten, weil er es nicht zu leisten vermag; damit das also der Gott-Mensch leiste, wird es notwendig sein, daß er ebensowohl vollkommen Gott, als auch vollkommen Mensch sei, indem er eine Genugthuung vollbringt, welche nur er vollbringen kann - als wahrer Gott; und zugleich vollbringen soll - als wahrer Mensch. Während mithin ein Gott-Mensch gefunden werden muß - unbeschadet der Vollständigkeit beider Naturen - thut es doch nicht minder not, daß die beiden vollständigen Naturen in Einer Person sich begegnen, sowie der Leib und die vernünftige Seele in Einem Menschen zusammentreffen, da es nur auf diesem Wege möglich, daß ein- und derselbe vollkommener Gott und vollkommener Mensch sei.” (Zitat Ende).

Also: Das Ganze macht natürlich vorn und hinten keinen Sinn und beruht lediglich auf Wunschdenken der klerikalen Ablasshändler. Des Rätsels Lösung aber ist ganz einfach. DU bist Gott, und DU bist, Deinem Verlangen entsprechend, MENSCH geworden, nachdem Du im ersten Reinkarnationsprozess Mineral, Pflanze und Tier warst. DANACH wurden diese von DIR absorbiert oder abgestoßen. Eine andere Menschwerdung gibt es nicht. Alle Strukturen auf Erden entstammen dem MENSCHEN.

Wie kommt es nun, dass wir dem Irrtum unterliegen, dass eine Wesenheit mit spirituellem Namen GOTT alles erschaffen hat? Dies soll im Folgenden erklärt werden.
Laut *BUCH DES LICHTS* gibt es endlos viele Weltenentwicklungen, dem URGRUND entspringend. OM. Die Lichtwelten entwickeln sich periodisch immer und immer wieder, den dürstenden Wesenheiten die Möglichkeit gebend, ihr Verlangen auszuleben, welches sie natürlich immer und immer wieder auf vergängliche Ebenen in vergänglichen Hüllen wirft. Wenn nun ein Wesen aus einer höheren Welt in eine der Lichtwelten sinkt, dann ist diese Lichtwelt (noch) leer. Lange Zeit verbleibt diese noch unerlöste Wesenheit in dieser hohen Lichtwelt. Da erhebt sich, auf Grund ihrer Einsamkeit, ein Wunsch nach ANDEREN Lebensformen in der Wesenheit, denn sie ist ALLEIN. Sie wünscht sich: „Ach, wären doch noch andere Wesenheiten hier!” Nun erscheinen, dem Gesetz der Hierarchie folgend, ANDERE Wesenheiten in dieser Lichtwelt, die zuvor nur von dieser einen, reinen Wesenheit belebt war. Die anderen

Wesenheiten aber haben keine Erinnerung an frühere Existenzen. Sie werden der einen Wesenheit gewahr und glauben, DIE hat uns erschaffen. Die eine Wesenheit aber begeht denselben Denkfehler und denkt, ich war doch hier allein und habe mir diese Wesenheiten GEWÜNSCHT. Also bin ICH die Ursache ihres Hierseins, also habe ICH diese Wesenheiten erschaffen. Die Wesenheit glaubt, sie ist GOTT und die **anderen** Wesenheiten glauben, dass dieser GOTT sie erschaffen hat. OM. Gesetzt dem Fall, eine dieser Wesenheiten entschwindet der Lichtwelt aus karmischen Gründen und reinkariert in der Menschenwelt. OM. Diese Wesenheit nun wird ein entsagender Mönch, und es verlangt ihr nach NIRVĀṆA. Gelingt aber nicht gleich. Die Wesenheit erwacht in einer der hohen Lichtwelten, erinnert sich aber nicht an frühere Existenzen. Dann denkt diese Wesenheit, der anderen Wesenheiten und der höchsten gewahr**: "DAS ist mein Schöpfer. WIR ALLE wurden von ihm erschaffen."**
Eben nicht, lehrt BDL. DU bist Dein eigener Schöpfer, DU bist GOTT.

Das bedeutet, liebe Brahmanen: „Brahma ist NICHT das Höchste, sondern nur eine hohe Gottheit in Manifestation, welche bestenfalls das kosmische Weltenei verursacht. Siehe auch *DIE WELTFORMEL*. NIRVĀṆA ist das Höchste. NIRVĀṆA ist der höchste "Gott". Es ist aber kein Schöpfer, sondern der zeitlos ewige, unerschaffene URGRUND. Wer es zu fassen vermag, der fasse es. Lest mein Buch *DIE BOTSCHAFT DES WAHREN GOTTES NIRVĀṆA*. OM.

MEIN ENKEL NATHAN, DAS GENIE

Jeder Großvater ist wohl stolz auf seinen Enkel. Aber ich sage, dass mein Enkel ein Genie ist, obwohl er sich dessen noch nicht bewusst sein mag. Warum mein Enkel ein Genie ist? Weil er die gesamte Lehre des Buches des Lichts, alle 15 Bände, verstanden hat, ohne auch nur einen Band davon gelesen zu haben. Ich will das im Folgenden erklären.
Ich sitze also mit meinem 5 jährigen Enkel Nathan in einem Café in Berlin. Er trinkt seinen Orangensaft und ich meinen Kaffee. Es kommt ein dicker Mann vorbei. Mir kommt der skurrile Gedanke, meinen Enkel zu testen. Ich frage ihn: „Siehst Du diesen dicken Mann da?" Der kleine Nathan: „Ja." Der dicke Mann verschwindet um die Ecke. Ich frage weiter: „Nathan, bist oder warst Du dieser dicke Mann?" Nathan erstaunt: „Nein." Ich frage: „Warum nicht?" Der kleine Nathan antwortet: „Wenn ich der dicke Mann wäre, dann wäre ich ja jetzt auch verschwunden." Der Leser möge diese Antwort bedenken und ihre kosmische Genialität beleuchten. Denn was der kleine Nathan meinte, ohne es vielleicht zu wissen, war: „Alles als vergänglich Erkannte und Wahrgenommene bin ich NICHT."
Der kleine Nathan hat den ANATTA GEDANKEN voll erfasst, durch einfache kindliche Logik. Denn: Wenn ich alles als vergänglich Wahrgenommene **nicht** bin, dann bin ich auch nicht mein Körper, dessen Veränderung und damit Vergänglichkeit ich ja

auch wahrnehme. Was oder wer BIN ich dann eigentlich? Nun, wenn überhaupt, dann der, welcher den Körper ergreift, sich mit ihm identifiziert, aber meist nicht ganz einverstanden ist, wenn ihm diese Struktur wieder im Tode entrissen wird. Denn während seines Lebens hat er sich ja so sehr an das gewöhnt, was er NICHT ist, dass er schließlich glaubte, er IST das sich Verändernde. So beginnt der Leidensweg der Wiedergeburt bzw. von Karma und Reinkarnation *DAS BUCH DES LICHTS* lehrt: Das gesamte Leben ist ein Einweihungsvorgang. Dies wird bestätigt durch die Worte des Meister Jesus.

ES SPRICHT DER MEISTER JESUS

Ich bin das Oberhaupt des 6. Strahles und lebe in meiner jetzigen Verkörperung im Libanon. Ich stehe in Verbindung mit der so genannten Astralebene, welche eine feinstoffliche Ebene ist und Träger der Gefühle aller Wesenheiten. Mein Erscheinen in der Welt vor über 2000 Jahren geschah, um der Gefühlsebene der Menschen die Möglichkeit zu geben, durch Glauben und Frömmigkeit und durch Verehrung eines Gottes und seiner Werke geistigen Fortschritt zu erlangen. Eine andere Bewusstseinsebene stand diesen Menschen damals (oft auch heute noch…) nicht zur Verfügung. Aus meinen Schülern gingen Mystiker, Heilige und Märtyrer hervor. Diese Märtyrer haben allerdings nichts mit den heutigen Selbstmordattentätern zu tun, die sich „Märtyrer“ nennen. Sie werden ihr schlimmes Karma ernten, denn so wie der Mensch sät, so muss und wird er auch ernten, Leben für Leben. ALLE Lebewesen unterliegen diesem Gesetz von Karma und Reinkarnation.

DAS BUCH DES LICHTS lehrt: „Maria und Josef” waren die Eltern des Jungen, den ich erwählte, um DURCH IHN zu wirken. Ohne *DAS BUCH DES LICHTS* werdet ihr dies nie verstehen. OM. Der naive, ja kindliche Bewusstseinszustand der Menschen des Fische Zeitalters erforderte meine Gegenwart und Führung. Weil das Hauptmerkmal meiner Arbeit und eures Bewusstseinszustandes für über 2000 Jahre war, dass ihr auf die schrankenlose Güte Gottes vertraut, kamt ihr einigermaßen gut ohne das Wissen von Karma und Wiedergeburt aus, welches schon früh aus der Bibel entfernt wurde. In der heutigen Zeit inspiriere ich alle Wesen, soweit es möglich ist und es deren Karma zulässt. Unter den Tieren ist auf Erden der Hund das von mir am meisten beeinflusste Wesen, was sich in seiner extremen Treue und Hingabe zu seinem Besitzer offenbart. Das Negative einer solchen glaubensgefärbten Energie ist beim Menschen, dass viele von euch noch gar nicht reif genug waren und sind, auch Toleranz für Andersgläubige zu zeigen. Darum ist nun *DAS BUCH DES LICHTS* euer „Stecken und Stab“, indem es euch lehrt, was die Religionen vereint und nicht was sie trennt. Ich habe NIRVĀṆA entsagt und „Ich bleibe bei euch bis an der Welt Ende“ bzw. bis an das Ende dieses Mahamanvantara. Aus meiner machtvollen Heiligkeit, die alles Irdische und Himmlische überwunden hat, schaffe ich ständig positives Karma, welches nicht mir, sondern allen noch unerlösten Wesen zukommt. Weshalb nicht mir? Ich unterliege nicht mehr dem Gesetz von Karma und Wiedergeburt. AUM, OM ओम् und AMEN, welches SPÄTER dem OM entwuchs… Wenn nun jemand von euch so genannte „unverdiente Gnade" erfährt, dann ist dies mir zuzuschreiben, weil ich dadurch karmische Geschicke oft leidloser ablaufen und erleben lasse, als dies ohne meine Einwirkung der Fall wäre. Ich darf dies. Ich befinde mich in dem bewussten Zustand der Zeitlosigkeit, bin durch nichts bedingt und daher frei. Hätte ich NIRVĀṆA genommen, hätte ich zeitliche Dinge weit hinter mir gelassen, sie vergessen. Wer Nirvâṇa erlangt, LÖST sich vom „Schöpfungssystem", aus dem er einst unbewusst hervorkam OM**. Ich wurde nie an irgendein Kreuz genagelt**, sondern habe durch Einweihung den Tod überwunden, benötige keine Verkörperung mehr und kann mit und ohne Körper wirken auf ALLEN Ebenen der manifestierten Welt.

Der Vorgang der Einweihung sowie mein wahrer Name wird auf vielen Seiten im *BUCH DES LICHTS* enthüllt, aber auch in *DIE WAHRE BEDEUTUNG DER BIBEL* von Christian Anders (Lanoo). OM. Mein Leben ist frei von Mühe und Sorge, da ich in der „Ewigen **zeitlosen** Dauer" existiere. Ich kann jahrhundertelang den gleichen Körper am Leben erhalten, brauche kaum Nahrung und Schlaf und bin mir der gesamten Welt - von der physischen bis zur Nirvâṇa **निर्वाण** Ebene - BEWUSST. Ja, es gibt sogar ein sich Bewusst Werden des NIRVĀṆA, doch es ist das sich Bewusst Sein des ZEITLOS EWIGEN, frei von Dauer. OM. Ich könnte jederzeit ins „Königreich der Unsterblichkeit" eingehen. Doch mein Erbarmen mit der Menschheit ist übergroß, und so bin ich verblieben und werde, wie gesagt, noch bei euch bleiben bis an das Ende dieses Mahamanvantara महमन्वन्तर. OM. Jene, die mich anbeten, dürfen erhoffen, dass ich sie leite und schütze. Doch ohne eigenes Verständnis ist weitere Hilfe nicht möglich. Ist dieses Verständnis einmal da, bedarf es auch keiner Anbetung mehr. *DAS BUCH DES LICHTS* wurde dem Geringsten unter euch, dem LANOO (Christian Anders) vom MAHA CHOHAN diktiert. Diese Schrift ist von nun an die Leitschrift für alle Religionen der Welt, zu ihrer Vereinigung führend. **Der Mensch soll nicht über den Menschen herrschen!** Oh, ihr Christen und Muslime! Wie lange wollt ihr Gott eigentlich noch beleidigen, einen Gott, den es so gar nicht gibt, sondern der bestenfalls eurem kranken Wunschdenken entspringt? Merkt ihr denn nicht, dass ihr SATAN anbetet? SATAN ist der Gott der Kirche! Habt ihr ihm nicht lange genug gedient?
Wir haben das Zeitalter des Glaubens im Sternkreiszeichen Fische verlassen und befinden uns nun im Zeitalter des WISSENS, also im Wassermann Zeitalter. Ihr könnt jetzt, geleitet durch *DAS BUCH DES LICHTS*, von Glaubenden zu Wissenden werden. OM. Opfert euch dem selbstlosen Dienst an der Menschheit, indem ihr *DAS BUCH DES LICHTS* verbreitet und eure eigenen Schwächen Schritt für Schritt überwindet. So steht es geschrieben, und so soll es geschehen.

Jener, den ihr Jesus Christus nennt.

Zurück zu den BEILEGUNGEN,

mit denen ihr euch verständlicherweise immer noch identifiziert, der eine mehr, der andere weniger. *DAS BUCH DES LICHTS* ist das LÖSUNGSMITTEL. OM. Alle von uns gebrauchten Begriffe gelten immer nur für die BEILEGUNGEN, nicht für den Kern. Selbst der neue spirituelle Name LANOO gilt für die Beilegung. IHR ABER VERWENDET BIS JETZT die auf Beilegungen bezogenen Namen, um euch noch weiter zu klammern an diese kranke Welt, dadurch neue Inkarnation und neues Leiden verursachend. DIE GÖTTLICHE FORMEL aber lautet: LASS LOS. Lass alles los, was Du als vergänglich wahrnimmst, so sehr Du auch möchtest, dass es währt. OM. Die Beilegungen gelten also NICHT für uns selbst. Wenn Du das voll verstehst, dann sagst Du nicht einmal mehr ICH zu Dir. Denn immer, wenn Du ICH sagst, dann meinst Du eigentlich die Beilegungen, die vergänglichen Beilegungen, also das, was Du NICHT bist. OM. Hast Du dies einmal begriffen, dann kommt Dir der Gedanke an ein ICH gar nicht mehr. ALLES als veränderlich Wahrnehmbare ist Dir dann WESENSFREMD, also NICHT Dein Ich.

Der noch anhaftende Weltmensch versteht dies natürlich NICHT. Er oder sie denkt noch „Ich bin ein Mann, ich bin eine Frau, ich bin ein Trans“, etc., etc. All das ist falsches Denken, bedingt durch Anhaftung an die und damit Identifizierung mit den Beilegungen. OM. Hier ist Weisheit: Die ganze Welt mit allem darin gehört nicht hierher, sondern dahin, wo sie herkommt. OM. Der Weltmensch aber, wie bereits erwähnt, identifiziert sich noch mit den BEILEGUNGEN, sieht sich als Mann, Frau, Kind, Transsexuelle, homosexuell, lesbisch, geschlechtslos, seelisch geistig, dann als Himmelswesen, als Götter, etc., etc. All diese sind tief versunken in NICHTWISSEN. Denn all das sind sie NICHT. **Darum** ist *DAS BUCH DES LICHTS* das Lehrbuch für Menschen UND Götter, von den unter dem Menschenreich liegenden Wesenheiten ganz zu schweigen. OM. Sogar SATAN inkl. aller Höllenbewohner sind LANOOS, indem sie leidvoll lernen, sich NICHT mit ihren Beilegungen zu identifizieren. OM. Aus NICHTWISSEN identifizieren sich die meisten aber mit ihren BEILEGUNGEN. Möge die kosmische Verleihung des spirituellen Namens LANOO endlich dazu führen, dass die monadischen Wesen aufhören, ihre vergänglichen Beilegungen als ihr Ich zu benennen. OM.

Doch weiter, immer weiter in Richtung NIRVĀṆA. Lieber Leser, Du selbst kannst gar nicht sterben, sondern nur das, woran Du Dich klammerst, also Deine Beilegungen, die Du eben NICHT bist. WAS bist Du also NICHT? Körper, Gefühl, Denken, Seele und Geist, das bist Du NICHT. Vor allem viele lieben, aber total verwirrten Buddhisten, die meist dem ständig grinsenden Dalai Lama folgen, schlagen sich mit der Frage herum, ob es ein Ich gibt oder nicht, UND sie verstricken sich immer mehr in ihre Verwirrung, indem sie doch tatsächlich glauben, NIRVĀṆA bedeute ZER-

STÖRUNG der nach Befreiung ringenden Wesenheit. Perverser geht es wirklich nicht. Man kann diese lieben Menschen auch Verleumder des Buddha und seiner Lehre nennen. OM.
Der WAHRE Buddhismus lehrt: NIRVĀṆA bedeutet ERLÖSCHUNG. Der verwirrte Dalai Lama, dem Sinnesleben noch sehr zugewandt, schließt daraus, dass man in NIRVĀṆA erloschen ist. Erloschen ist aber nur das Verlangen nach den Beilegungen. Der NIRVĀṆEE brennt nicht mehr. Der Lama aber bringt das Beispiel einer brennenden Kerze, die man ausbläst, dies wäre der Mensch, und in NIRVĀṆA ist er erloschen. Die Kerze ist aber doch noch da, oder? Sie brennt nur nicht mehr! Das bedeutet also, der LANOO brennt nur nicht mehr vom Verlangen nach den Beilegungen. Er ist FREI und wahrhaft zeitlos ewig, unsterblich. Wenn es also heißt, dass der NIRVĀṆEE vollkommen erloschen ist oder dass man in NIRVĀṆA vollkommen erloschen ist, dann bedeutet dies nicht, dass man vernichtet ist, sondern nur, dass man nicht mehr BRENNT. OM. Ein Vollendeter wird also durch den Tod der Beilegungen IN KEINER WEISE berührt. Im Gegenteil, der Tod der Beilegungen führt überhaupt erst zu völligem Wohlbefinden. OM. Der völlig in die Materialität gefallene Theravada Buddhismus aber folgert törichterweise, dass der Nirvâṇee **vollkommen** erloschen ist. Kein Wunder, dass DIESE Art von Buddhismus keinen Sinn macht.
Noch einmal: Die Wahrheit ist: Erlöschen bedeutet in diesem Falle eben NICHT Vernichtung, sondern die Erlangung des Unvergänglichen, also der wahren Unsterblichkeit, frei von allen vergänglichen Beilegungen. OM. Man erlischt dann, wie eine LAMPE erlischt, die aber selber durch das Erlöschen gar nicht berührt wird. Wer es zu fassen vermag, der fasse es. Möge der spirituelle Name LANOO alle Wesen, auch den offensichtlich verwirrten Dalai Lama, erlösen.

Man bedenke, dass Brennen und Erlöschen immer nur das Brennen des Verlangens meint, und Erlöschen das Erlöschen des Verlangens nach den vergänglichen Beilegungen. OM. Die Wesenheit selber wird dadurch in keiner Weise berührt. Der DRANG ist nur erloschen. OM.

Ich möchte betonen, dass die Macht des spirituellen Namens auch zum Anrufen von nachtodlichen oder noch lebenden Wesenheiten führt sowie zu deren Beeinflussung. Dass sich hierbei ein Missbrauch nicht empfiehlt, weil er auf den Missbrauchenden zurückfällt, muss ich wohl nicht betonen. ABER wer reinen Herzens eine Wesenheit anruft, sei es Engel oder Mensch oder gar einen der Götter, mag eine Antwort erhalten. Unter Missbrauch verstehe ich auch, wenn man die Wesenheit um etwas Triviales wie einen Lottogewinn oder andere weltliche Dinge bittet. Am ungefährlichsten sind allgemeine Wünsche an die Wesenheit oder Wesenheiten wie etwa: MÖGEN ALLE WESEN GLÜCKLICH SEIN oder MÖGE ALLEN WESEN NUR GUTES WIDERFAHREN oder LIEBE UND LICHT ALLEN WESENHEITEN. Dies sind ungefährliche Wünsche, welche sich auch segensreich auf den Wünschenden auswirken. OM.

Das Geheimnis des Feuers

Dies führt uns nun auch zur okkulten Definition des bereits erwähnten Feuers, welches laut BDL auch nicht aus dem Brennstoff besteht, sondern diesen nur ERGREIFT. Was liegt nun der Erscheinung des Feuers zugrunde? Es ist eine WESENHEIT, etwas Unergründliches, in welchem sich DRANG erhebt, so wie sich in uns als Monaden der Drang erhoben hat und zur Inkarnation in diese kranke Welt führte. Auch WIR als Wesenheit sind unergründlich. Wir versuchen uns nur zu definieren in dieser Welt und entscheiden uns nicht für die einfache Antwort auf die Frage „WER BIN ICH“, indem wir antworten, FALSCHE FRAGE, frage lieber, wer Du NICHT bist und löse Dich dann davon, falls Du es so wünschst. OM. Zurück zum Feuer. Das Feuer ist ja nicht der Brennstoff, sondern die WESENHEIT. Die unergründliche Wesenheit des Feuers nutzt z. B. Streichholz und Reibefläche, welche ein FENSTER aufreißen in die Welt des Feuerwesens, also der Feuermonade, welche DANN natürlich den Brennstoff ergreift und sich daran labt. OM. Wenn man so will, ist dann das Feuer ein Fressvorgang der Feuerwesenheit. „Verschlinge, oh Gott des Feuers“, lesen wir in den Veden (Hymne XLIII. Agni). DANN nennen wir die das Feuer verursachende Wesenheit FEUER, so wie wir uns nach unseren Beilegungen benennen, was natürlich falsch ist. Wir SIND nicht die Beilegungen, wir HABEN nur welche, identifizieren uns mit ihnen. OM, nur *DAS BUCH DES LICHTS* erklärt den Verbrennungsprozess, während unsere Wissenschaft und Forschung NICHTS davon weiß und buchstäblich mit dem Feuer SPIELT. OM. Was ist nun unser Feuer, das uns so peinigt, was ist UNSERE scheinbar nie erlöschende Gier nach den vergänglichen Formen? Es ist die Flamme **der Gier**, des Hasses und der Verblendung. Darum führen wir zur Willensüberwindung dieses Leben, nun geleitet durch den spirituellen Namen LANOO und durch *DAS BUCH DES LICHTS.*

Aber WILL ich denn nicht auch NIRVĀṆA? Natürlich, aber dieser Wille wird nicht aufs Neue in Dir entflammen, sobald Du NIRVĀṆA erlangt hast, der Wille nach der Welt wird aber immer wieder aufs Neue in Dir entstehen, aus Dir hervorbrechen, denn SEINE Befriedigung unterliegt dem Fluch der Veränderung. OM. Versteh doch, oh Lanoo. Nur wenn Du nicht auf die Verführung der Leid bringenden Objekte hereinfällst, bist Du wirklich frei. Frage also nicht, was Dein ICH ist, sondern was es NICHT ist. Das führt Dich zur Erkenntnis des ANATTA, also all dessen, was Du essentiell NICHT bist, womit Du Dich irrtümlicherweise bis jetzt nur identifiziert hast, dem Du anhaftetest. Wenn Du aber unbedingt wissen willst, was das Ich IST, dann lehrt *DAS BUCH DES LICHTS*: Der Loslösungsprozess führt NICHT, wie viele verwirrte Gurus meinen, zur Erkenntnis des Ich, sondern zur Erkenntnis dessen, was das Ich NICHT ist. NIRVĀṆA ist übrigens auch ANATTA, ist nicht das ICH, sondern das NICHT-Ich, aber dieses Erkannte ist NICHT vergänglich, sondern umgibt Dich schützend bis in alle Ewigkeit. Es ist darum Dein wahres Zuhause. OM. Du aber bist das

GEGENTEIL, der Gegensatz zur vergänglichen Welt, in die Du Dich immer und immer wieder stürzt. Dein Wesen, Dein wahres DU steht HINTER der Welt der Erscheinungen. OM. Oder: Alles Erkennbare ist NICHT das Ich, das bist Du also NICHT. Du bist, wenn überhaupt, JENSEITS alles Vergänglichen. Und weil alles Vergängliche und Zeitliche an Dir NICHT Dein wahres Ich ist, deshalb kannst DU auch durch dessen Dahinschwinden gar nicht berührt werden. OM. Oh Lanoo, sei nicht so denkschwach zu versuchen, das Ich übermäßig zu definieren. Definiere lieber nur, was das Ich NICHT ist und löse dich dann davon, auf einmal oder Stufe um Stufe. Du selbst kannst gar nicht vernichtet werden, weil Du nie erschaffen wurdest. Du bist zeitlos ewig unerschaffen und damit UNERKENNBAR.

LIEBE CHRISTEN, LIEBE MUSLIME, ihr meint, das geht nicht? Ihr meint, ALLES wurde erschaffen? Ihr sagt, dass es nicht möglich ist, dass etwas einfach da ist, ohne dass jemand es erschaffen oder verursacht hat? Wer hat dann euren GOTT erschaffen? Ein anderer Gott? DENKT DOCH MAL NACH! Ihr meint und lehrt doch auch, dass dieser euer angebliche Gott IMMER DA WAR, dass niemand ihn erschaffen hat! Nun, so ist es mit ALLEM. Alles ist unerschaffen, zeitlos ewig und manifestiert periodisch. Wer es zu fassen vermag, der fasse es. *DAS BUCH DES LICHTS* aber ruft euch immer wieder zu: ALLES ist unerschaffen, zeitlos ewig und interagiert periodisch, dabei KARMA und Reinkarnation verursachend bzw. DAS LEIDEN für all jene, die sich noch mit der veränderlichen Form identifizieren! Wer es zu fassen vermag, der fasse es. Alles Leidvolle ist immer SELBST verursacht. Was Du tust, das tust Du IMMER Dir selber an. OM. Du selbst aber kannst NIEMALS vernichtet werden, die Beilegungen jedoch sehr wohl. Was Du PERSÖNLICHKEIT nennst, das bezieht sich ja nur auf die vergänglichen Elemente. LASS LOS. Wenn Du dies tust, dann gelangst Du in den ANGEMESSENEN ZUSTAND! Je mehr Du meditativ außen loslässt und nach INNEN meditierst, umso mehr näherst Du Dich dem angemessenen Zustand, welcher absolute zeitlos ewige Unsterblichkeit ist, unberührt von Sehen, Hören, Fühlen, Riechen, Schmecken, Tasten und Denken. OM. **Das** ist der einzige, allen Wesen wirklich angemessene Zustand. Im augenblicklichen Bewusstseinszustand der meisten Wesen ist aber genau dieser Zustand anscheinend schlimmer als die schlimmste Hölle. Sie stürzen sich darum (obwohl jetzt schon LANOOS) lieber in den Sinnestaumel, obwohl bereits ein leises Ahnen in ihnen ist, dass dies der falsche Weg ist. OM. Diese Leute werden halt KARMISCH belehrt. Erlange Stufe um Stufe die SITTENREINHEIT, wie im *BUCH DES LICHTS* gelehrt, BEFREIE Dich von allen Bestimmungen, denn sie alle treffen NICHT auf Dich zu! Wo KEINE Erkenntnistätigkeit des Veränderlichen mehr stattfindet, es also auch keine Objekte mehr gibt und damit auch sogar Deine Funktion als SUBJEKT in der manifestierten Welt aufhört, denn Du hast Dich ja vom Verlangen nach allen Objekten gelöst, DORT ist wahre, zeitlos ewige Unsterblichkeit und NICHT in den christlichen oder islamischen, weil immer vergänglichen Himmeln. Auch die höchsten Lichtwellen unterliegen dem Verfall. OM. Bist Du bereit? Bist Du WIRKLICH mutig? Bist du bereit, tiefer und tiefer in Dich zu gehen, Dich mehr und mehr von den leidvollen, weil vergänglichen Beilegungen bzw. vom Verlangen danach zu lösen? Dann sei Dir zunächst bewusst, dass Du nichts mit Deinem Bewusstsein Analoges bist. Dein VERSTAND kann dies nicht verstehen, eben weil Du ja auch nicht das DENKEN bist, so wie ein Rettungsring nicht der Ertrinkende selbst ist, dieser Ring ihn aber vor dem Ertrinken RETTET. Ist er dann an Land gekrochen, braucht er den Rettungsring nicht mehr.

DAS BUCH DES LICHTS ist Dein Rettungsring, **der spirituelle Name ist Dein Rettungsring**, der Dich NICHT untergehen lässt in dieser kranken Welt. Bist du nun bereit, den Pfad nach NIRVĀṆA zu betreten, in Deinen eigenen Grund zu schauen? Dazu musst Du Dir aber erst einmal klar werden über Deine noch verbleibenden Wünsche nach Empfindung und Wahrnehmung. Was nimmt man denn wahr? Gestalten, Töne, Düfte, Tastobjekte und Gedanken nimmt man wahr. Bist du denn überhaupt bereit, OHNE Wunsch nach Gestalten, Tönen, Düften, Tastobjekten und Gedanken zu sein? WIE WEIT willst Du Dich denn von ihnen lösen? Ganz? Oder nur teilweise? Ich, Lanoo, empfehle Dir, den Loslösungsprozess nicht zu übertreiben. Stück für Stück kommt das Glück. Du hast ja mehrere Leben Zeit. FALSCH wäre es allerdings, zu denken: „Ach, ich hab ja jede Menge Leben Zeit, jetzt werde ich erst noch mal richtig auf den Putz schlagen, im nächsten Leben dann werde ich Mönch!“ So funktioniert dies aber nicht, Du wirst nur immer weiter zurückgeworfen und das Sich Lösen wird Dir immer schwerer fallen. JETZT ist der Augenblick und die Gelegenheit, Dich auf einmal oder Stufe um Stufe von dieser Narrenwelt zu lösen. OM. Dann mag der Moment kommen, wo Du sogar frei bist vom Wunsch nach Bewusstwerden oder Erkennen. Denn all das wird ja nur empfunden und wahrgenommen von körperlichen Organen, die Du ja NICHT bist. Empfindung und Wahrnehmung sind somit DIE HÜRDEN nach Nirvâṇa, denn NIRVĀṆA ist DIE AUFHEBUNG aller Wahrnehmung und Empfindung, aber nicht die Aufhebung desjenigen, der nichts mehr wahrnehmen und empfinden will. OM. Man überwindet also das Denken mit dem Denken, den Willen mit dem Willen, DENN: Wie Du ja bereits weißt, der Wille nach NIRVĀṆA wird nie mehr neu erwachen, sobald Du ihn einmal erfüllt hast, der Wille nach der WELT aber sehr wohl, selbst wenn und weil er eben erfüllt wurde, aber dennoch nicht schweigt, Dich immer wieder quält, Leben für Leben. OM. Nun gibt es Lehren, die verkünden, dass man NIRVĀṆA ebenfalls wieder verlassen muss. Dies aber beruht auf einem Missverständnis. Es ist RICHTIG, dass beim Wiedererwachen eines neuen Mahamanvantara die Wesenheiten aufs Neue erwachen und auf das Rad des Samsara geworfen werden. Wenn dies aber einem NIRVĀṆEE geschieht, fällt er wieder zurück in den Urgrund, denn er hat ja alles Verlangen nach der Welt überwunden. ABER, wenn er es entscheidet, kann er sehr wohl nach Wunsch wieder reinkarnieren und wirken. Dann hat er Macht über alle sichtbaren und unsichtbaren Welten.

ICH ABER möchte dies auf keinen Fall. Für mich gilt: Einmal NIRVĀṆA, immer NIRVĀṆA. Wer es zu fassen vermag, der fasse es. OM.

Hast Du dann endlich jeden Wunsch nach einem körperlichen Organismus überwunden, dann wirst du WUNSCHLOS und WIRKLICH glücklich, denn DIESEN Zustand kann dir NIEMAND wegnehmen. OM. Du bist aber dann nicht vernichtet, Du willst nur nichts mehr, Du brennst nicht mehr. Erst wolltest Du, jetzt willst Du nicht mehr. DAS WOLLEN aber hat Dich nach NIRVĀṆA geführt. DIESES GEWOLLTE kann Dir niemand mehr wegnehmen, weil ja, wie Du bereits weißt, kein neuer Wunsch nach Nirvâṇa in Dir entsteht. Was man zeitlos ewig hat, das braucht man nicht mehr zu wollen. OM. Also Du, der bisher wollte, der will jetzt nicht mehr. ODER Du, der bisher nur die Beilegungen wollte, hat sie als Leid bringend erkannt und will sie nicht mehr, weil sie ihm ja sowieso immer wieder weggenommen werden. Du bist dann in dem Zustand absoluter Wunschlosigkeit. Was **bin** ich aber dann, wenn ich nichts mehr will? LASS LOS, und Du wirst es wissen. Eines aber sollst Du wissen, alles WISSEN ist eigentlich sinnlos, solange es nicht zur Loslösung und damit zur wahren Unsterblichkeit führt. Du kennst doch Dein so genanntes ICH nur durch den Akt des Wollens der vergänglichen Welt. Löse Dich, und Du wirst nichts Erkennbares mehr oder Du wirst DAS UNERKENNBARE. Wenn Du dies einmal erlangt hast, dann wird für Dich alles andere nur KOT sein, stinkende Beilegung, inklusive Deines eigenen Körpers. Um dies aber zu sein bzw. zu werden, musst Du, geleitet durch den spirituellen Namen, aber erst das Entstehen und Vergehen des Veränderlichen gut verstehen, sonst klammerst Du Dich noch an etwas, z.B. eine Himmelswelt, die ebenfalls vergänglich ist. Man kann es gar nicht oft genug wiederholen, alle Christen und Muslime unterliegen diesem Irrtum. Sie GLAUBEN, dass ihre Himmel ewig sind und sie dort ein ewiges Leben verbringen! Sie GLAUBEN es aber nur! Die Zeit ist jedoch gekommen, um von Glaubenden zu WISSENDEN zu werden. OM. Die Wahrheit bewegt sich NICHT. Sie ist still und unbeweglich, unterliegt keiner Veränderung. In der SEELENATEM MEDITATION kann man diesen Zustand erlangen. Es ist die Aufhebung aller Wahrnehmung und Empfindung. OM.

Ich möchte in diesem Zusammenhang noch einmal die Wichtigkeit des Denkens betonen. Zunächst notwendiges falsches Denken hat uns in die Welt hineingeführt. RICHTIGES Denken wird uns aus der Welt hinausführen nach NIRVĀṆA. Stehen wir dann am Tor von NIRVĀṆA, dann lösen wir uns auch vom Denken, welches ja ebenfalls ANATTA ist, also nicht das Selbst. OM.
Doch gerade das DENKEN, sei es nun richtig oder falsch, bereitet den meisten Menschen große Schwierigkeit. Man stelle sich ein zu schmiedendes, zunächst hartes, starres Eisen vor, welches durch GLUT und unter den Schlägen des Schmiedehammers biegsam wird. In ebenso gleicher Weise wird das Denken durch Übung geschmeidig und wird zum Schlüssel zum Tor des NIRVĀṆA, dem Ende des Leidens.

Nun betreten wir heiligen Grund, nämlich den URGRUND. Dort leben auch jetzt noch alle Wesenheiten, alle Monaden. *DAS BUCH DES LICHTS* lehrt, dass die Wesenheiten den Urgrund nie ganz verlassen haben. Ein oberer, göttlicher Teil von ihnen ist immer noch fest verankert im nirvâṇischen Urgrund. Sie wissen es nur nicht, haben es vergessen. OM. Um es noch einmal klar zu machen, auch das FEUER ist ja nur ein Werden, indem eine Wesenheit anhaftet und das Brennmaterial ergreift. Es **will** also. Darum gibt es eben FEUERWESEN, denn ohne Wesen kein Feuer, wie hinlänglich in diesem Buch und den anderen Bänden vom *BUCH DES LICHTS* erklärt. Dem würde sogar Schopenhauer zustimmen. OM. Alle Monaden sind also immer noch verbunden mit dem URGRUND, dem wahren Heim der Wesenheiten. Dualismus erleben sie ja nur, wenn und weil sie den Urgrund verlassen haben. Das war ein notwendiger Schritt, um zu erfahren, wo sie wirklich hingehören, nämlich dahin, wo sie herkommen, UNBESCHMUTZT von jeglicher vergänglicher Form. OM. Wer aber glaubt, dass im Urgrund Einheit ist, der täuscht sich sehr. Beim Wiedererwachen verlassen die Wesenheiten hierarchisch DURCH DIE SUPERMONADE den Urgrund. In dem Augenblick kann man sagen, dass sie „zusammengepresst“ in der brahmanischen Monade „Einheit“ empfinden. Wenn sie aber die Monade verlassen, um auf den ihnen vorbereiteten Ebenen zu manifestieren, dann VERMISSEN sie die Einheit in der Monade, und sie prallen immer wieder Leben für Leben aufeinander, um diese Einheit wieder herzustellen, müssen jedoch erfahren, dass dies unmöglich ist. Nur die Rückkehr in den Urgrund, JENSEITS der Einheit, kann uns von dieser Illusion erlösen. OM. Leiden ist immer mit Dualismus verbunden, und der größte Dualismus entsteht, wenn man den Urgrund verlässt und sich mit etwas ZWEITEM umgibt, nämlich der zeitlos ewigen, unerschaffenen Urmaterie und damit die vergängliche Form verursacht. Wach endlich auf! DU bist Gott und damit Dein eigener Schöpfer bzw. der Schöpfer oder Verursacher Deiner eigenen Form, wenn auch, laut BDL, assistiert von anderen Wesenheiten und deren Hüllen ... Es gibt keinen vollkommenen Schöpfergott, sonst wäre die Welt ja auch vollkommen, was sie eben NICHT ist. Überall aber ist WOLLEN, auch in der anorganischen Natur. Wenn hoffentlich bald alle Wesenheiten die jetzige Vergabe des spirituellen Namens akzeptieren und die MACHT des spirituellen Namens erfahren würden, dann könnte sogar ein STEIN Erlösung erlangen bzw. die MONADE im Stein. Wenn dann die ganze Welt mit allem darin VERSCHWUNDEN ist und nicht mehr leidet, dann ist das Ziel erreicht. OM. Dann ruhen alle Wesen in NIBBANA DHATU, also in der von Beilegungen freien Sphäre. Sie wird dadurch weder voller noch leerer. OM.

Man befindet sich dann in seiner wahren Heimat. Man ist dem karmischen Kreislauf entkommen. Samsara hat seinen Schrecken verloren. Der Vollendete ist erloschen bzw. SEIN VERLANGEN nach den Beilegungen ist erloschen. Er BRENNT nicht mehr. Höher oder tiefer geht es nicht. OM. Wie ist es nun dort im Urgrund, der keine Ausdehnung hat, wie verweilen die Wesenheiten dort? Weil die Monade selbst, also

die Wesenheit, wie ein Punkt ohne Ausdehnung ist. Es heißt ja auch, dass 1000 Engel auf eine Nadelspitze passen, aber nur deshalb, weil sie eben noch die Ausdehnung ihrer ätherischen Hüllen haben. Wer es zu fassen vermag, der fasse es. Warum zerfleischen sich hier in dieser vergänglichen Welt die Wesenheiten bzw. ihre Beilegungen? Wir alle leben doch nur dadurch, dass wir die Beilegungen anderer Wesenheiten fressen, sie zerfleischen. Mir fällt kein vornehmerer Begriff ein. Es ist doch ein ständiges Fressen und Gefressen Werden. Von wegen schöne Natur. Das ist nur eine täuschende, sich ständig verändernde Oberfläche. Nur ein Beispiel: Gras etc. könnte gar nicht wachsen, wenn abgestorbene Bakterien die Erde nicht auflockern, sie also fruchtbar machen würden. Anders gesagt: Unsere Forscher glauben, dass der Humus in erster Linie aus zerfallenen Pflanzenresten besteht. Dem ist aber nicht so. Laut BDL zersetzen BAKTERIEN die Pflanzenreste und wandeln diese um. Dann bilden die Zellhüllen abgestorbener Bakterien auf Mineralien Beläge. **Abgestorbene Bakterien** sind also die zentrale Quelle der organischen Bodenbildung und tragen **so** zur Bodenbildung bei. Diese organischen Bodenbestandteile sind der größte Kohlenstoffspeicher der Biosphäre. Auch hier handelt es sich also um ein ständiges Fressen und Gefressen Werden. OM.
Und warum jetzt die vielen Kriege? Weil die Menschen sich mit der vergänglichen Struktur identifizieren und weil jede Inkarnation der anderen den Raum nimmt und damit Nahrung. DARUM sterben pro Tag 35.000 Kinder an Hunger, während die pädophilen Pfaffen immer fetter werden. OH LANOO, DAS ENDE DER RELIGIONEN WIRD DAS ENDE DES LEIDENS SEIN! Das Gleiche gilt für das Ende der Monarchien sowie aller politischen Systeme. KARMA wird sich um diese verwirrten Menschen kümmern. Wie haben sie doch bis heute die Kolonien ausgebeutet, die Farbigen versklavt, unterdrückt, gefoltert, verstümmelt und vergewaltigt, ihnen Gold und Diamanten und Bodenschätze gestohlen und damit ihre eigene Krone geschmückt. Und schließlich gab es ja auch DEUTSCHE Kolonien überall auf der Welt. Diese armen Menschen müssen noch durch viel Karma gehen, um dann vielleicht endlich bereit zu sein für die erlösende Lehre des *Buches des Lichts*. OM.

Was NIRVĀṆA anbelangt, so kann man nicht sagen, wie die Wesenheiten dort zueinander stehen, denn in NIRVĀṆA gibt es ja keine Dualität. Trotzdem ist Nirvâṇa auch nicht das Selbst, sondern ebenfalls ANATTA. Die meisten Menschen geben sich nicht damit zufrieden, dass die Wahrheit UNERKENNBAR ist. Damit meint *DAS BUCH DES LICHTS* aber nur, die Wahrheit ist nichts als VERÄNDERLICH Erkennbares. NIRVĀṆA ist ERKENNBAR, aber unterliegt **keiner Veränderung**. Alles als VERÄNDERLICH Erkennbare aber führt zum LEIDEN.

Fragt und entscheidet darum lieber, was Nirvâṇa NICHT ist. Eines aber kann man sagen: Absolute Stille und Bewegungslosigkeit, absoluter FRIEDE ist in Nirvâṇa im Urgrund, WAHRER Friede, denn keine Wesenheit beansprucht dort Grund und Boden oder will sich das erkämpfen. NIRVĀṆA selbst aber kann man sich erkämpfen, ohne jemandem Leid zuzufügen. Wer also NIRVĀṆA erlangt, der zeichnet sich durch GÜTE, durch absolute Güte aus. Wer aber „nur" die Himmel der Religionen will, der läuft Gefahr, sich trotzdem gegenseitig immer noch zu bekämpfen und zu zerfleischen. OM.

Was sagt der große Philosoph Schopenhauer dazu? Er schreibt über die Unmöglichkeit des absoluten Nichts. Wir wissen ja, ein Subjekt ohne Objekt gibt es nicht, denn nur ein SUBJEKT kann ein Objekt überhaupt wahrnehmen. Der Ursprung von allem kann gar nicht im Objekt liegen, sondern immer im SUBJEKT. Du BIST eine Wesenheit, die einen Körper HAT. Die Zeit ist gekommen, dass alle LANOOS umdenken, das heißt also alle Wesenheiten. OM. Jeder will doch DIE WURZEL der Dinge erkennen. Doch die Wurzel der Dinge bist DU, und Du kannst Dich NICHT erkennen. Selbsterkenntnis ist ein New Age Betrug. Das Höchste, was Du ERKENNEN kannst, ist NIRVĀṆA bzw. der nirvâṇische Urgrund, das zeitlos ewige Ende des Leidens. OM.
Unsere verwirrten Forscher suchen die Wurzel aller Dinge DRAUSSEN im Universum und wissen nicht, was LAYA, also das wirkliche „schwarze Loch" ist!

Das Subjektive ist also der GEGENSATZ zum Objektiven! Alle Materialisten wissen das nicht und identifizieren alles vom Standpunkt des OBJEKTIVEN. Sie versuchen also, das Subjektive mit dem Objektiven zu identifizieren. Das geht aber nicht, daher die vielen Irrtümer in der Welt! Alles Objektive ist NICHT das Subjektive, sondern nur die Erkenntnisform des Objektiven. Die erfährt das klammernde Subjekt. OM. Wer hat mich verstanden? Wer aber vom Objektiven nur ausgeht und sich DAMIT befasst, der verfällt dem Materialismus: Ich BIN doch auch noch, wenn die ganze Welt verschwunden ist, aber ich bin nicht das, was sich die verwirrten Forscher, Wissenschaftler, Politiker, Religionisten und Philosophen einbilden, denn DIESES Etwas bin ich eben NICHT, ganz egal wie hochgeistig es ist oder sein mag - es ist, die Welt der Erscheinungen betreffend - immer nur eine feinststoffliche Hülle, die man als „Geist" definiert. EHRE SEI *DEM BUCH DES LICHTS*. OM. Und weiter: Darum liegt alles Reale in Deinem INNEREN. Wir brauchen gar keine Schulen, Universitäten und Religionen mehr. Was wir brauchen, ist *DAS BUCH DES LICHTS* und dass die ganze Welt ein Sprungbrett zu NIRVĀṆA wird, sich also zu einem kosmischen Kloster entwickelt, mit LANOOS darin! OM. OBJEKTIV werde ich irgendwann nicht mehr sein, es sei denn auf nachtodlichen Ebenen, aber auch diese Situation unterliegt der Vergänglichkeit. Also dann: SUBJEKTIV bin ich IMMER, und zwar ZEITLOS EWIG! Hast Du das verstanden, oh Lanoo? WIE LANGE willst Du Dich noch mit WURMFRASS identifizieren, also mit Deinem Körper? Der Tod kann uns nicht vertilgen, sondern nur unsere vergänglichen Beilegungen, und das ist gut so. OM.

FLUCH UND SEGEN DER EMPFINDUNGEN

Ein Lanoo, gestärkt durch die Macht des spirituellen Namens, bewertet das gesamte Leben völlig neu. Gewappnet mit dem spirituellen Namen versteht er zunächst: Ich BIN nicht meine Empfindungen, ganz gleich welcher Art sie auch immer sein mögen, ich HABE nur Empfindungen. Ich kann ihnen nachgeben oder auch nicht. Damit ist es natürlich nicht getan. Gestärkt durch diese Erkenntnis geht es dann an die praktische Anwendung. Geleitet durch den spirituellen Namen, durch *DAS BUCH DES LICHTS* und durch tägliche Seelenatem Meditation kann er das, was ihm bereits bewusst wurde, mehr und mehr auch umsetzen bzw. im täglichen Leben anwenden. Ich BIN nicht diese Empfindungen, denen ich bisher immer nachgegeben habe, ich HABE nur Empfindungen. Mehr und mehr, geleitet durch meditative Loslösung, empfindet er die Empfindungen als ein LOSGELÖSTER. Was dies bedeutet, ist folgendes: Wenn ich mit dem Auge etwas sehe, entsteht ein Sehbewusstsein, Licht wird vom Objekt auf mein Auge zurückgeworfen und ich spüre den Einschlag oder Eindruck. Das verursacht Berührung und Empfindung. Welcher Art mag diese Empfindung wohl sein? Bleiben wir einmal bei einem praktischen Beispiel. Ich sehe einen Haufen Hundekot und empfinde Wehe bzw. Abscheu. Ich sehe eine schöne Frau und empfinde Wohl, also Zuneigung. Ich sehe einen Omnibus vorbeifahren und empfinde nichts von beidem, bestenfalls weder Wohl noch Wehe. Was bedeutet dies? Es bedeutet, dass ich immer empfinde, immer noch unter der Geißel der Empfindung mich befinde. OM. Ist dies immer so? Muss dies immer so bleiben? Nein, denn ich kann mich entscheiden. Von nun an, geleitet durch den spirituellen Namen und die Lehre, empfinde ich immer weniger Freude, wenn von einer wohligen Empfindung getroffen, immer weniger Abneigung, wenn von einer wehen Empfindung getroffen, ich nehme auch die weder Wohle noch Wehe Empfindung gleichmütig wahr. Dies ist ein ganz entscheidender Schritt weg von der vergänglichen Welt hin zur wahren Unsterblichkeit des NIRVĀṆA, frei vom Verlangen nach Körper, Gefühl, Denken, Seele und Geist. Ich sah das Interview mit einem Serienmörder. Er sagte: „Wenn ich glücklich bin, dann möchte ich die ganze Welt umarmen, wenn ich traurig bin, dann möchte ich die ganze Welt ermorden!" Was er dann ja auch ausgiebig tat. Da hilft auch kein spiritueller Name und kein Psychologe oder Psychiater. Ein solcher Mensch, versklavt VON SEINEN Empfindungen, muss erst einmal die karmischen KONSEQUENZEN erleben, um dann vielleicht bereit zu sein für den spirituellen Namen und die Lehre. Da kommt natürlich gleich die Religion und sagt, JESUS wird Dich erlösen. Jesus wird GAR NIX tun. Er hat ja auch nix in Auschwitz getan und tut auch nix für die 35.000 Kinder, die jeden Tag auf Erden verhungern, während die pädophilen Pfaffen immer fetter werden. Diese Wesenheiten müssen zunächst durch KARMA leidvoll lernen, bis sie dann **endlich** bereit sind für *DAS BUCH DES LICHTS*. OM. Wer so denkt, der denkt richtig. Einen Jesus der Bibel gab es natürlich nie und wird es nie geben. Wer mehr wissen möchte, der möge *DIE WAHRE BEDEUTUNG DER BIBEL* lesen. OM.

Wie steht es nun für den Lanoo, dem es karmisch **vergönnt** ist, den spirituellen Namen auch zu LEBEN? Wenn ein solcher eine wohlige Empfindung erlebt, dann schäumt er nicht gleich über vor Freude, sondern nimmt diese wohlige Empfindung als nicht SEINE, sondern die seines ANATTA, also seines NICHT - Selbst wahr und erlebt sie mit einer gewissen Distanz. Freude und Befriedigung wegen dieser wohligen Empfindung nimmt er immer weniger wahr. Das gleiche gilt für die wehe Empfindung und die weder wohlige noch wehe Empfindung. Allen diesen Empfindungen steht er von nun an als den Empfindungen dessen, was er gar nicht ist, gegenüber. Er BEOBACHTET diese Empfindungen achtsam, wie sie aufsteigen und wieder untergehen. ER aber **verbleibt**. OM. Wie steht es nun mit der Lust? Für die gilt das gleiche. Er identifiziert sich nicht mit empfundener Lust, und dies so lange, bis das VERLANGEN nach einer solchen Lust erlischt und er das als WIRKLICHES Glück empfindet, von dem er sich dann aber auch meditativ löst, denn es bedrängt ihn ja nicht mehr. OM. Wer Böses tat und Wohliges dabei empfand, der wird auch immer gleichmütiger dieser Empfindung gegenüber, bis er nichts Böses mehr tut. Der Drang zum Bösen erlischt. OM. Aber auch das GUTE wird dann für ihn uninteressant. Viele verstehen das nicht. Gut UND Böse sind doch nur die beiden Seiten der gleichen Münze. ALLES, was ein so erwachender Lanoo immer mehr entwickelt, ist GLEICHMUT, und wenn Hilfe nötig ist, hilft er GLEICHMÜTIG, ohne zu urteilen. OM. Beim Essen nimmt er den Geschmack wahr, haftet ihm aber irgendwann einmal nicht mehr an.

Ich selbst bin noch sehr weit von diesem Zustand entfernt, kann euch also nicht als Vorbild oder gar Guru dienen, aber ich WEISS, dass dies der richtige Weg ist und hatte sogar schon einige Erfolgserlebnisse damit. OM. GLEICHMÜTIG blickt ein Erwachter oder Erwachender immer mehr auf die ihn erfreuenden oder ihn nicht erfreuenden Objekte. Sie alle sind Anatta und haben gar nichts mit ihm zu tun. Jede Form ist doch nur zukünftiger ... KOT, alles nur Verwesung oder in Verwesung begriffen. Auch aus dem schönsten Körper krabbeln irgendwann die Maden. OM. Wer so denkt, der denkt richtig. Mehr und mehr steht man irgendwann allen seinen Empfindungen VÖLLIG GLEICHMÜTIG gegenüber, bis sie einen tatsächlich nicht mehr bedrängen! Ja, man kann sogar Empfindungen ins GEGENTEIL verwandeln. Empfindet man nun Schönes, definiert man es als Hässliches, empfindet man Hässliches, definiert man es als Schönes, weil ja auch dies einen zur LOSLÖSUNG führt. Die Wahrheit liegt buchstäblich JENSEITS von Gut und Böse, und wer das nicht in täglicher Seelenatem Meditation erfährt, für den wird es immer nur Theorie bleiben. OM. Für den noch im täglichen Leben gefangenen Lanoo gibt es eine rechte Verhaltensweise, denn er wird ja noch jeden Tag von Empfindungen bestürmt, allerdings immer weniger, wenn er stark bleibt, und die Empfindungen achtsam wahrnimmt, wie sie entstehen und vergehen. DENN: Mehr und mehr gewinnt er völlige Gewalt über die Sinne. Er sieht eine Gestalt mit dem Auge, hört einen Ton mit dem Ohr, riecht einen Duft mit der Nase, und er steht diesen Empfindungen immer fremder gegenüber. Sie sind zwar noch da,

bedrücken ihn aber nicht mehr bzw. immer weniger. Gleichmütig nimmt er sie zur Kenntnis, bis sie verschwinden, und sie WERDEN verschwinden. OM. Jetzt hat er REINE ERKENNTNIS erworben. Gleichmütig blickt er herab auf das, was die Empfindung hervorgerufen hat. Mehr und mehr WEISS er: Ich gehöre nicht hierher, sondern dahin, wo ich herkomme! OM.
Nehmen wir uns als Beispiel einen HEILIGEN, der völlige Gewalt über die Sinne hat. Falls ihn die Empfindungen überhaupt noch bedrängen, lässt er sie gleichmütig an sich abtropfen und verweilt gleichmütig. Sogar der Erhabene Buddha hat gewarnt vor den Einflüssen der Objekte bzw. der Sinnesobjekte. Oh Lanoo, senke Deinen Blick, wann immer möglich, vor den Objekten.
Auf die Spitze allerdings treiben manche Mönche die Loslösung von den Empfindungen, indem sie Kälte, Hitze, Krankheit, Hunger, Durst, Wespen, plagende Kriechtiere, boshafte, böswillige Reden über sich ergehen lassen, ja dies sogar mit FREUDE wahrnehmen, hilft es ihnen doch, die Kraft der LOSLÖSUNG von diesen Dingen zu erproben. OM. Wir aber brauchen es nicht so weit kommen zu lassen. *DAS BUCH DES LICHTS* lehrt: Erlösung kannst Du auch in einem SCHLOSS erlangen, Du darfst nur nicht dem allen anhaften.
Nach und nach, geleitet durch den spirituellen Namen, die Lehre sowie Seelenatem Meditation erlebt man zwar noch hier und da Empfindungen, aber sie haben irgendwann keine Gewalt mehr über einen. OM.
Du reagierst dann nicht mehr auf Begehren oder Abscheu. Du schaust dann nur noch REIN ERKENNEND. Dies führt uns zum Problem der ERKENNTNIS oder des ERKENNENS. Du erkennst ja ANDAUERND, ständig präsentieren sich Deinen Organen vergängliche Beeinflussungen und Objekte, auf die Du reagierst. ABER MUSST Du darauf reagieren? Ist es nicht besser, auf ein schönes Auto wie auf eine schöne Frau gleichermaßen gleichmütig neutral MEDITATIV zu reagieren? Was ich damit meine, ist zum Beispiel: Du nimmst ein Objekt wahr und empfindest LUST. Beobachte diese Lust achtsam und sie wird früher oder später wieder verschwinden. Im Falle einer schönen Frau oder eines schönen begehrenswerten Mannes wirst Du beim BEOBACHTEN Deines Verlangens ERKENNEN, dass diese Lust durch den Achtsamkeitsvorgang wieder verschwindet. Des Gleichen aber verschwindet die ABSCHEU beim Anblick vor entsprechenden Personen und Dingen. All dies gilt natürlich nur für jemanden, der so schnell wie möglich Nirvâṇa erlangen will.

Sei wachsam, sei achtsam, oh Lanoo. NICHTS von dem, was Du an DIR erkennst, gehört zu Deinem wahren Wesen. Körper, Bewusstsein, Fühlen, Schmecken, Tasten, Seele und sogar Geist etc., etc. sind NICHT Du. Sie alle sind ANATTA, also NICHT Dein Selbst, denn Du nimmst ja ihr Entstehen und Vergehen wahr. Wie steht es nun mit dem Denken? Du weißt es ja bereits, doch Wiederholung ist der beste Lehrmeister. In NIRVĀṆA brauchst Du es nicht mehr, aber es LEITET Dich nach NIRVĀṆA, wo Du Dich dann auch vom Denken lösen kannst, denn NIRVĀṆA ist ein kör-

perfreier und damit organfreier und damit auch gehirnfreier Zustand. OM. BEDENKE also bitte, Du denkst ja nur mit dem Gehirn, welches Du auch nicht bist. Auch das Denken ist ANATTA, also NICHT das Selbst. Und immer wieder die Frage: Was BIN ich denn dann, wenn ich nicht mal mehr das DENKEN bin? Doch das Denken ist ein ganz wichtiges Werkzeug, ein SCHLÜSSEL zum NIRVĀṆA. Hast Du damit die Tür zu NIRVĀṆA geöffnet, dann brauchst Du auch das Denken nicht mehr, kannst den Schlüssel zur Seite legen. OM. Dann wirst Du Dich verzweifelt fragen: WAS BIN ich, wenn ich nichts ERKENNBARES bin?? Wenn Du nichts Erkennbares bist, erübrigt sich die Frage, was Du BIST. Bist Du nun verzweifelt, jetzt, da Du WEISST, dass Du NICHT weißt, wer Du bist? Sind Dir dann die Gurus lieber, die Dir sagen, WER Du bist? Dann folge ihnen doch!! Viel Spaß. Der Lanoo aber stellt sich folgenden Fragen, denen Du Dich ebenfalls stellen solltest! Werde ich vernichtet im Tode, oder bestehe ich weiter fort? Bin ich zeitlos oder vergänglich? Wo ist dann mein Glück? OH LANOO, seit über 150 BILLIONEN Jahren suchst Du das Glück. Hast Du es gefunden? NEIN, natürlich nicht, sonst würdest Du dieses Buch gar nicht lesen. LASS LOS! Das ist die höchste Wahrheit. Wer loslässt, der lässt doch nur los, was er essentiell NICHT ist. ER verbleibt doch aber! Wie das ist? LASS LOS, dann kommt die Wahrheit. Und soviel kann ich Dir bereits sagen: DIE WAHRHEIT ist bewegungsfrei und ohne Dauer. DAS ist wahre Ewigkeit. OM.
Ist dem Leser eigentlich bewusst, dass er ein Verbrechen begangen hat, auf dem die Todesstrafe steht? Er hat das LEBEN gewollt. Darauf steht der Tod, immer und immer wieder.
Solltest Du Dich deshalb nicht lieber darum kümmern, was NACH dem Tod Deiner vergänglichen Hülle mit Dir geschieht, wie Du, getrieben von unbändigem Lebensdurst immer wieder einen NEUEN befruchteten Keim ergreifst, wieder für 9 Monate zwischen Kot und Urin Deiner neuen, leidvollen Existenz entgegen wimmerst, dann die Schnauze voran, aus einem Loch in die Welt flutschst??!! WACH DOCH ENDLICH AUF! Löse Dich davon!!!
Wenn ich also nichts von der Welt bin, bin ich dann überweltlich? Warum nicht? Hier findest Du ja doch kein Glück. Du FINDEST zwar ein gewisses Glück, ABER HINTEN KACKT DIE ENTE. Am Ende wartet auf Dich und auf alle anderen das Leid der Vergänglichkeit, also ein neuer Tod und ein neues leidvolles Leben, selbst in den höchsten Himmeln, die alle vergänglich sind. OM.

Wir denken doch immer alle an unsere Zukunft, versichern uns, um dann gemütlich in Rente gehen zu können. Unsere raffgierigen Politiker werden dies schon zu verhindern wissen, indem sie uns „ermuntern“, doch einfach etwas länger zu arbeiten. Dagegen hab ich eigentlich gar nichts, denn ich bin bereits 79 Jahre alt und arbeite immer noch. Darum geht es aber nicht. Unsere lügenden und betrügenden Politiker aber wollen, dass wir länger arbeiten, damit sie sich länger an uns bereichern können, damit wir länger diese kranke Welt erhalten können. ICH ABER arbeite nur noch, um so viele

Menschen wie möglich dazu zu bewegen, sich zu lösen von dieser kranken Welt. OH LANOO, und damit meine ich alle Wesen, Formen und Naturreiche im Universum, hier oder in einem Parallel Universum, OH IHR LANOOS, und ich frage alle Lanoos dieser Welt, also JEDES Lebewesen, wie lange willst Du Dich noch beschmutzen lassen von dem Ergebnis Deines Durstes nach der Welt? Wann wirst du endlich ALLES loslassen, und damit meine ich DEIN VERLANGEN nach der Welt und Dich mit dem *BUCH DES LICHTS* befassen?? Oh ihr Lanoos, sorgt ihr euch denn nicht um eure Zukunft nach dem Tode? Und das könnt ihr tun, OHNE die Antwort auf die Frage zu bekommen „Wer bin ich?“ Ja, ihr werdet nicht einmal mehr diese FRAGE stellen. Es genügt doch zu wissen, dass Du nichts Erkennbares bist. Das Entstehende und Vergehende bist Du mit Sicherheit NICHT! Viele werden sagen: DOCH, DAS BIN ICH! Wirklich? Stoppe mal den Alterungsprozess in Deinem Körper. Oder halte mal eine Stunde lang die Luft an! Wenn Du der Körper wärest, dann würde Dir das doch leicht fallen. Viele werden argumentieren: ICH BIN der Körper, auch wenn ich NICHT (was ich gern möchte) meinen Alterungsprozess stoppen kann. Wirklich? Merkst Du denn nicht, wie Du Dich belügst? Die Wahrheit ist: Du BIST nicht der Körper, aber Du identifizierst Dich damit, und weil Dir der Körper so gefällt, tust Du alles mögliche, um den Alterungsprozess so lange wie möglich zu verzögern, angefangen mit Botox etc. bis hin zur Schönheitschirurgie etc., etc. Und Du wirst alt und älter, und irgendwann werden die WÜRMER Deine Genitalien fressen, diese Genitalien, mit denen Du Dich vielleicht identifiziert hast und Dich stolz Mann und Frau oder Trans etc., etc. bezeichnet hast. Wach doch endlich auf, oh Lanoo! OM.

Die Begriffe des Entstehens und Vergehens treffen also NICHT auf Dich zu, sonst würdest Du nicht darunter leiden. Und Du WIRST leiden, spätestens, wenn der Sensenmann an Dir nagt. Doch nun kommt die gute Botschaft: Lächle auch und sogar dem Tod entgegen, lächle auch unter schlimmsten Schmerzen, verursache damit eine WAHLVERWANDTSCHAFT, wenn auch nicht gleich zu NIRVĀṆA, dann doch zu hohen, wenn auch vergänglichen Lichtwelten. OM.

Wiederholung ist der beste Lehrmeister. Wer stets an den Tod denkt, frei von Angst, mit einem Lächeln auf dem Gesicht, der verursacht Wahlverwandtschaft zu den Lichtwelten und schließlich gar zu NIRVĀṆA, dem Ende des Leidens. OM. Nur die vergängliche Persönlichkeit kann ja sterben. Der Tod kann nur den Zerfall Deiner **Persönlichkeit** betreffen. Diese Persönlichkeit bist du aber nicht, die HAST Du nur, vom lateinischen „personare“ oder „durchtönte Hülle.“ Sag mir, hast Du nicht IMMER „ICH“ gesagt, als Kind, Jugendlicher, Erwachsener und jetzt vielleicht Greis? Dann bist du also NICHT die vergänglichen Beilegungen. Noch etwas: JEDER GUTE ARZT wird Dir bestätigen, dass sich Dein Körper alle paar Jahre verändert, Du also NICHT immer der gleiche Körper bist, sondern einen NEUEN Körper hast, der entsteht und vergeht und irgendwann einmal stirbt. Darum frage ich Dich, wenn Du -

WISSENSCHAFTLICH ERWIESEN - alle paar Jahre einen neuen Körper hast, sogar mit neuem Gehirn, WARUM kannst Du Dich an die Zeit erinnern, als du noch Kind warst? Die Antwort: Weil dies in Deine MONADE eingraviert ist. In der Seelenatem Meditation kann es Dir vielleicht sogar gelingen, Dich an viele Leben zu erinnern. Das würde ich aber niemandem empfehlen, weil er dann sein Karma gar nicht so leidensfrei wie möglich ausleben könnte. Soll ich genauer werden? Nimm an, Du bist ein Mann und triffst Deine Frau aus vergangenen Leben. Ihr habt euch geliebt, aber da waren auch Probleme. In irgendeinem Leben hat sie Dich betrogen und Dich vergiftet oder gar ermordet. Darum mag es sein, dass Du sie jetzt zwar liebst, aber Dich trotzdem immer noch ein unangenehmes Gefühl stört. Würdest Du ahnen oder gar wissen, dass sie Dich betrogen und ermordet hat, dann könnte es sein, dass Du Dich revanchierst…
Nur kurz ist das Leben, oh Lanoo, und mag es wie in Atlantis oder davor auf anderen Planetenketten vielleicht sogar tausende von Jahren pro Person gewährt haben. Das wäre noch viel schlimmer, denn in dieser langen Zeit kann sich ziemlich viel SCHLECHTES oder NEGATIVES Karma ansammeln…

DAS BUCH DES LICHTS lehrt: NICHTS ERKENNBARES kann Dich auf die Dauer glücklich machen! Also löse Dich doch von dieser ganzen Maya, dieser vergänglichen und damit leidvollen Illusion! Aber Du magst von weiteren Fragen gequält sein, z. B.: Wie bin ich dann bloß in diese Welt geraten, in dieses leidvolle Irrenhaus, in das ich, laut *BUCH DES LICHTS,* gar nicht gehöre?? Die Antwort: Es war NOTWENDIG, dass Du den erhabenen Frieden des NIRVĀṆA verlassen hast, um ihn jetzt wirklich zu würdigen! Wenn es dem Esel zu wohl ist, geht er aufs Eis! Also sei nicht weiter so töricht, auf dem Eis zu bleiben und immer wieder auszurutschen!

Ich will das genauer kommentieren. Ebenso wie Du in dieser Welt gelandet bist, kannst Du Dich auch aus ihr entfernen, und zwar nicht durch Selbstmord, sondern mit Hilfe Deines neuen spirituellen Namens LANOO und dem *BUCH DES LICHTS*. Du musst nicht in diese kranke Welt zurückkommen. Benutze von nun an Deinen Erkenntnisapparat wie ein Flugzeug, das vorher landete und sich jetzt wieder erhebt. DENN: In der Welt bist Du doch bloß mit Hilfe Deines Erkenntnisapparates! Dadurch entsteht auch Dein Bewusstsein, welches Du ebenfalls nicht BIST, sondern das nur durch Deine auf und in die Welt gerichteten Erkenntnisorgane entstanden ist bzw. aus ihnen hervorquillt. **Aber** mit diesem Erkenntnisapparat wirst Du immer nur OBJEKTE erkennen, NIEMALS Dich selbst oder gar das Selbst der Objekte, weil Du der **Erkennende** BIST bzw. Du ERFÄHRST durch die vergänglichen Organe das ERKENNEN.
Bin ich erleuchtet? Habe ich NIRVĀṆA erlangt? Nein, doch ich WEISS, also ich glaube nicht, sondern ich WEISS, dass NIRVĀṆA das Ende des Leidens ist, das Ende von Himmel, Erde und Hölle und das Ende der ganzen sichtbaren und unsichtbaren

Welt mit allem darin. Es ist die Aufhebung aller Wahrnehmung und Empfindung, aber doch nicht die Aufhebung desjenigen, der wahrnimmt und empfindet. Und die Belohnung? Zeitlos ewige Unsterblichkeit, frei von Körper, Gefühl, Denken, Seele und Geist. OM.

OH LANOO, präge Dir dies ein: NACH AUSSEN gerichtet ist unser Erkenntnisvermögen, darum vermögen wir uns selbst eben NICHT zu erkennen, sondern immer nur das, was wir **nicht** sind. ALLE Gurus, die Selbsterkenntnis lehren, sind - bewusst oder unbewusst - jämmerliche Lügner und Betrüger. OM. Und weil Dein Erkenntnisvermögen nur nach AUSSEN gerichtet ist, eben darum weißt Du stets und immer nur, was Du NICHT bist. OM. Lass Deine so genannte Individualität fallen, schmunzle nur über deine Tenazität an sie. Bohre nicht länger Höhlungen nach außen, denn so wirst Du NIEMALS in das innere Selbst sehen. Sei nicht so stolz auf Deinen Charakter. Löse Dich auch davon. Was meine ich damit? Sollst Du charakterlos werden? Nein, jedoch: Der Charakterlose hat noch keinen Charakter, der Charakterfreie hat keinen Charakter mehr. Löse das Rätsel.

Die unmittelbare Wahrnehmung eines Objektes bzw. dessen Erkennen kann aber auch zu höchster Weisheit führen. Wie? Indem Du ERKENNST, dass Du das Erkannte NICHT bist. DAS ist höchste Erkenntnis, DAS ist höchste Wahrheit. Kaum jemand aber traut sich so weit zu denken. Die meisten Menschen sind noch zu sehr gefangen in der Identifizierung mit und der Anhaftung an den vergänglichen Körper. Dann müssen sie halt noch weiter leben und leiden! WIE SEHR die Menschen gelitten haben unter der Annahme, sie seien die Persönlichkeit, wird dokumentiert in den Annalen des *BUCHS DES LICHTS*. In bis jetzt 15 Bänden enthüllt *DAS BUCH DES LICHTS* über 150.000.000.000.000 Jahre menschlicher und kosmischer Entwicklung und Evolution, die aber wenig mit Darwins Lehre zu tun hat. Greifen wir mal eine Epoche in früh atlantischer Zeit heraus, also vor etwa 2 Millionen Jahren. Da gab es Heilige UND Monster, wie heute. Nur dass die Monster vielleicht noch monströser waren als heute, aber vielleicht irre ich mich da auch, wenn ich die satanischen herrschenden Adrenochromisten von heute sehe. Da überkommt einen ja das nackte Grausen.

Aber gehen wir mal etwa 1,5 Millionen Jahre zurück auf diesem Planeten. Kein anderes Buch lehrt das, nur *DAS BUCH DES LICHTS*, und ich zitiere dies hier nur, um zu zeigen, dass die karmischen Räder des SAMSARA langsam, aber triftig fein wirken. Wie sonst will man sich das GRAUSEN der Jetztzeit erklären! Also dann: Vor etwa 2 - 1,5 Millionen Jahren vor Christi (um einfach mal diese Zählweise anzunehmen) gab es die ARISCHE Epoche, nicht zu verwechseln mit dem Begriff Arier, wie er später von den Nazis missbraucht wurde. ARYA ist ein Sanskrit Begriff und im Buch des Lichts Band 13 und 14 korrekt gelehrt. ARYA bedeutet weise, und das betraf damals die weißen und farbigen Rassen. OM. DIE HEILIGEN der 5. Rasse hatten zart fleischliche LEUCHTENDE Körper. Alle Chakren standen in Flammen. ABER die Wesenheiten identifizierten sich bereits mit ihren nahezu vollkommenen Körpern und schafften damit eine Distanz zu den dunklen Rassen, welche sich mehr der schwarzen Magie gewidmet hatten. NIRVĀṆA war damals wohl wie heute kein populäres Ziel, und das hatte damals - wie auch heute - verheerende Folgen. Eben das sich IDENTIFIZIEREN mit der vergänglichen Form schuf Probleme. Schon damals baute man Mauern. Hätte schon damals *DAS BUCH DES LICHTS* geherrscht oder wäre es bekannt gewesen, dann hätte man das Schlimmste verhindern können. Doch die Zeit für diese gewaltige Lehre war einfach noch nicht gekommen. OM. Die Heiligen hatten zwar spirituelle Namen, aber nicht mit Zielrichtung auf NIRVĀṆA. Das war vor etwa 1.450.000 Jahren. Siehe *BUCH DES LICHTS* Band 4. Die Konfrontation mit den „Dunklen" war unvermeidbar. Und so führte dies zu einer atomaren Schlacht der schlimmsten Art, die es heute so nicht geben kann, weil Gott sei Dank die Kenntnis darüber tief auf dem Meeresgrund ruht, zusätzlich bedeckt von noch Kilometer tiefem Kalkstein. Wie dem auch sei, die 4. und 5. Wurzelrasse suchte Zuflucht auf Hochplateaus, die man heute als Asien bezeichnet. Ein Venusengel, wie in meinem Song DEVA beschrieben, stieg herab und lehrte die Menschheit die Geheimnisse des Universums, aber NICHT unbedingt, dass NIRVĀṆA das höchste Ziel ist. Dieses Versäumnis richtet sich schnell gegen die Atlantiden von damals. Das war der Ursprung dessen, was heute zu einem „König" degenerierte.

Die Kopfchakra der Eingeweihten des damaligen Atlantis STRAHLTE WIE EINE KRONE. Daran erkannte man den WIRKLICHEN König und nicht diese Unwürdigen von heute. Als die obere Chakra sich schloss auf Grund von materieller Zuwendung der Träger, setzten sich die „Dunklen" eine wirkliche goldene Krone auf. Das Volk hat dies vergessen, ABER ETWAS ist noch in der Erinnerung auch des einfachsten Menschen verblieben, die Sehnsucht nach reinen Führern, nach VORBILDERN blieb tief im Menschen verborgen. Diese verschwommene Erinnerung ermöglichte es leider bis heute den Lügnern und Betrügern in Kunst, Kultur, Politik, Wissenschaft und Religion, das Denken der leider dummen Masse zu manipulieren, also das Volk in die Irre zu führen. Ich kann das alles hier nur andeuten. Nur wer sich mit der LEHRE befasst, der wird wirklich verstehen und dann WIRKLICH ein LANOO sein, der bereit ist, ALLES loszulassen und NIRVĀṆA zu erlangen. OM.

Wir gehen 800.000 Jahre zurück in der Menschheitsgeschichte. Es lebten etwa 2 Milliarden Menschen auf Erden. Die Menschheit hatte sich längst in Geschlechter geteilt, das heißt also vor - von heute gerechnet - etwa 18.000.000 Jahren laut *Buch des Lichts.*

Die Frage ist gestellt: Sind Kunst, Kultur, Wissenschaft, Politik und Religion und damit wir selbst Symptome von Geisteskrankheit? Die Antwort ist natürlich JA. Wir gehören nicht hierher. Wir befinden uns in einem unangemessenen Zustand. Um dies zu belegen, müssen wir noch einmal zum relativen Anfang zurückkehren. Der spirituelle Name wird uns dies mental erleichtern. OM. Das Universum mit allem darin erwachte aufs Neue vor etwa 150.000.000.000.000 Jahren. Da verließen die Wesenheiten den Urgrund und stürzten sich in die Materie, das gesamte Universum mit allem darin verursachend. *DAS BUCH DES LICHTS* beschreibt im Detail diese durch planetarische Ketten gehende Evolution, getrieben vom Lebensdurst der Wesenheiten. All das führte zu der geisteskranken Welt von heute. Warum der Begriff geisteskrank? Weil der Geist, also die Monade in der Tat erkrankt ist, in dem Moment, als sie den Urgrund verlässt und sich in die Materie stürzt. Wir sind ALLE, die Meister ausgenommen, GEISTESKRANK. Unsere Monade ist erkrankt, verseucht. Die Seuche ist Körper, Gefühl, Denken, Seele und Geist. OM.

Beim Wiedererwachen des Universums geschah folgendes: Die Wesen wurden sich ihrer Form bewusst und der Formen und Strukturen der anderen. ZUNÄCHST war da nur WAHRNEHMUNG, also ERKENNEN. *DAS BUCH DES LICHTS* schlummerte im Urgrund. Warum erschien die Lehre dann nicht, um den Wesen zuzurufen: ZURÜCK IN DEN URGRUND! Die Zeit war noch nicht gekommen. JETZT ist die Zeit gekommen, nachdem die Lebewesen von allen möglichen irreführenden Schriften und Lehren - inkl. Bibel und Koran - fehlgeleitet wurden. JETZT ist die Zeit gekommen, euch zuzurufen: IHR GEHÖRT NICHT HIERHER. Da sind mir die Synkretisten schon lieber, also jene, die Religionen und Philosophien zu einem neuen Weltbild vermischen. Aber ist *DAS BUCH DES LICHTS* nicht ein solcher Synkretismus? Mitnichten, denn *DAS BUCH DES LICHTS* war die URLEHRE, welche erst später in die verschiedenen Religionen, Philosophien und wissenschaftlichen Lehren von heute zersplitterte. All diese TRENNEN die Menschen, *DAS BUCH DES LICHTS* aber VEREINT uns alle, indem es uns das einzig würdige Ziel für alle Wesenheiten zuweist, das NIRVĀṆA, die wahre Unsterblichkeit, befreit von allen sterblichen Hüllen. OM. Es gibt aber auch extremen Synkretismus, also jene, die an ALLES glauben, nach dem Motto: Die Erde ist rund, flach, eckig, der Mond ist ein Schweizer Käse und die Menschen sind gar keine Menschen, sondern Gurken, die früher mal Menschen waren, obwohl da etwas dran ist. Spaß muss sein. Wer aber so denkt, ist immer noch geeigneter für die Wahrheit als die Narren an Schulen und Universitäten, denn ein Synkretist ist offen für alles, also auch für *DAS BUCH DES LICHTS* und wird dann vielleicht verstehen. OM.

Um den Zustand der Geisteskrankheit, in der wir alle uns befinden, wirklich zu VERSTEHEN und ihn zu HEILEN, müssen wir zurückkehren zum Erkenntnisapparat, der wir NICHT sind, den wir uns nur angeeignet haben, also zu Körper, Gefühl, Denken, Seele und Geist. Die Welt mit allem darin nehmen wir ja nur wahr durch diesen Erkenntnisapparat. Vor über 150.000.000.000.000 Jahren standen sich die Erkenntnisapparate nach einem PRALAYA, also einer kosmischen Ruhepause, wieder einmal gegenüber, wurden sich die Beilegungen anderer Beilegungen bewusst. Ich meine DER BEILEGUNGEN, aber nicht die Monade selbst. Die befand sich nur auf Grund ihrer Unwissenheit in dieser versklavten Position. Sie hat wahrgenommen, was sie NICHT ist und reagiert zunächst nicht. Auf diesen Zustand will ich genau kommen, DANN wäre also die Gelegenheit gewesen, erschrocken wieder in das sichere Heim NIRVĀṆA zurückzukehren, in den Urgrund zurückzufallen! Aber nein, der Geist, also die Monade, war bereits erkrankt und vorbelastet, einmal durch das noch nicht bewältigte Verlangen vom vorherigen Manvantara, zum anderen durch die neue Manifestation und ihrer Versuchersituation. Die Monade war also bereits vorbeschmutzt durch die - wenn auch hochgeistige - Hülle, die sich später aber noch verdichten würde, auf Grund von noch nicht überwundenem Trishna oder LEBENSDURST. OM. Nun entstand der Drang in der Monade, das von ihr Erkannte zu DEFINIEREN, zu analysieren, und dies so lange, bis die Wesenheit glaubte, die vergängliche Form ZU SEIN. Nicht zufrieden mit dem Glückszustand in der Lichtwelt, fiel sie immer tiefer und die Formen verdichteten sich immer mehr. Mit anderen Worten: Unsere Welt samt ihrer Wesen war feinstofflich-nonatomisch-transparent und wird es wieder sein. OM. Wer mehr wissen will, der muss sich schon mit der Lehre befassen. OM.

Der große Irrtum der Wissenschaft ist und war, DIE BIG BANG oder URKNALL Theorie als angeblichen Anfang des Universums zu sehen. Wenn das der Anfang war, was war denn VOR dem Anfang? Ein anderer Anfang? Das Ganze macht und machte natürlich überhaupt keinen Sinn. Da tröstet uns *DAS BUCH DES LICHTS,* wenn es lehrt: Alles ist unerschaffen, zeitlos ewig und manifestiert periodisch, getrieben von Trishna oder Lebensdurst, dabei seine Form verändernd und sich unglücklicherweise auch noch mit ihr identifizierend. OM.

Zu Beginn, also gleich nach dem Wiedererwachen des Universums, von der Wissenschaft als „erster BIG BANG" missverstanden, wäre also noch die Gelegenheit gewesen, dem leidvollen Unfug der Welt zu entkommen und in den Urgrund zurück zu fliehen, aber nein, man wollte ja WISSEN, was das ist, was man in Wirklichkeit essentiell gar nicht ist. OM. Es gab aber, wie bereits erwähnt, vor etwa 150 Billionen Jahren **nur** zunächst feinstoffliche, ätherische OBJEKTE, also die Hüllen der Monaden, denen man sich gegenüber sah. Erkenntnisapparate erkannten Erkenntnisapparate. Aber der Erkenntnisapparat selber ist ja bereits das Objekt. Objekte erkannten also andere Objekte, bedingt durch NACH AUSSEN gerichtete Wahrnehmung. Dies führte dann zum BEWUSSTSEIN. Objekte waren sich anderer Objekte bewusst. Soweit so gut, soweit so schadlos. Doch DANN begann das wirkliche kosmische Drama. Die Wesenheiten verließen diese passive Wahrnehmungssituation und schritten buchstäblich zur Tat. Sie begannen - wie bereits erwähnt - die Objekte zu definieren UND auch sich selbst bzw. das, was sie nicht sind bzw. waren. DAS ist der wahre Grund für die Geisteskrankheiten, den Irrsinn der Welt, welche da sind: Kunst, Kultur, Politik, Wissenschaft und Religion. Man erkannte also die OBJEKTE, die ERKENNTNISAPPARATE, aber nicht sich selbst, weil dies ja gar nicht möglich ist und weil JEDER Erkenntnisvorgang IMMER nach außen gerichtet ist, also WEG vom Erkennenden! So verwechselte man Ursache mit Wirkung. OM. Das ganz nach außen gerichtete Erkenntnisvermögen verursachte immer mehr Schaden, machte die Wesen immer geisteskranker. Von da an wusste jeder nur von sich als dem Erkenntnisapparat, also von dem, was er NICHT ist und vergaß, wer er wirklich war, nämlich EIN GOTT IM WERDEN! Mehr und mehr fiel die Wesenheit in die Materie, bohrte die Höhlungen NACH AUSSEN und erkannte immer weniger, wer die Wesenheit NICHT war, denn durch Erkennen ist die Wahrheit gar nicht zu finden. Zu wissen, wer man NICHT ist, ist ja gar nicht so schlecht, WENN man daraus lernt und sein Ich nicht mehr außen sucht, sondern sich, wenn auch erst stufenweise, meditativ LÖST von dem, was man essentiell NICHT ist. OM. NIEMALS kann unser eigenes Wesen, unser WAHRES Ich erkannt werden, denn es ist das ERKENNENDE. Du bist - wenn überhaupt irgendwas - DAS SUBJEKT des Erkennens, das dem Erkenntnisprozess zugrunde Liegende. Dich selbst aber kannst Du gar nicht erkennen. Wie oft willst Du noch reinkarnieren und leiden? NIEMALS kannst Du das WAHRE „Du“ einem Deiner sechs Sinne, inklusive des Denkvermögens, präsentieren. NIEMALS. Alle Aktivitäten, die wir entwickelten seit Verlassen des Urgrundes richteten sich also eigentlich immer gegen uns, führten uns in die Irre. Um die Wahrheit zu finden, brauchst Du gar nichts, Du musst Dich nur von dem, was man heutzutage „Vernunft“ nennt, lösen und UN-vernünftig werden. Was ich damit meine, ist: ALLES, was uns - die Vernunft benutzend - in dieser Welt gelang, ist vergängliches LEID. Also löse Dich **meditativ** auch von Deiner so genannten Vernunft, und die Tür zu NIRVĀṆA wird sich einen Spalt weiter öffnen. OM. Oh Lanoo, gedenke stets des Todes, doch nur mit stiller Heiterkeit, sei so oft Du kannst BEREIT, den vergänglichen Leib zu verlassen.

Wenn Du einfach nur WAHRNIMMST ohne Urteil, dann wirst Du bald zu der Erkenntnis gelangen, dass alles Wahrgenommene nur ein unheilvoller Zustand ist und Du wirst keine Vernunft entwickeln, ihn weiter definieren zu wollen, sondern Dich so schnell wie möglich aus dem Staub machen. Dabei hilft *DAS BUCH DES LICHTS*, indem es völlig befriedigend erklärt, wie die Welt entstand, durch welche Planetenkettenstrukturen und Phasen und WIE man sich lösen kann von der Welt der Materie und Antimaterie. Wenn Du ALLES rein erkennend durchschaut hast, dann brauchst Du keine weiteren Fähigkeiten entwickeln, die zu der kranken Welt von heute führten. Dann brauchst Du auch keine Vernunft mehr entwickeln. Wohin hat uns denn die so gepriesene Vernunft geführt? Zu Lug und Betrug. Das ANSCHAULICHE Erkennen ist das, was wir praktizieren sollten, OHNE Definition, also wir sollten alles meditativ neutral betrachten und uns dann ein Urteil erlauben, welches natürlich immer sein wird: JEDE Struktur bis hin zur höchsten Gottesform ist nichts weiter als ... KOT, also vergänglich und damit eine Beschmutzung. Ja, lieber Leser, manchmal muss man auch scharfe Worte benutzen, um den Schläfer aus seinem Schlaf zu reißen. OM. Hör auf, „vernünftig“ zu sein und vernunftgetrieben zu handeln. Das hat *DAS BUCH DES LICHTS* bereits für Dich erledigt. *DAS BUCH DES LICHTS* ist die höchste verkündbare Lehre. NUR *DAS BUCH DES LICHTS* erklärt wissenschaftlich exakt, wie die Welt in Entstehung kam und auch wie sie wieder verschwinden wird. Daran können auch die verwirrten Klimakleber nichts ändern. OM. Vernunft ist ja sowieso nur ein NOTBEHELF, um Dir klarzumachen, dass Du nicht hierher gehörst, sondern dahin, wo Du herkommst. Ja, hätte man bloß nur die Vernunft dazu **verwendet**. Aber was hat man mit der lieben Vernunft getan? Man hat sie angewandt, um immer TIEFER in den Sumpf der Welt zu gelangen, sich noch mehr zu beschmutzen, „zivilisiert“ zu werden. Stell Dir mal vor, Du stehst vor den NIAGARAFÄLLEN. Die riesigen Wassermassen stürzen hernieder, ein gewaltiges Ereignis. Nur ein Narr würde in dem Augenblick Vernunft benutzen und darüber nachdenken, wo wohl das viele Wasser herkommt etc., etc. Nein, er wäre nur meditativ versunken in den Anblick der Niagarafälle. OM. Er würde nur in unmittelbarer Anschauung meditativ verharren. DAS ist ja auch der höchste Seinszustand: Die SEELENATEM MEDITATION! Wach doch endlich auf!

Aber das Unglück nahm damals schon seinen Lauf und setzte sich fort bis zu dieser kranken Welt. PFUI, PFUI, PFUI, kann ich nur sagen, wenn ich an die vielen perversen pädophilen Priester, die korrupten Politiker und Banker, die unwissenden Wissenschaftler, die entarteten Künstler etc., etc. denke. Man benutzte also die VERNUNFT, um praktisch und logisch handeln zu können, allerdings nicht zurück zur nirvâṇischen Quelle, sondern immer weiter hinein in den Schmutz der Welt. Man nahm nun nicht mehr nur die Beilegungen bzw. Erkenntnisapparate bzw. den zunächst ätherischen Körper der Wesenheiten wahr, man benutzte die Vernunft, um mit den Beilegungen zu verkehren etc. Man verwechselte immer mehr die Hülle mit dem Kern. All dies führte zur Welt von heute. Besser wäre es gewesen, dass man sich entschlossen hätte, zurück in die nirvâṇische Quelle zu versinken. Es war wohl notwendig, dass wir durch dieses Chaos hindurch mussten, BIS HEUTE ENDLICH *DAS BUCH DES LICHTS* DARAUF WARTET, UNS ZU RETTEN. OM. Nur in der SEELENATEM MEDITATION ist es uns möglich - geistig und körperlich abgeschieden - alles anschaulich zu erkennen, uns dann auf EINE Funktion zu konzentrieren und DANN jegliche reflexierende Vernunftstätigkeit sein zu lassen und uns nicht mehr in abstrakte Gedanken oder Begriffen zu verrennen, ja auch alle WORTE für den Zeitraum der Meditation zu vergessen. Auf diese Weise werden sowieso alle unterschiedlichen Sprachen verschwinden und SANSKRIT wird als einzige vereinende Sprache verbleiben, bis wir auch sie an der Schwelle zu NIRVĀṆA ablegen. OM. Oh Leser, finde vollkommene Beruhigung in unmittelbarer Anschauung der Dinge, ohne sie zu definieren. Denn das hat bereits *DAS BUCH DES LICHTS* in vollkommener Weise getan, aber nur zu dem Zweck der LOSLÖSUNG von den vergänglichen Objekten. Übrigens: Manche BDL Daten mögen unverständlich sein, sich sogar widersprechen, auch be-

züglich der kosmischen Zeitperioden oder Einzelheiten in der Sanskrit Lehre. Doch das ist unerheblich, denn DIE GRUNDLAGE der Lehre ist, dass die ganze Welt mit allem darin VERGÄNGLICH ist und damit LEIDVOLL. Diese VERGÄNGLICHKEIT ist die wichtigste Botschaft der Lehre. Ob nun eine kosmische Weltenperiode (Mahamanvantara) länger oder kürzer ist, wie manche meinen, ist dabei völlig unwichtig. OM.
Nimm dich in Acht, lieber Leser, das Leben ist NICHT schön, es ist voller Gefahren, und das wird meist nur der einsehen, der sich wirklich in einer solchen Gefahr befand…

Wir brauchen also keine anhaftende Vernunft. Sei unvernünftig. Handele entgegen der in der Welt geltenden und gelehrten Vernunft. Die **meditative Anschauung** ist die vollkommene, mehr bedarf es nicht, jede weitere Geistestätigkeit, inklusive der in die Welt führenden Vernunft ist unnötig. OM. Wenn man so logisch weiterdenkt, dann befasst man sich auch nicht mehr mit einem „ICH“, weil dieses „Ich“ ja nicht das Objekt der Anschauung und Wahrnehmung ist, gar nicht sein kann, SONDERN es ist das Wahrnehmende bzw. den Wahrnehmungsvorgang der vergänglichen Beilegung Erfahrende. Nimmt man aber nicht mehr wahr, wie z. B. wenn man NIRVĀṆA erlangt hat, dann gibt es einen solchen Ich-Begriff nicht mehr, denn nur unsere kranke Vernunft hat ja diesen Begriff hervorgebracht. OM. Man sagt also dann nicht mehr: ICH erkenne oder ICH denke, weil man ja in der Seelenatem Meditation sich gelöst hat, also dann ein Ich in dem Moment gar nicht mehr nötig ist. Nicht mal als SUBJEKT sagt man dann „Ich“, weil man dann in der Meditation gar nicht mehr denkt, FALLS es gelungen ist, das Denken auszuschalten. Dann könnte ich doch aber sagen: ICH denke nicht mehr. Das geht wiederum nicht, denn was ist denn Denken? Das ist eine Fähigkeit, die uns laut BDL von den Manasaputras, den Mentalengeln, vor vielen Millionen Jahren gegeben wurde. Wenn ich mich von dieser Beschmutzung wieder löse, vor allem, wenn NIRVĀṆA erlangt ist, dann ist ein „Ich“ oder die Verwendung eines solchen Begriffes gar nicht mehr nötig. UNMITTELBAR wird erlebt, dass man ‚ICH’ nur sagt in Bezug auf den Umgang mit den vergänglichen Beschmutzungen.

DAS BUCH DES LICHTS erklärt zwar alles, und dies genauer als irgendeine Wissenschaft auf Erden oder anderswo im Universum, aber *DAS BUCH DES LICHTS* erklärt nur alles so vollkommen, damit wir uns leichter von allem LÖSEN. Ich wiederhole: Während die unwissenden Wissenschaftler alles stümperhaft zu erklären versuchen, uns und sich nur weiter beschmutzen, erklärt *DAS BUCH DES LICHTS* die Welt in vollkommener Weise, damit wir uns leichter davon LÖSEN können. Wer es zu fassen vermag, der fasse es. OM UND IMMER WIEDER OM. Hast Du trotz spirituellen Namens immer noch nicht begriffen, oh Lanoo? Macht nichts, auch ich habe lange nicht begriffen, in welcher kranken Welt wir leben. Doch jetzt ist der Schleier gelüftet, jetzt ist der Vorhang gefallen! Und ich wiederhole: Da unser ICH gar nicht das OBJEKT sein kann, also das Wahrgenommene, sondern wir, das Ich, also **das Subjekt**, nur das Objekt, also Körper, Gefühl, Denken, Seele und Geist VERURSACHT HABEN, brauchen wir uns auch nicht mehr ‚ICH' zu nennen, wenn wir in NIRVĀṆA sind. „Ich" sagt man immer nur in Verbindung mit der vergänglichen Beilegung. Die eigene Wesenheit, also das „Ich", ist dann nur der abstrakte Gedanke einer auf Loslösung bedachten Wesenheit. OM. ICH entstehe ja nur durch auf die Welt gerichtete Vernunft, doch laut BDL sollen wir ja UN-vernnftig werden.

MÖGE DIE GANZE WELT MIT ALLEM DARIN SICH IN EIN GROSSES BUCH DES LICHTS KLOSTER VERWANDELN UND MÖGEN WIR ALLE AUFRICHTIGE, DEM NIRVĀṆA ZUGEWANDTE MÖNCHE UND NONNEN WERDEN! OM!

Der Leser meint, dazu bedarf es entsprechender UMSTÄNDE? Ich wiederhole: DU verursachst die Umstände, nicht umgekehrt.

So, das musste mal gesagt werden! Da jeder abstrakte Begriff nur der Vernunft entspricht, sozusagen eine Benennung durch nichts bewiesen, denn ich kann ja alles mögliche behaupten, eben darum müssen wir uns in der SEELENATEM MEDITATION vernunftsFREI machen.
Man erkennt dann nicht mehr, dass man SELBST etwas wahrnimmt oder schaut, wie es ja auch bei den Jhanas, den Schauungen, während der Seelenatem Meditation - Versenkung der Fall ist, sondern man benutzt den Begriff ICH einfach nicht mehr, weil er vom höchsten nirvâṇischen Standpunkt nicht mehr notwendig ist und auch nicht mehr zutrifft. OM. DENN: „Ich" bin ja SELBST das erkennende Prinzip, auch den Erkenntnisapparat samt seiner Erkenntnisse nehme ich ja wahr als ANATTA, also als nicht das Selbst. Aber „Ich" **bin** das nicht, wie ich auch nicht meine Hosen und Schuhe bin. Das glaubt auch der Erkenntnisapparat und zieht mich immer mehr in diese kranke Welt, FALLS ich mich mit dem Erkannten identifiziere. Ohne tägliche, regelmäßige Versenkung wird all dies immer nur Theorie für den Leser bleiben, und er wird sich dann möglicherweise wieder in das brausende Leben stürzen. DESHALB ist ja auch die tägliche Seelenatem Meditation sehr wichtig! Und weil „Ich" ja eigentlich den Erkenntnisvorgang wahrnehme, kann nur „Ich" mich davon lösen, bis der Begriff „Ich" nicht mehr auf mich zutrifft, denn in NIRVĀṆA erkenne ich nichts Veränderliches mehr. Und doch ist, so wiederhole ich, NIRVĀṆA auch nicht das Ich. Auch NIRVĀṆA ist ANATTA. Ich als MONADE erkenne auch in NIRVĀṆA, aber was „Ich" da ERKENNE, ist ZEITLOS EWIG, jenseits aller Definition. Es vergeht keine Zeit in diesem Zustand. DIESE Erkenntnis wird mir nicht mehr genommen. Sie ist also EWIG, im Sinne von OHNE DAUER. Alle anderen Erkenntnisebenen sind vergänglich, inklusive der so genannten „ewigen" nachtodlichen Himmel oder Höllen, die es so natürlich gar nicht gibt. OM.

Vergängliches erkennt man nur mit vergänglichen Organen. Das Verlangen nach diesen Organen hat man aber in NIRVĀṆA abgelegt bzw. **überwunden**. Man hat dort keine Organe mehr. Gleiches erkennt nur Gleiches, Vergängliches nur Vergängliches. DIE WESENHEIT aber ist ZEITLOS EWIG UNGEBOREN. Zeitlos Ewiges aber erkennt NUR Zeitlos Ewiges, nämlich das NIRVĀṆA bzw. den nirvâṇischen Urgrund, der weder voller noch leerer wird, ganz gleich, wie viele Wesenheiten NIRVĀṆA erlangt haben oder wie viele Wesenheiten sich im URGRUND befinden. OM. Man löse das Rätsel, und zwar durch tägliche Versenkung in der SEELENATEM MEDITATION.

Ich ERKENNE also, geleitet durch die Lehre, alles Erkennbare nur als Objekte, die es nicht wert sind, sich weiter mit ihnen zu befassen, es sei denn zum Zwecke der LOSLÖSUNG. Darum sind alle wissenschaftlichen Definitionen der Objekte UNNÖTIG und außerdem auch noch FALSCH. *DAS BUCH DES LICHTS* definiert richtig, aber nur zum Zwecke der LOSLÖSUNG von diesen Beschmutzungen, bis hoch zu den höchsten Himmeln der Religionen, die ebenfalls vergänglich sind. OM. Einfach ist es nicht, diesen Gedankengängen zu folgen, die zum NICHT Denken in der SEELENATEM MEDITATION aufrufen, denn wir identifizieren uns ja noch sehr mit dem Erkannten.

Noch etwas wiederholend zu den Niagarafällen. Wenn Du aus Deiner meditativen Betrachtungsweise dieses gewaltigen Naturschauspiels erwachst, erst dann benutzt Du Deine törichte Vernunft, all dies definieren zu wollen. Die Definitionssucht der unwissenden Wissenschaftler führt uns mehr und mehr in den vergänglichen Sumpf der Leidenswelt. Wer so oft wie möglich MEDITIERT, der wird sich immer mehr lösen von den vergänglichen Formen bzw. vom Verlangen nach ihnen und NICHT versuchen, sie ständig zu definieren, anders als so: Das BIN ich nicht, das ist NICHT mein Selbst, das ist LEIDVOLL! Davon werde ich mich lösen! DAS ist wahrer Mut!! Wer so denkt, der denkt richtig. Die eigene Persönlichkeit wird sich einem solchen als BESCHMUTZUNG darstellen, eine Beschmutzung, von der es gilt, sich so schnell wie möglich zu lösen, allerdings nicht durch Selbstmord, sondern durch Überwindung von Körper, Gefühl, Denken, Seele und Geist. OM.

Oh Lanoo, vor über 150.000.000.000.000 Jahren waren wir also zwar schon IN der Welt, aber noch nicht ganz VON der Welt. Dies geschah erst, als wir, wie bereits erwähnt, die FORMEN der anderen, also die anderen Erkenntnisapparate, für definitionswürdig erachteten. Das war der Anfang vom Ende. Von nur wahrnehmend stiegen wir herab zur DEFINITION des Wahrgenommenen. Übrigens vergeht in der vollkommenen Seelenatem Meditation keine Zeit. Man kann natürlich den WILLEN setzen, die Meditation zu beenden, dann entsteht wieder Zeit, welche ja nichts weiter ist als die Wahrnehmung von Veränderlichem. Für die brahmanische erste Emanation vergeht übrigens die Zeit VIEL SCHNELLER als für uns, und zwar so schnell, dass man das Entstehen und Vergehen des Universums mit den Takten eines Motors vergleichen kann. BANG BANG BANG BANG BANG etc. Für Gott sind eben „tausend Jahre wie ein Tag"…

Sobald wir beim Wiedererwachen des Universums die Welt betraten, verharrten wir zunächst noch erstaunt. ERST DANN begannen wir mit der DEFINITION der Strukturen, die sich uns als Lebensformen präsentierten. Wir wurden uns aber auch unserer EIGENEN Struktur bewusst und begannen sie zu definieren, uns damit immer mehr in den Sumpf der Welt bewegend. Nur uns, oder das, was wir essentiell NICHT sind, wahrzunehmen, genügte uns nicht mehr. Wir reagierten mit EMPFINDUNGEN auf die anderen Formen. Einige Empfindungen waren beglückend, andere leidvoll. Unser Durst nach Wahrnehmung und MEHR Empfindung, vor allem nach (scheinbar) positiver Empfindung, veranlasste karmisch die ASTRALENGEL, uns astrale Hüllen zu verleihen, die es uns noch mehr ermöglichten, WOHLIGE Empfindungen zu erfahren, aber eben auch den unvermeidlichen Gegensatz dazu, also LEIDVOLLE. So taumeln wir seither wie die Motten um das Licht um unsere Empfindungen bzw. um die Objekte herum, welche uns diese Empfindungen ermöglichen bzw. sie in uns hervorrufen. OM.

Wir entfalteten eine NEUE Geistestätigkeit, die weit über den ersten Zustand hinausging, in dem wir uns befanden, als wir den Urgrund verließen. Denn dieser Zustand war GLÜCK und SELIGKEIT per se, ganz nahe dem NIRVĀṆA. Wir erfanden immer mehr Worte und Begriffe, in dem verzweifelten Versuch, das Unerklärbare zu erklären. Dies entwickelte sich bis zu dem heutigen von Steuergeldern bezahlten Verwirrungszustand, Wissenschaft genannt. OM. So hat man bis heute alles Wahrnehmbare zugrunde definiert und diesen Planeten in ein kosmisches Klo seiner Bewohner verwandelt, DENN dieser Planet besteht ja zum großen Teil aus den Ausscheidungen seiner Bewohner, als da sind Mineralien, Pflanzen, Tiere und Menschen. OM. Hinzu kommt noch, dass *DAS BUCH DES LICHTS* lehrt, dass Krebskranke und VIRAL erkrankte Atlantiden vor langer Zeit bei Beerdigung ihrer Leichen ihren viralen und bakteriellen Krankheitszustand der Erdschicht überließen. All dies bricht heute wieder hervor und verursacht die meisten viralen und bakteriellen Krankheiten. OM. Wir leben also auf den Absonderungen anderer Lebensformen. Hätten wir diese „Absonderungen" wenigstens RICHTIG definiert, also als NICHT das Selbst, dann wäre uns bis heute viel Leid erspart geblieben.

Aber schauen wir uns die Welt von heute doch an, hier oder sonstwo im Universum. Es ist doch nur ein ständiges ZERFLEISCHEN, Fressen und Gefressen Werden. Die Beilegungen fressen sich gegenseitig. PFUI! Einfach ekelhaft. Da empfiehlt es sich doch, sich aus dem Staub zu machen und dem NIRVĀṆA entgegen zu streben. OM.

Um mit den Mitwesen verkehren zu können, haben wir dann die BEGRIFFE erfunden. Nun ist die Zeit gekommen, alles auf EINEN Begriff zu reduzieren, nämlich auf den SPIRITUELLEN NAMEN LANOO, den ich euch allen hiermit verleihe, kraft Autorität des großen Chohan. OM. Man führe sich das vor Augen. WIE entsteht überhaupt BEWUSSTSEIN, welches uns immer wieder auf die Tretmühle des Samsara schleudert, also auf das Rad der Wiedergeburt?

Wenn Licht auf eine Gestalt fällt und von dieser Gestalt reflektiert wird und wenn dieses Licht dann auf mein AUGE fällt, einen Druck oder Eindruck verursacht und ich das als SEHEN bezeichne, entsteht auf diese Weise Sehbewusstsein. Wenn durch TON erzeugte Luftschwingungen auf mein OHR fallen, entsteht HÖRbewusstsein. Man bedenke übrigens, dass nicht so sehr das GEHIRN, sondern das GEHÖR sich via Ohr als erstes vor über 20.000 Jahren im damals noch ätherischen Menschen verdichtete. DAS OHR war also das erste feste Organ im damaligen Menschen und DAS OHR wird auch das erste Organ sein, welches seine Festigkeit aufgibt und DANN erst folgt die Ätherisierung der restlichen körperlichen Struktur. So werden die ersten die Letzten sein, obwohl es da noch ganz andere okkulte Ereignisse gibt, auf welche diese Definition zutrifft, zum Beispiel das hierarchische Wiedererscheinen und Verschwinden des Universums bzw. seiner Wesenheiten betreffend. OM.

Es handelt sich bei den verschiedenen Bewusstseinsvorgängen leider immer um einen Ausbreitungsvorgang, also leider immer weiter in dieses vom Selbst weg und hinein in dieses planetarische Klo, Erde genannt. OM.

Darüber hinaus gibt es natürlich ein Schmeckbewusstsein, entstehend durch die Zunge und Säfte, dann ein Riechbewusstsein, verursacht durch die Nase und die Düfte, so wie ein Tastbewusstsein, bedingt durch den Leib und die Tastobjekte, und dann haben wir noch das DENKbewusstsein, bedingt durch das anschauliche Denken sowie die Dinge. Da entsteht also ein Einschlag, welcher immer BERÜHRUNG ist, was wieder EMPFINDUNG verursacht. Damit schließt sich der Satanische Kreis der Anhaftung, welche IMMER, wenn nicht überwunden, zur Reinkarnation führt. OM. Doch es geht weiter: Die Empfindung führt zur Wahrnehmung und nicht umgekehrt, wie manche glauben. Die Wahrnehmung aktiviert den Denkvorgang, der alles immer definieren will und sich damit immer mehr in IRRTUM verstrickt. Denn eine Kuh ist eben **nicht** eine Kuh, ein Haus nicht ein Haus, und Gott nicht Gott. Das sind nur irrtümliche Definitionen, von Unwissenden fabriziert. OM. Wer es zu fassen vermag, der fasse es. DENN, erst wenn Du alles ANSCHAULICH wahrnimmst, OHNE Definition, dann führt Dich das RAUS aus diesem Irrenhaus und direkt in Richtung NIRVĀṆA. OM. MENSCH, WACH DOCH AUF, du kannst jede Sekunde sterben, egal wie gesund oder krank Du bist. Wie oft willst Du denn noch reinkarnieren, leben und sterben? WIE OFT?

Es ist doch die VERNUNFT, die **satanische** VERNUNFT, welche das, was wir wahrnehmen durch unsere Wahrnehmungsorgane, abstrakt formiert als Begriff. Man sagt dann, das heißt so oder so. Ist aber alles krank. Alles ist LANOO, und geleitet und bewacht durch diesen von mir der ganzen Welt mit allem darin verliehenen spirituellen Namen wird sich alles früher oder später für NIRVĀṆA entscheiden. Zeit spielt keine Rolle. OM. Aber ohne zuvor etwas WAHRGENOMMEN zu haben, kann OHNE die Vernunft gar nichts offenbar gemacht werden. Wir müssen uns also wieder JENSEITS der Vernunft begeben, in den Zustand der WAHRNEHMUNG ohne Beurteilung, also in die Zeit kurz nach Verlassen des NIRVĀṆA oder des Urgrundes. OM. Dies wird hoffentlich bald allen Wesen möglich sein, damit das gesamte Universum mit allem darin bald zu einem *BUCH DES LICHTS* KLOSTER wird und die Maschinen alle Arbeit verrichten, damit alle Wesen sich der VERSENKUNG bzw. der SEELENATEM MEDITATION widmen können und dann LOSLÖSUNG und damit NIRVĀṆA erlangen. OM. OM.

Oh Lanoo, der Begriff Objekt entstammt dem Lateinischen OBICERE, was ENTGEGENWERFEN bedeutet. Das Ganze ist also noch viel schlimmer als gedacht. Nicht nur „treten" uns die Objekte entgegen oder stellen sich uns in den Weg, nach Aufmerksamkeit heischend, nein, sie WERFEN sich uns geradezu entgegen, ja GREIFEN UNS AN, unsere Reaktion ersehnend, welche IMMER „ja", „nein" oder „ist mir egal" signalisiert. Anders gesagt: Es gibt nichts anderes in der Welt als mögen, nicht mögen oder Gleichgültigkeit. Doch dazu gehören immer zwei, einmal der Wahrnehmende und dann das, was sich ihm entgegen wirft, also das Objekt. Wer war zuerst, das Huhn oder das Ei? DER DRANG war zuerst, entstehend in der Wesenheit. Sie verließ den Urgrund, stürzte sich, **Dualität verursachend**, in die Materie und verursachte die „erste" Form für diese Weltenperiode oder für dieses, laut *Buch des Lichts*, Mahamanvantara. Doch dieser Zustand war nur die Fortsetzung der vergangenen Existenz. Also waren in der Welt der Manifestation immer BEIDE zuerst, das Huhn und das Ei. Denn das Ei ist ja mit oder IM Huhn potentiell präexistent. Dies ist auch bedingt durch das zuerst sich bildende kosmische WELTENEI und seine Wirkungsweise, erklärt in meinem Buch *DIE WELTFORMEL.*

Wer nicht mehr von Objekten belästigt werden will, der muss sich aus dieser kranken Welt lösen, denn auch in den höchsten Himmeln werfen sich uns andere entgegen ... Mit anderen Worten, das Objekt (von „obicere", entgegenwerfen) wirft sich dem Subjekt entgegen, so wie ein lüsterner Mensch dem anderen, auf sexuelle Vereinigung drängend, was dann reproduktiv zu neuen Beilegungen führt ...

Ich gebe ein Beispiel der vernichtenden Vernunft. Wer rein MEDITATIV den Mond bei Nacht anschaut, der wird gar nicht auf den Gedanken kommen, danach zu fragen, warum der Mond scheint bzw. leuchtet. Wer aber danach fragt, dem sagt sogar die

VERNUNFT zunächst einmal, dass das Licht vom MOND kommt. Stimmt, aber stimmt auch nicht, denn wie wir alle inzwischen wissen, REFLEKTIERT der übrigens sterbende Mond nur das Licht der ihn bestrahlenden Sonne. ABER: Ist oder war das denn nötig, dies zu wissen? WARUM DENN? Dies führt doch nur zu weiteren in die Welt abirrenden und die ersehnte Quelle suchenden Gedanken. Das Resultat sehen wir heute. Mit dieser Art von Denken haben wir die Erde in eine Müllhalde verwandelt, umkreist von Weltraumschrott, der hoffentlich bald auf die Erde kracht und die Menschen zur RECHTEN Vernunft bringt, nämlich in Richtung NIRVĀṆA.

DAS BUCH DES LICHTS lehrt: Anschauung genügt. So mancher wird einwenden: Aber nur mit der Anschauung könnte ich doch gar nicht feststellen, dass das Mondlicht von der SONNE kommt, also nur GEBORGTES Licht ist. Das stimmt, hättest Du aber die VOLLKOMMENE Anschauung erlangt in der SEELENATEM MEDITATION, dann WÜSSTEST DU all dies. Denn dann hast Du VOLLKOMMENE Anschauung und vollkommenes Wissen. Wer es zu fassen vermag, der fasse es. ABER: Selbst wenn Du es weißt, wozu das Ganze? Es geht doch nur darum, sich zu LÖSEN von dieser Müllhalde, „Welt" genannt!

Wie steht es nun mit dem ICH und der Anschauung? Wenn ich INDIREKT anschaue, dann kann nur der Gedanke kommen, dass dies NICHT mein Ich ist, weil ich eine **Veränderung** wahrnehme im Wahrgenommenen. Dies aber kann nur ein der Anschauung völlig Mächtiger, also ein LANOO, früher oder später erfahren und verstehen. Der kann dann ganz klar seine Persönlichkeit als ANATTA, also als ein Objekt, betrachten.

Fassen wir zusammen: Die Persönlichkeit ist NICHT das Ich. Diese Erkenntnis wird uns immer bewusster, je mehr wir uns mit unserem SPIRITUELLEN Namen Lanoo identifizieren und nicht mit unserem „normalen" Familiennamen.

Alle Aktivitäten des NICHT-Ich der Persönlichkeit sind aber abhängig von mir, haben sich andererseits im Laufe der Billionen von Jahren der evolutionären Entwicklung eigenständig gemacht und mögen Dir z. B. sehr wohl suggerieren, dass DU sie BIST, dass also DU die Persönlichkeit **bist**. Daran krankt die ganze Welt mit allem darin. So weit ist es ja leider bereits in der Welt gekommen, dass die meisten Wesen völlig in Satans Hand sind und sich sagen: ICH BIN die Persönlichkeit. Die gute Nachricht aber ist, dass Du jetzt, wo Du LANOO bist, diese Falle **durchschaust**. Jetzt AHNST Du bereits - und eines Tages WEISST Du es vielleicht - dass ja die gesamte Persönlichkeit VON DIR, dem Subjekt, abhängig ist. DU hast sie GEBOREN, vor ÄONEN. OM. Wie lange willst Du Dein NICHT-ICH noch gewähren lassen? Wie lange willst Du noch geboren werden, leben und sterben? Wie lange und wie oft willst Du denn noch STERBEN? Denn ein Leben gibt es nicht, wie Du bereits weißt. Trotzdem präge es Dir ein: Die Geburt ist der Beginn des Sterbevorganges, der Tod ist sein Ende.

Deine Persönlichkeit wurde VON DIR ins „Leben" gerufen, sie ist VON DIR abhängig, ganz gleich, wie sehr sie Dir vormachen will, dass Du VON IHR abhängig bist! Also dann, mach Dich an die Arbeit. Befreie Dich von den Fesseln der Persönlichkeit, entwickle die Macht Deines spirituellen Namens! Auch wenn Dein Einfluss auf Deine Persönlichkeit noch ziemlich transzendent sein mag, kaum feststellbar für die Erkenntnis und darum so machtvoll, so ist doch jetzt die Zeit für einen Machtwechsel gekommen und für den großen Kampf SPIRITUELLER NAME gegen PERSÖNLICHKEIT.

Was sind denn die der Wesenheit am nahe stehendsten Erscheinungen? Es ist der WILLLE, das BEGEHREN, DER DURST. Und weil wir dieses Begehren haben, diesen Willen, wollen oder wollten wir ihn auch befriedigen. Doch ohne Monade oder Wesenheit oder Subjekt ist kein Ergreifen der vergänglichen Strukturen oder des befruchteten Keimes im Mutterleibe möglich. OM. Denn IN DER MONADE, also in der WESENHEIT, war ja das Begehren, dieser Wille von Anfang an, DAS hat ja die Wesenheit dazu bewegt, den Urgrund zu verlassen!

Was war nun die Ursache, dass überhaupt Gedanken entstanden? Die wurden uns, wie bereits erwähnt, von den Manasaputras verliehen. Ohne *BUCH DES LICHTS* Studium wird man dies nie verstehen. WAS aber hat die WESENHEIT veranlasst, auch von der VERNUNFT erfasst zu werden? Wäre die Wesenheit allein in der Welt gewesen, ohne die anderen Wesenheiten, wäre dieses Verlangen der Vernunft in der Wesenheit nie aufgestiegen. Sie hätte sich irgendwann wieder dazu entschlossen, in den Urgrund zurückzukehren.

Doch halt, *DAS BUCH DES LICHTS* lehrt, dass es NUR EINEN MENSCHEN gibt und keine Zwei. NUR EIN MENSCH fällt in die Materie und umgibt sich mit Formen. Eines widerspricht nicht dem anderen. Dieser EINE MENSCH, der immer den Urgrund verlässt, ist ADAM KADMON. Das gesamte Universum mit allem darin sind seine GLIEDMASSEN. Wer es zu fassen vermag, der fasse es. Du gehörst zum Körper des ADAM KADMON, bist eines seiner Gliedmaßen. Die Zeit ist nun gekommen, erwachsen zu werden, Dich selbständig zu machen, ADAM KADMON zu verlassen, bis Adam Kadmon selbst endlich begreift, dass sogar er oder ES, der einzig lebende Mensch, nicht hierher gehört, sondern dorthin, wo er herkommt, zurück in den Urgrund, um ihn hoffentlich nie mehr zu verlassen. Erst wenn die ganze Welt mit allem darin für immer verschwunden ist, sind alle Wesen wirklich FREI. OM.

Die Natur des Adam Kadmon wird man nur verstehen, wenn man sich INTENSIV mit dem *BUCH DES LICHTS* befasst. Auch hier und jetzt benenne ich ADAM KADMON um in LANOO, um ihm so den Loslösungsprozess zu erleichtern. OM. Doch so ganz will ich den Leser nicht „in der Luft hängen" lassen, was ADAM KADMON, der nun auch LANOO heißt, anbelangt. Also dann:

DAS ist Adam Kadmon anthropomorphisiert, also vermenschlicht. Adam Kadmon ist der „kosmische Mensch", dem kosmischen Ei entsprungen. Nach *BUCH DES LICHTS* besteht Adam Kadmon jeweils aus nicht erlösten Monaden, welche seinen gesamten Körper bilden, ja das gesamte Universum. OM. *DAS BUCH DES LICHTS* ist die einzige Schrift, welche ADAM KADMON, den himmlischen Menschen, für immer erlösen kann. *Das Buch des Lichts* stimmt der hebräischen selbstsüchtigen Definition des Adam Kadmon nicht zu. Denn: Der jetzige Mensch ist ein - wenn auch sehr unvollständiges - mikroskopisches Spiegelbild des Kosmos und damit der ganzen Welt.

Der Autor Stefan Brönnle hat Recht, wenn er in „Der kosmische Mensch" schreibt: **„Dem vom Menschen erdachten, ewig notwendigen Wirtschaftswachstum stehen geschwürartig ausufernde Städte und nicht zuletzt die Zivilisationskrankheit Krebs gegenüber. Die Übersäuerung (Acidose) des Menschen widerspiegelt sich im sauren Regen und der damit verbundenen Übersäuerung unserer Böden und auch unsere Gehirnwellenrhythmen gleichen den Wetterschwingungen im ELF Bereich (extremly low frequence): Sind wir ausgeglichen und entspannt, so können wir die Kurven von schönem ruhigen Wetter wiedererkennen, naht dagegen ein Gewitter, so gleicht dies unserem Stress und „brainstorming". Der kosmische Mensch ist erhalten geblieben, nur ist er sich als irdischer Mensch dessen nicht mehr bewusst."** Zitat Ende.

Was übrigens das völlig unnötige exzessive Wirtschaftswachstum und unser kriminelles Währungssystem anbelangt, so bitte ich den Lanoo, mein Buch *DER WAHRE BANKENSCHWINDEL* zu lesen.
Was Adam Kadmon anbelangt, so ist „Er“ geschlechtslos, doppelgeschlechtlich-androgyn, Mann, Frau, sowie Mann und Frau in einem. Entlang des Adam Kadmon entwickeln wir uns durch 311.040.000.000.000. Jahre aus der Geschlechtslosigkeit in die Geschlechtslosigkeit. Wer es zu fassen vermag, der fasse es. OM.
DAS BUCH DES LICHTS lehrt: Allem, auch dem Adam Kadmon, kann man entfliehen, um dann NIRVĀṆA zu erlangen. OM.

SEI UNVERNÜNFTIG

Wir leben in einer Welt der Vernunft, und nun dies? UNVERNÜNFTIG sein? Ja, und das jeden Tag mindestens für eine halbe Stunde. Dort bewegen wir uns via Seelenatem Meditation zurück in die Position, als wir die Welt betraten und nur alles WAHRNAHMEN, ohne es zu definieren, denn wir hatten noch keine drangbedingte Vernunft entwickelt, welche per se SATANISCH ist, weil sie uns drängt, das zunächst nur Wahrgenommene zu definieren, ihm dadurch mehr und mehr anzuhaften. Diesen Vorgang kehren wir nun um, und zwar jeden Tag für eine halbe bis ganze Stunde. SO entfesseln wir uns aus der vergänglichen Welt der Sinne und ihrer „Freuden“, welche in Wirklichkeit doch nur verdecktes Leid sind. OM. Deshalb sagte auch der große Buddha: „Ein Schmutzwinkel sind die 4 Wände!“ Denn es sind ja aus Schmutz gebaute Abgrenzungen. DENNOCH ist es sehr wohl möglich - sei es in einer Einzimmer Wohnung oder gar in einem Schloss - NIRVĀṆA zu erlangen. Man löse das Rätsel. EHRE SEI DEM *BUCH DES LICHTS*.

Zurück zum Begehren. Ohne unerlöstes Subjekt kein Begehren, und ohne Objekt schon gar nicht, denn es ist ja das OBJEKT, welches vom Subjekt bzw. von dessen Beilegungen begehrt wird. Das Subjekt bzw. dessen Beilegung erfährt dieses Begehren und erlaubt die Befriedigung, aber nur solange, bis es hoffentlich das LEIDVOLLE an der Erfüllung jeglichen Begehrens, jeglichen Willens, **erkennt**, ausgenommen der Willen nach NIRVĀṆA. Der Durst ist also immer ENTHALTEN in der Wesenheit, und: Die UMKEHRUNG des Durstes nach NIRVĀṆA oder in den zeitlos ewigen Urgrund ist der Rettungsring der Wesenheit. OM.

Wie entsteht nun überhaupt ein Gedanke? Denkt man einfach nur so vor sich hin? Ich deutete es bereits an. Gäbe es keine Ursache, würde die Wesenheit in der reinen Anschauung verharren. Das Subjekt, der LANOO, wird aber von der Vernunft des Ich-Gedankens erfasst und verarbeitet mental die Begegnung mit anderen Wesen. Dies führt zu weiteren Greifakten, immer weiter in die Welt hinein. DANN sagt sogar die Wesenheit „ICH“, aber nur dann. Dies ist noch real, der Wirklichkeit entsprechend, doch wenn die Wesenheit sich mit dem Denken in die Welt hinein identifiziert, wartet auf die Wesenheit IMMER das Leiden. Oh Lanoo, überlege gut, bevor Du ICH sagst! Es könnte nämlich sein, Du meinst das, was Du NICHT bist. OM.

LANOO ist also der Rettungsring, nämlich dann, wenn die Wesenheit denkt, all das bin ich NICHT', und dann das gleiche Denken benutzt, um sich davon - und an der Tür zu NIRVĀṆA - auch von diesem Denken zu lösen. Man überwindet also das Denken mit dem Denken, und zwar in der SEELENATEM MEDITATION. OM.
ERST DANN, wenn der Lanoo dies wirklich **versteht,** ist die neu benannte Wesenheit nicht mehr von dieser Welt, obzwar noch IN der Welt. Doch dann kann der LANOO sich wieder meditativ zurückziehen und damit bloßer ZUSCHAUER sein, so wie ich einen Film sehe und doch nicht IN dem Film bin, mich nicht damit identifiziere, obwohl ich schon so manchen „normal" in einen Film hineingehen sah, der dann wie JOHN WAYNE oder BRUCE LEE herauskam. Spaß muss sein.

So ist also der ICH - Gedanke in der Wesenheit aufgestiegen, dies, laut *BUCH DES LICHTS* vor etwa 150.000.000.000.000 Jahren beim Wiedererwachen des Universums, von unseren nichts wissenden Wissenschaftlern als „Big Bang" oder „URKNALL" missverstanden. OM. Aber da ist er nun mal, der ICH - Gedanke. Zunächst einmal erscheint dem Lanoo zu diesem Zeitpunkt alles wesensfremd, ein unerklärliches Tohuwabohu. Was ihm jetzt helfen würde, wäre *DAS BUCH DES LICHTS*, doch dieses Wissen schlummerte damals noch, karmisch bedingt, im Urgrund. Also war der Lanoo auf sich allein gestellt und handelt auch dementsprechend, wobei „er" die falsche Bezeichnung ist, denn die ersten Wesenheiten waren zu diesem Zeitpunkt noch völlig geschlechtslos, wenn auch potentiell dual, eben weil bzw. falls sie bereits mit der Urmaterie Kontakt hatten in vorhergehenden kosmischen Weltenperioden, also bereits von der in der Bibel erwähnten „verbotenen Frucht" gekostet hatten. Es fand also jetzt, wie bereits erwähnt, ein Bekanntwerden mit den anderen Wesenheiten statt bzw. mit deren Beilegungen. OM. Es entwickelte sich die Persönlichkeit, es begann die TRENNUNG in Formen und Begriffen, in die bereits erwähnte unterschiedliche Bezeichnung, wenn auch noch mit einheitlicher Sprache, dem SENZAR SANSKRIT. Mehr darüber im *BUCH DES LICHTS*. Der LANOO sagte und DACHTE immer mehr: „ICH will", „ICH ergreife". Was ergreift er denn? Ihm eigentlich Fremdes, das er nun begehrt. Stolz präsentiert er sich zu dem Zeitpunkt als strahlendes Engelwesen: „SEHT MAL, WIE ICH STRAHLE". Und in der Tat strahlt diese Wesenheit, bedingt durch eigenes Karma, vielleicht etwas mehr als die anderen? Dies verursacht Neid und die ersten Ursachen sind gelegt für den später folgenden „Krieg im Himmel". Es ist also der STOLZ auf die Persönlichkeit, welcher die Ursache aller „Probleme" ist. Wie oft höre ich Menschen sagen, dass sie STOLZ auf dieses oder jenes Erreichte sind. Ich könnte dann antworten: „Stolz ist das Privileg der Dummen", lasse es dann aber doch lieber.

Mehr und mehr gibt sich die Wesenheit, beeindruckt von den Beilegungen, deren Gedankenregungen hin. Sie will nun die Persönlichkeit erhalten. Und das ist die Tragik der Welt, sei es hier oder in einem Paralleluniversum. Sie wollen die vergänglichen Formen erhalten, diese Narren. Und anstatt sich nun dem WIRKLICH UNSTERBLICHEN zuzuwenden, wühlen sie weiter im Dreck, werden immer wieder geboren, leben und sterben. Wenn eine solche anhaftende Wesenheit stirbt, ihr also die Beilegungen entrissen werden, überlebt natürlich das Verlangen und gruppiert sich neu um einen befruchteten Schoss, ergreift den Keim gleicher Schwingung und ‚die Schnauze voran' flutscht der Narr wieder ins Leben. Entschuldigung, das ist mir so rausgeflutscht. Nunmehr betrachtet sich die närrische Wesenheit also völlig der Welt zugehörig, so wie der Zwerg Alexander der Große, dem sein Lehrer Aristoteles außerdem noch einredete, er wäre unsterblich. Der kleine Alexander starb trotzdem mit dreißig Jahren. Man stelle sich vor, wie oft dieser größenwahnsinnige Alexander wieder reinkarnieren muss, um all seine Verbrechen, die er begangen hat, dieses Mal als OPFER auszuleben. OM. Der Lanoo wird in einem solchen Stadium immer selbstgefälliger im positiven Sinn, denn er denkt ja vom Nicht-Selbst hinweg in Richtung NIRVĀṆA, klammert sich immer weniger an sein Anatta, erträgt sein gegenwärtiges Elend so gleichmütig wie möglich, auch nicht auf ein ewiges Leben im Himmel hoffend. OM. Der **andere** Lanoo aber mag im Elend leben, auf ein besseres Leben hoffen und dabei immer und immer wieder in die karmische Falle der Wiedergeburt tappen. Ganz gleich in welch großem ELEND so einer lebt, Hauptsache, ich kann leben, so redet er sich ein, und er stolpert von einer Falle in die nächste, von einem Leben in das nächste, mal König, mal Bettler, mal dies, mal das. Immer stärker wird sein Durst nach der Persönlichkeit. Getrieben von seinem Durst begeht er schlimme Taten, wie wir alle sie übrigens bereits begangen haben. Der Leser soll sich doch nichts vormachen. AUCH ER war bereits viele Male ein Lügner, Betrüger, Dieb und Mörder, aber auch oft ein guter Mensch. Er war all dies, sonst wäre er gar nicht in dieser Welt der Heiligen und der Sünder. Immer tiefer fällt **ein solcher** Lanoo, indem er sich sagt: „ICH BIN der Körper, die Empfindung, die Wahrnehmung, die Gemütstätigkeiten, das Erkennen! All das BIN Ich!" Die Gefahr, in Höllenregionen wieder zu erscheinen, wird dann für einen solchen LANOO immer größer, denn er wird auch die schlimmste Tat begehen, auch das schlimmste Verbrechen, nur um sein rasendes Verlangen nach Sinnesgenuss zu befriedigen. OM.

Immer wieder, Leben für Leben, sagt er sich: „ICH BIN der Körper, die Empfindung, die Wahrnehmung, die Gemütstätigkeiten, das Erkennen! All das BIN ICH!" Immer wieder kreist er um das Samsara, wie die Motte um das Licht. Er verkennt die wirkliche Sachlage. Er ist nun völlig abhängig von der Persönlichkeit. Wenn diese stirbt, ihm immer wieder entrissen wird, dann **glaubt er**, dass ER stirbt. Dies ist die wahre Ursache für die weltweit grassierende Krankheit, TODESANGST genannt. Darum lehrt *DAS BUCH DES LICHTS*: Kunst, Kultur, Wissenschaft, Politik und Religion

sind nichts weiter als verdrängte Todesangst. Nun beginnt der totale Absturz. Der Mensch oder der LANOO wähnt sich der Welt zugehörig und handelt und reagiert dementsprechend, verzweifelt gegen das unweigerliche Ende ankämpfend. Sein Verlangen nach der Persönlichkeit verursacht dann immer wieder die neue Inkarnation. Er mag sich irgendwann fragen: „Woher komme ich? Wer bin ich? Was mache ich eigentlich hier? Diese Fragen wird er sich aber vielleicht erst nach vielen Leben stellen, in denen er die Persönlichkeit genossen hat, mit allen Konsequenzen, die immer leidvoller wurden auf Grund der konstanten Vergänglichkeit der geliebten Person oder des Objekts. Irgendwann wird so jemand hoffentlich erkennen, dass nur *DAS BUCH DES LICHTS* ihm diese Fragen befriedigend beantworten kann, zusammengefasst in einem Satz: DU GEHÖRST DAHIN, WO DU HERKOMMST, NACH NIRVĀṆA, ZURÜCK IN DEN URGRUND! Er mag dann zurückrufen: „WENN ICH DAHIN GEHÖRE, WARUM BIN ICH DANN ÜBERHAUPT HIER?"
Und *DAS BUCH DES LICHTS* wird antworten: „UM GENAU DAS ZU LERNEN!"

Eines ist klar: Die Persönlichkeit empfindet nicht nur Freude, sondern auch LEIDEN. Wenn ich also die Persönlichkeit WÄRE, dann müsste mir das Leiden so normal sein wie die Freude, wie das Glück und das Unglück. Dem ist aber nicht so, denn niemand will wirklich leiden, es sei denn, er ist Masochist.

Zurück zur Vernunftlosigkeit, ein weitaus missbilligter Begriff, weil man ihn mit Unvollkommenheit identifiziert. ABER ich gehe hier sogar noch weiter und meine einen Zustand, VÖLLIG FREI von Vernunft. Habt ihr schon mal so genannte geistig Behinderte gesehen, die den ganzen Tag fröhlich lächeln? Das ist ein Mensch, der bedingt durch Karma zwar keine Vernunft hat, aber dadurch das völlige Seligkeitspotential der göttlichen Monade wahrnimmt. Das hat übrigens nichts mit dem Dauergrinser Dalai Lama zu tun. OM. Ich rede also davon, wenn es gelingt, in der SEELENATEM MEDITATION alle Vernunft zur Seite zu schieben, mich nur auf meinen Atem zu konzentrieren und dann ENDLICH den vernunftslosen bzw. vernunftsfreien Zustand zu erfahren. Ich bin dann nur mit ANSCHAUUNG befasst, z. B. die Anschauung der Oberfläche eines Sees, eines Baumes oder meines eigenen Atems, der übrigens auch ohne mich atmet. Vernunft bedarf es dazu wirklich keiner. Ein Mineral und eine Pflanze sind in dem gleichen Zustand. Der Unterschied zu dem meditierenden LANOO ist nur der, dass er in Besitz seiner sechs und mehr Sinne ist, diese aber ausschalten kann. Wer es zu fassen vermag, der fasse es. OM.

Nun wissen wir also, wie wir in die Welt hineingeraten sind, aber wie kommen wir wieder heraus? Ich habe es ja schon angedeutet, doch es bedarf da schon weiterer Erklärung. Wenn ich mit dem Auto in einen Tunnel fahre, dann fahre ich auch an der anderen Seite wieder heraus. Das Auto bin ich, der Tunnel ist mein Körper bzw. meine 7 Hüllen. Durch diesen Tunnel muss oder kann ich zurück nach NIRVĀṆA.

OM. Statt Körper kann ich ja auch sagen ERKENNTNIS APPARAT. Aber ich bin ja in dieser Welt bzw. ich bin in diese Welt gekommen, weil ich zwar notwendige, aber FALSCHE Erkenntnis hatte, nämlich die Ansicht, dass ich der Körper BIN. Bin ich aber nicht. Diese neue Erkenntnis ist zwar da, doch die ALTE Erkenntnis lässt nicht locker. Immer wieder bietet sich der Körper an, damit ich seinem Verlangen nach Sinnesfreuden nachgeben soll. Was glaubt der Leser wohl, warum EHRLICHE Mönche und Nonnen sich in Kutten hüllen und im Kloster meditieren? Um dieser kranken Welt zu entkommen, natürlich! Gelingt es ihnen? Meist nicht, weil sie meist noch von ihren Schwächen und ihrem Glauben behindert werden.

Ich werde nun die Bereiche zergliedern sowie deren Bewohner inklusive der höchsten Götter, die, laut *BUCH DES LICHTS* alle sterblich sind bzw. über vergängliche Hüllen verfügen. *DAS BUCH DES LICHTS* enthüllt uns, warum DER MENSCH das höchste Wesen im Universum ist und warum *DAS BUCH DES LICHTS* sogar Feinde im Himmel hat…

Es gibt Talas und Lokas (Daseinsbereiche). Entsprechendes Karma führt in diese Reiche bzw. Bewusstseinsebenen. OM. *DAS BUCH DES LICHTS* lehrt, dass die Geburt des MENSCHEN die HÖCHSTE Geburt ist, höher als die der höchsten Götter. Dies ist so, weil man sich als Mensch am leichtesten aus diesem und allen anderen Bereichen lösen bzw. befreien kann. Begründung: In der Hölle ist es zu schlimm und im Himmel zu schön. Die hohen Götter erfreuen sich sehr ihres Daseins und vor allem glauben sie, dass dieses Dasein in den hohen Himmeln ewig ist. Dem ist aber nicht so. *DAS BUCH DES LICHTS* lehrt: LIEBE GÖTTER! IHR IRRT, auch eure Welt geht zu Bruch, ES SEI DENN, ihr NUTZT eure Zeit, um NIRVĀṆA zu erlangen, also euer Himmelsdasein als SPRUNGBRETT zu NIRVĀṆA seht.

Denkt doch mal nach, liebe Götter, denkt doch mal an die Bereiche der ASURAS. Das sind auch Götter, die euch jedoch nicht wohl gesonnen sind, wie *DAS BUCH DES LICHTS* lehrt. Also seid nicht auf *DAS BUCH DES LICHTS* böse, welches doch nur euer LEIDEN beenden will, denn leiden werdet ihr, auch Götter können fallen…, spätestens dann, wenn eure Götterwelt sich wieder auflöst! Eure Daseinsform ist NICHT Erlösung, sondern bestenfalls ANHAFTUNG in einer vergänglichen, wenn auch göttlichen Ebene. Es spricht hier aber ein LANOO zu euch, EIN GOTT IM WERDEN! Damit, liebe Götter, meine ich allerdings eine Wesenheit, für die NICHT euer Bereich der höchste ist, sondern bestenfalls eine **Zwischenstufe** zum NIRVĀṆA. Wollt ihr denn nicht auch erlöst werden? Das geht aber nicht, wenn ihr euch ständig anbeten lasst. Damit verstärkt ihr nur das Leid der Christen, Muslime etc., etc. Denn die verlassen sich dann auf euch, anstatt SELBST dafür zu sorgen, erlöst zu werden. OM. Euer Dasein, liebe Götter, ist zugegebenerweise relativ beglückend, allerdings mit dem kleinen Makel der Vergänglichkeit. Warum seid ihr so störrisch, liebe Götter?

Warum seht ihr nicht die Notwendigkeit der ERLÖSUNG von eurem vergänglichen Zustand ein? Damit könntet ihr dazu beitragen, dass irgendwann einmal die ganze WELT verschwinden würde und euch nicht immer um Wunscherfüllung anbetteln würde. Wenn die törichten Menschen sagen „Dein Wille geschehe", dann belügen sie sich selbst, denn in Wirklichkeit meinen sie, dass IHR Wille erfüllt werde. Könnt ihr denn nicht sehen? Könnt ihr nicht verstehen, liebe Götter? Die meisten Menschen wollen EUCH doch gar nicht, sondern nur etwas VON euch. Wird euch das nicht langsam peinlich? Liebe Götter, ich weiß, eure Anbeter haben euch verschiedene Namen gegeben, ich aber verleihe euch einen zusätzlichen spirituellen Namen, nämlich den Namen LANOO. Ihr seid also von jetzt an alle LANOOS. Lasst diese Belehrung zu, akzeptiert sie, seid nicht so „göttlich borniert", verführt durch euren temporären Glückszustand, und mag er auch Äonen währen! Ich wiederhole, geliebte Götter: Eure Daseinsform ist NICHT Erlösung, sondern sich immer wiederholende ANHAFTUNG, eben an eure himmlischen Lichtwelten, aus denen ihr wieder fallen könnt. Das ist schon einigen Göttern so geschehen, die jetzt im Menschenreich leiden. OM. Seid doch nicht so stolz! Denkt doch auch mal an eure Feinde, die eifersüchtigen Götter, die Asuras. Die hadern doch ständig mit euch und wollen euch von eurem Platz verdrängen. Überlasst ihnen doch euren Platz und erlangt, geleitet vom *BUCH DES LICHTS*, NIRVĀṆA, das Ende eures Leidens der Vergänglichkeit!! Wie lange soll denn das noch gehen, Devas gegen Asuras?

Liebe Götter, wenn schon stolz, dann seid stolz auf die MENSCHEN bzw. das Menschenreich. Dort sind die Menschen zwar großem Leid unterworfen, also Geburt, Altern, Krankheit, Tod, Trauer und Sterben, ABER dennoch ist der MENSCH das höchste Wesen im Universum, höher als ihr, liebe Götter, denn ein LANOO wäre NICHT zufrieden mit einem Götterreich, denn auch dieses ist, laut *BUCH DES LICHTS*, vergänglich! Darum hat nur der MENSCH die Möglichkeit von dieser Position aus, die Erlösung vom Leiden und der Wiedergeburt zu erlangen. DARUM ist der Mensch die höchste Daseinsform, höher als alle Götter. ICH HABE EINE IDEE, LIEBE GÖTTER. Werdet wieder MENSCHEN und wagt, geleitet vom *BUCH DES LICHTS* den Sprung ins NIRVĀṆA, denn JETZT seid ihr immer noch sterblich, auch wenn ihr das nicht einsehen wollt. Auch die höchsten Engel und Götter müssen zusammenrücken, wenn das gesamte Universum mit allem darin wieder in den Urgrund eingezogen wird, also in etwa 150.000.000.000.000 Jahren. OM.
Noch etwas zu den Tieren: Die meisten Tiere entstammen dem Menschen. Für die Tiere bzw. deren Monaden ist das Menschenreich aber noch verschlossen, doch nicht mehr lange. Es gibt jedoch Ausnahmen von dieser Regel. Wenn z. B. ein treues Tier sein Leben für einen Menschen gibt, dann ist eine derart starke Wahlverwandtschaft hergestellt und das Tier bzw. die Tiermonade wird das Menschenreich betreten. Das soll nicht bedeuten, dass alle Menschen besser als Tiere sind. Ich kenne Menschen, die sind tierischer als jedes Tier. OM.

Kann man nun auch in der Hölle NIRVĀṆA erlangen? Nein, es sei denn, ein Eingeweihter wie der Meister Jesus betritt die Höllenebenen und befreit dort leidende Wesen. Um das zu verstehen, muss man sich mit der Lehre befassen. Dann wird man auch die wahre Bedeutung der „Kreuzigung" sowie der „Auferstehung" verstehen. OM. Wie sieht es denn in der Hölle so aus? Um es mal vorsichtig anzudeuten: BÖSE TATEN, die man auf Erden vollbracht hat, erlebt man hier PERSÖNLICH als OPFER. Auf Erden im nächsten Leben geht es dann oft noch weiter. Muss ich deutlicher werden? Himmel, Erde und die Höllen sind im Detail im *BUCH DES LICHTS* beschrieben.
Können wir **plötzlich** NIRVĀṆA erlangen? Die Macht des spirituellen Namens LANOO wird uns dabei helfen. Allerdings, ein schnelles Erlangen von NIRVĀṆA ist nahezu unmöglich. Um NIRVĀṆA, den Urgrund, zu betreten, müssen wir zunächst einmal - geleitet durch *DAS BUCH DES LICHTS* und durch den spirituellen Namen LANOO - die rechte Ansicht, diese Erde betreffend, erlangen, denn eine falsche Ansicht oder das Nichtwissen über die Erde und unsere Persönlichkeit hat uns ja überhaupt hierher geführt. Um zu wissen, was die Erde wirklich ist, muss man sich mit der BDL Lehre befassen.

Oh Lanoo, bist du bereit zur Umkehr? Dann musst Du Dich mit der EINZIGEN Lehre befassen, die zur Umkehr führt, mit dem *BUCH DES LICHTS*. Es führt Dich zum Verständnis der Anatta Lehre und zur Lehre der Konsequenz. OM. Und immer wieder musst Du verstehen: NICHTS Vergängliches ist Dein ICH, ALLES Vergängliche ist IMMER leidvoll. Hat der Lanoo das erst einmal begriffen, beginnt die eigentliche Arbeit. Der Lanoo muss das, was er LOGISCH ERKANNT hat, mit anschaulicher Erkenntnis DURCHSCHAUEN. Wer die anatta Lehre studiert hat, der muss die einzelnen Elemente meditativ VERSTEHEN, den Körper wirklich als SECHS SINNEN MASCHINE ERKENNEN.

„Aber freu Dich nicht zu früh!", möchte man den nach Loslösung Strebenden zurufen, denn wenn auch das schmerzlose Erkennen erlangt ist, so ist dies eben NICHT der höchste nirvâṇische Zustand. Da gibt es noch etwas zu überwinden, sich von noch etwas zu lösen, denn ein schmerzloser Zustand ist auch nicht ewig, wie jeder bestätigen kann, der mal Schmerzen hatte, dann wieder nicht, und dann wieder. Was ist denn dieser sich einstellende, so sehr gerade auch von „Buddhisten" gepriesene „schmerzlose Zustand", den wir als reines Subjekt des Erkennens erfahren? Nur vorübergehend schweigt der Wille nach Leben, selbst und vor allem auch nach einem „schmerzlosen Zustand", denn auch ein solcher Zustand ist ein Zustand der WAHRNEHMUNG UND EMPFINDUNG und damit Leid bringend. NIRVĀṆA liegt JENSEITS dieses Zustandes, was nur gelingt, wenn man jeden Tag die Versenkungen praktiziert, also die SEELENATEM MEDITATION, bis völlige Loslösung erlangt ist. Dies mag Monate, Jahre oder auch ein ganzes Leben und mehr dauern, weshalb eine solche Lehre natürlich nichts für die Mehrheit der Menschen ist. Wer aber sich konsequent von allem löst, der wird früher oder später, wenn auch mit LICHTWELTEN als Zwischenstation, die AUFHEBUNG aller Wahrnehmung und Empfindung erlangen, wenn er das so wünscht. OM.

Beides, also das Studium der ANATTA Lehre sowie die beschauliche Betrachtung oder Schauung sind deshalb so schwer, weil die PERSÖNLICHKEIT und der in Dir noch hausende **Drang** nach der Persönlichkeit sich Dir entgegenstellen werden. Du aber denkst bereits in entgegengesetzter Richtung. Stufe um Stufe wird es Dir gelingen, wenn Du NIRVĀṆA wirklich **willst**, den Drang nach der Welt und Deiner Persönlichkeit zu verfeinern und schließlich zu überwinden, und DANN dem Drang nach NIRVĀṆA zu folgen, geleitet durch *DAS BUCH DES LICHTS* und durch diesen spirituellen Namen. Irgendwann wirst Du Dich friedvoll in den Anatta - Anblick versenken können. DENN: Der Drang nach NIRVĀṆA kann sehr wohl erfüllt werden, der Drang nach der Welt NIEMALS. Er wird immer wieder aufs Neue erwachen, glaube es mir. OM. Deine Persönlichkeit wird Dir dadurch immer wesensfremder, immer mehr als NICHT - Ich bewusst, welches Du meditativ immer mehr kontrollieren kannst. OM. ZUVOR hat Dir ja Deine Erkenntnis vorgegaukelt, dass Du die Persönlichkeit BIST, jetzt sieht das aber nach und nach ganz anders aus. Jetzt wirst Du auch verstehen, dass Du weder Dein Körper noch Dein Geist bist, denn unter Geist verstehen die meisten ja noch die ätherische BEILEGUNG, der sich z. B. die hohen Götter erfreuen. Genau das bist Du aber NICHT, auch davon kannst Du Dich lösen, wenn Du es willst. OM. DARUM und genau darum ist *DAS BUCH DES LICHTS* der Lehrer für Menschen UND Götter. OM. Du bist also weder Dein Körper, noch Deine Empfindungen, noch Deine Wahrnehmungen, noch Deine Gemütstätigkeiten, noch Dein Erkennen dieser vergänglichen Welt der Erscheinungen. OM. Ich weiß, ich erwähnte das bereits, aber Wiederholung ist der beste Lehrmeister. Warum oder wie bist Du überhaupt in dieses Irrenhaus der Welt geraten? Durch einen FOLGENSCHWEREN IRRTUM, nämlich den Irrtum, dass Du irgendetwas als veränderlich Erkennbares bist. Manche mögen einwenden: Gut, ich bestehe nicht in der Persönlichkeit, aber wenigstens brauche ich sie noch zu meinem GLÜCK. JA, DANN MACH DOCH! IRGENDWANN wirst Du VERSTEHEN, dass das ANHAFTEN an die Persönlichkeit die Ursache für Dein Leiden ist. OM.

Irgendwann wird Dir also das Lechzen nach der Persönlichkeit schon vergehen, spätestens dann, wenn Dir immer und immer wieder all das, was Dich glücklich machte, entrissen wird, und es WIRD Dir entrissen. OM. Dann wirst Du bald keinen Wunsch mehr nach einer Persönlichkeit verspüren, Du wirst einen PERSÖNLICHKEITS-FREIEN Zustand ersehnen. Du wirst keinen Wunsch mehr nach der Persönlichkeit ersehnen. Geld, Erfolg und Ruhm werden für Dich nur BESCHMUTZUNGEN sein. OM. Du wirst nicht mehr… BRENNEN. Übrigens, Du kannst Dich ja immer wieder in die Persönlichkeit stürzen, falls Dir der andere, also der persönlichkeitsfreie Zustand zu langweilig wird. Mute ich Dir zuviel zu, wenn ich verlange, nein vorschlage, dass Du Dich von Deiner Persönlichkeit lösen sollst? Dann lege dieses Buch beiseite und befasse Dich mit anderen Dingen. OM.

Bist Du aber bereit, wirklich ein LANOO zu sein, bereit für die folgenden Gebote, welche Dich RETTEN werden aus dieser kranken Welt? Dann sei maßvoll in allem, immer mit NIRVĀṆA als Ziel! Mehr ist eigentlich nicht zu sagen, und was MASSVOLL bedeutet, das muss ich Dir doch wohl nicht detailliert beschreiben oder? Du bist doch schon erwachsen, oder? Und wenn nicht, dann lies *DAS BUCH DES LICHTS FÜR KINDER*! Also dann: Bereite Dich vor auf die erlösende Erkenntnis! Wenn Du der Lehre folgst, wirst Du bald NIRVĀṆA erlangen, das Ende des Leidens! Wenn Du so handelst, wirst Du sogar die höchsten Götter übertreffen. Du wirst WAHLVERWANDTSCHAFT zu ihren Himmeln haben, doch wenn Du dort nach einigen Leben anlangst, dann kannst Du ihr LEHRER werden, indem Du ihnen sagst: LÖST EUCH AUCH VON DIESER VERGÄNGLICHEN ILLUSION! Vielleicht werden die Götter Deinem Vorschlag folgen und ihren Stolz und ihr törichtes Verlangen nach einer immer vergänglichen Himmelswelt überwinden und Dich bzw. *DAS BUCH DES LICHTS* als Lehrer akzeptieren. OM. Es gibt Höheres als weltliche Sinnesfreuden, auch Höheres als die höchsten **himmlischen** Sinnesfreuden. Wer dies einmal versteht, der ist der wahre Sieger und erlangt den ihm angemessenen Zustand, das NIRVĀṆA. OM. Oh Lanoo, begebe Dich auf den Rückweg zu Deiner zeitlos ewigen Heimat, dem NIRVĀṆA. Endlich wirst Du mit der Wirklichkeit übereinstimmen, die nicht hier ist, sondern dort, wo du herkommst. Deine vergängliche Persönlichkeit, mit der Du Dich bisher identifiziert hast, wird immer mehr zum bloßen OBJEKT, dessen Du Dich vielleicht sogar schämen magst. Jetzt verstehst Du, dass Dein „Ich" transzendent ist und nur im Zusammenhang mit dem NICHT - Ich, also mit der Persönlichkeit, für Dich Bedeutung bekommen hat. „ICH" sagst Du auch dann nicht mehr, nur vielleicht zögerlich, wenn Du mit anderen Objekten und/oder Personen zu tun hast, ihnen gegenüberstehst, mit ihnen vielleicht in einer Beziehung bist. Also wie der ERLÖSTE MEISTER bzw. DER MAHA CHOHAN, während er mir diktierte, sich auch manchmal mit „Ich" bezeichnete. Was der Chohan meinte, erklärte er mir: „Ich bin nur im Gegensatz zu Dir, damit ich Dich leiten kann, ansonsten nicht." *DAS BUCH DES LICHTS* bezeichnet es als abstrahierende Erkenntnistätigkeit. Während der SEELENATEM MEDITATION mögen die SCHAUUNGEN kommen. Sie sind alle im Buch *SEELENATEM MEDITATION* beschrieben. „Ich" und „Mein" sind - vom höchsten nirvâṇischen Standpunkt gesehen - dort nur als Anwandlungen des Stolzes beschrieben. OM. Irgendwann, oh Lanoo, während der SEELENATEM MEDITATION, aber auch während Du Dich auf dem Rückzug nach NIRVĀṆA befindest, wirst Du ästhetische Kontemplation erlangen, das heißt, Du wirst ALLE Formen VOLLSTÄNDIG als Objekte verstehen. NICHTS wird Dich dann mehr berühren. Das ist nicht Gleichgültigkeit, sondern GLEICHMUT. Eine Welt des Unterschiedes liegt zwischen diesen beiden Begriffen. Lass mich Dir noch etwas sagen, EMPATHIE betreffend. Wahres Mitgefühl entsteht nur, wenn man WEISS, dass der andere immer noch unter der falschen Annahme leidet, er oder sie WÄREN die leidende Persönlichkeit. Meditiere darüber. Um also vollständige ästhetische Kontemplation zu erlangen, musst Du alle Beziehungen zu der gesamten Welt AUFLÖSEN. Nun kommt das Problem, die Schwierigkeit:

Du bist Familienvater, hast Frau und Kind? Um NIRVĀṆA, also wahre Unsterblichkeit zu erlangen, müsstest Du Dich ihnen vollkommen und vollständig entfremden, es sei denn, sie interessieren sich ebenfalls für die Lehre. Wenn dies nicht geht, dann hafte Deiner Familie maßvoll an und lebe so sittenrein wie möglich. Auch dann kannst Du NIRVĀṆA erlangen, es mag allerdings ein paar Leben länger dauern. Folgendes kann geschehen: Du wirst nach Deinem Tod einen neuen Keim eines völlig reinen Wesens ergreifen, durch dieses Wesen geboren werden und in ein Kloster gehen ODER ABER maßvoll weltlich leben, doch OHNE familiäre Bindung. Ich höre schon die Proteste, aber so ist das nun mal. Wer NIRVĀṆA wirklich will, der muss sich des Körpers und der Sinnesfreuden stufenweise oder auf einmal entfremden, seine Sehnsucht nach den Sinnesfreuden überwinden, sie zur Ruhe bringen. Etwas HÖHERES wartet, eine STILLE Seligkeit, welche dann auch dem NIRVĀṆA Platz macht, denn NIRVĀṆA ist wahre, zeitlos ewige Unsterblichkeit, höher als alle Himmel der Religionen. OM. Wer dies NICHT versteht oder nicht nachvollziehen kann, der soll es halt bleiben lassen. So einfach ist das. Wer den Kampf gegen die Persönlichkeit doch wagt, der soll wissen: GRÜNDLICH AUSTREIBEN muss man die Sinnesfreuden bzw. das Anhaften daran. Man kann es sich aber auch als Fernziel wählen, und Leben für Leben, geleitet durch den spirituellen Namen und durch *DAS BUCH DES LICHTS*, NIRVĀṆA erlangen. Irgendwann wirst Du dann ein ERWACHTER, erwacht aus dem satanischen Lebenstraum. OM. Die Loslösungsstufen, erlebt in den SCHAUUNGEN, haben übrigens wenig mit der äußeren Welt zu tun, sondern mit den persönlichen Schwachstellen, die dem kämpfenden LANOO Stufe um Stufe bewusst werden, damit er sich von ihnen lösen kann. OM. All dies geschieht während der meditativen Versenkungen. Dann wird einem irgendwann BEWUSST, was für ein NARR man so viele Leben lang war und was für NARREN sogar die Götter immer noch sind, die sich hier in den Himmelswelten tummeln und sich anbeten lassen, anstatt in NIRVĀṆA zu sein bzw. vorbildlich NIRVĀṆA zu erlangen. OM. Man versteht dann das Leiden, seine Entstehung, seine Vernichtung sowie den Pfad zu seiner Vernichtung. OM. Die Schauungen gipfeln dann bis zur NICHTIRGENDETWASHEIT, die man auch überwindet, um dann DIE AUFHEBUNG ALLER WAHRNEHMUNG UND EMPFINDUNG zu erlangen. Steht alles in *DIE SEELENATEM MEDITATION* und natürlich im *BUCH DES LICHTS*. OM. Dann WEISS der Lanoo, dass er ERLÖST ist. OM. Dann WEISS der Lanoo, er wird NICHT wieder reinkarnieren, denn einmal NIRVĀṆA, immer NIRVĀṆA, es sei denn, man verlässt NIRVĀṆA auf eigene Ent-

scheidung, um andere auf den Pfad zu führen. Und gleich da muss ich den Leser enttäuschen, das ist nichts für mich. Ich will mich nur selbst retten. Allerdings weiß ich, dass jemand, der sich auf dem Pfad nach NIRVĀṆA befindet, HEILENDE STRAHLUNG verbreitet, die laut CHOHAN heilender sein soll als alle Helfer und Heiler der Welt zusammen es vermögen.
Nun denn. Man muss natürlich das erkennende Schauen richtig channeln. Man muss den DRANG nach diesem erkennenden Schauen befriedigen, Stufe um Stufe nach innen, indem man sich immer mehr vom Erreichten löst durch ständige Übung, bis man NIRVĀṆA erlangt hat, dann verschwindet auch dieser Drang. Dann **weiß** der Lanoo: ICH BIN ERLÖST. Die Ordnung der Dinge gilt nicht mehr für mich.

Und da habe ich etwas erwähnt, was vielleicht bisher nicht so betont wurde, und das ist DIE ORDNUNG DER DINGE, denn auch die vergängliche Welt hat eine Ordnung, der man entkommen muss, wenn man NIRVĀṆA erlangen will. Dies geschieht aber nicht, indem man gesetzeswidrig handelt und GEGEN die weltliche Ordnung agiert, sondern nur durch gewaltfreies stufenweises Lösen von allen Verpflichtungen. Dies kann natürlich dazu führen, wie im *BUCH DES LICHTS* erwähnt, dass Deine Hausgenossen Deine Feinde werden. Daran scheitert so mancher Loslösungsversuch eines Lanoo. Dies alles natürlich nur vom höchsten nirvâṇischen Blickpunkt gesehen. Ansonsten gilt immer die stufenweise Lösung durch mehrere Leben.
Wenn der Loslösungsversuch zu problematisch wird, dann muss der Lanoo eben warten bis zu einem nächsten Leben, sich aber trotzdem weiterhin mit der Lehre befassen. OM. Im alten Indien ging man da oft radikaler vor. Der Mann war verheiratet, hatte Kinder und entschied sich dann, die Familie zu verlassen, seinen Samen nicht mehr in die Frau zu verschleudern, sondern in der Tiefe des Waldes oder in einem Kloster zu meditieren. OM. Warum? Nicht nur die LOSLÖSUNG vom Weltlichen war der Grund, er wollte auch seinen bereits erwähnten SAMEN bewahren durch KEUSCHHEIT. Dadurch stieg seine Kuṇḍalinî und öffnete seine oberen Kopfchakren, den Loslösungsprozess erleichternd, natürlich oft mit anfänglichen Schwierigkeiten, denn so leicht lässt der Hüter NICHT los. Der Lanoo weiß, was ich meine…

Auf diese Weise entstanden leider auch dämonische Menschen. Sie lebten, keusch meditierend, in den Wäldern, missbrauchten aber die gespeicherte Kuṇḍalinî Energie, um andere Menschen negativ zu beherrschen etc. Was dies karmisch bei diesen „keuschen Narren" bewirkte, brauche ich wohl nicht sonderlich zu betonen. Der **wahre** Lanoo aber sucht - wie bereits erwähnt - Befreiung des Geistes, Befreiung von den Einflüssen des sinnlichen Begehrens. Er ist frei von allen Bestimmungen, denn dadurch schafft er Wahlverwandtschaft zu NIRVĀṆA, welches ebenfalls FREI von allen Bestimmungen und frei von allen Wünschen ist. OM.
Hast du jetzt verstanden, oh Lanoo? Erkenntnisprozesse haben Dich in die Welt hineingeführt, Erkenntnisprozesse führen Dich zurück nach NIRVĀṆA, indem Du ver-

stehst, dass alles als vergänglich und veränderlich Erkannte Du NICHT bist. OM. NIRVĀṆA ist die Vernichtung der Wahrnehmung und Empfindung, aber nicht die Vernichtung desjenigen, der nichts mehr wahrnimmt und empfindet. Du hast Dich von der Fessel Deiner Persönlichkeit befreit, eine höhere Freiheit gibt es nicht. Wer es zu fassen vermag, der fasse es. OM.

Nun verbleibt immer noch die Frage, wie Du überhaupt so VERRÜCKT sein konntest, Dich in diese kranke Welt zu begeben? Die Antwort ist immer und immer wieder: DER DRANG, der in der Monade brodelt, der MUSSTE befriedigt werden, bis die Wesenheit nach jeder Drangbefriedigung immer unbefriedigter wurde. Und wie Du den Erkenntnisapparat erlangt hast, das weißt Du ja nun. DU, als zeitlos ewige unerschaffene Wesenheit, hast den zeitlos ewigen unerschaffenen URGRUND verlassen und Dich in die zeitlos ewige URMATERIE, in MULAPRAKRITĪ, gestürzt und einen Deinem Drang entsprechenden ERKENNTNISAPPARAT verursacht. Dadurch konntest Du überhaupt erst zum BETRACHTER dieses Elends werden, das Dir zunächst Freude bereitete, weil Du zwar den Genuss erlebtest, aber (noch) nicht die unausweichliche Gegenwirkung bzw. Konsequenz! Wie und warum man den befruchteten Keim überhaupt ergreifen kann nach dem Tode der vergänglichen Beilegungen, das wird im *BUCH DES LICHTS* gelehrt. Hier noch einmal der Hinweis: PERMANENTE ATOME oder SKANDHAS, welche Deinen Verlangenszustand enthalten, verbleiben nach dem Tode des Körpers, und sie gruppieren sich neu um einen schwingungsgleichen, wahlverwandten Keim im Uterus, obwohl diese Methode auch bald vorbei sein wird. OM. So wird man immer wieder nach dem Energieerhaltungsgesetz von Mayer mit einem neuen Erkenntnisapparat geboren, **bis man die Schnauze voll hat** und NICHT MEHR 9 Monate lang zwischen Kot und Urin liegen will, um dann die Schnauze voran der ganzen Situation zu entflutschen und sich sofort einsam zu fühlen. Und der ganze Zirkus beginnt aufs Neue. Entschuldigung, aber mir war gerade danach, das so radikal zu beschreiben. OM.

OH LANOO, bist Du nun bereit für die Wahrheit? Du gehörst nicht hierher, weder in diese Welt noch in irgendeine andere, sondern zurück nach NIRVĀṆA, dem Ende des Leidens! Mögen in Deiner SEELENATEM MEDITATION viele Deiner vergangenen Leben aufflackern, damit Du ENTSETZT bist über das, was war, wie oft Du gelitten hast und wie oft Du Leiden verursacht hast! Dann wird in Dir das NIRVĀṆISCHE Verlangen entstehen, einem solchen Sumpf zu entgehen. DIESES Verlangen aber, wenn einmal erfüllt, wird NICHT aufs Neue entstehen. Einmal NIRVĀṆA, immer NIRVĀṆA.

Es gibt dann nichts mehr zu denken, der Rest ist … SCHWEIGEN. Doch bist Du wirklich schon bereit für eine Existenz OHNE Körper, Gefühl, Denken, Seele und Geist, FREI vom Verlangen nach alledem? Wie ist dies möglich? Im Sich Befassen mit der Lehre, Meditieren und SCHWEIGEN? Verlangst Du da nicht zuviel von Dir?

Bist Du wirklich bereit, durch WILLENSVERLEUGNUNG, weltliche Dinge betreffend, das heilige Leben zu führen? Dann lies viele Male das Büchlein *DIE BOTSCHAFT DES WAHREN GOTTES - NIRVĀṆA*. Denn dieser wahre Gott IST das Höchste! Zum ersten Mal in diesem Maha Manvantara enthüllt sich der Urgrund einer leidenden Menschheit! DU kannst die ganze Welt für DICH vernichten, indem Du den Erkenntnisapparat zur LOSLÖSUNG von der Welt benutzt. Sogar der große Schopenhauer, obwohl nicht bereit zu einer solchen Loslösung, ERKANNTE bereits, dass materielle Organe der Ursprung aller Erkenntnis und allen Bewusstseins sind. Wenn DU aber, oh Lanoo, alles Leidvolle des Erkenntnisapparates ERKANNT hast und keine Lust mehr danach hast, den Drang nach dieser Entleerungsstruktur verloren hast, dann wird bald ERLÖSENDE RUHE Dich erfassen. FÜRCHTE DEN ANBLICK DER OBJEKTE, OH LANOO, überwinde Dein sinnliches Begehren, Deine Geschlechtslust! Identifiziere Dich nicht mehr mit Deinen Genitalien! Selbst die Bibel verkündet, dass man im Himmel nicht mehr zur Ehe geht, weder freit noch gefreit wird (Matthäus 22, 23-28). Oh Lanoo, wenn Du den Drang nach Geschlechtlichkeit überwunden hast, Dich NICHT mehr mit Deinen Genitalien identifizierst, dann wirst Du in geschlechtslosen Welten wiedergeboren werden. Die Himmelswesen aber erleben zwar noch vergängliche Freude, doch ohne Geschlechtslust, denn sie sind ja geschlechtslos, ein Zustand, der sowieso früher oder später auf Erden sein wird. So lehrt *DAS BUCH DES LICHTS*. OM. Wer bis dahin seine Geschlechtslust immer noch nicht überwunden hat, der wird halt auf unteren Planetenketten wiedergeboren und muss „die Klasse wiederholen".
Macht nicht den Fehler, mich mit der Lehre zu verwechseln und zu fragen, wie ICH das denn halte mit der ganzen Sache? Ich gebe nur die LEHRE weiter und beantworte Fragen DAZU, nicht aber meine Person betreffend. Habt ihr denn nicht endlich GENUG von diesen angeblichen Gurus auf dem Internet, die nur euer Geld wollen und sich als Vorbild präsentieren, selber aber, Tschuldigung, oft die größten Lügner und Betrüger sind? SEI DU DIR SELBST VORBILD, GELEITET DURCH *DAS BUCH DES LICHTS*! OM!

Also: In den oberen Himmelswelten erfreut man sich himmlischer Strukturen, aber frei von Geschlechtslust. OM. Die von mir erwähnte ästhetische Kontemplation herrscht in diesen Welten. Man erlebt diese Freude bereits hier auf Erden während der SEELENATEM MEDITATION, haftet ihr aber nicht an, beobachtet sie achtsam und steigt auf diese Weise immer höher bzw. nach innen, dem NIRVĀṆA entgegen. Darüber hinaus gibt es auf dem Weg nach NIRVĀṆA natürlich auch noch die formlosen Welten. Dort begehrt man auch noch, aber nur solche Dinge wie den Anblick des grenzenlosen Raumes. Es sind dies in der Tat ERHABENE, wenn auch immer noch vergängliche Zustände, und man kann es keiner Wesenheit verdenken, wenn sie in diesem Zustand so lange wie möglich verharrt. Doch nur wenige erlangen diesen Zustand. Jenseits davon ist nur NIRVĀṆA, das todlose Reich der Wesenheiten, frei von

Dauer. Dieser kleine Nebensatz ist sehr wichtig. Denn eine Unsterblichkeit endlos in der ZEIT, die gibt es natürlich NICHT. Alles, was einen Anfang hat, das MUSS auch ein Ende haben. NIRVĀṆA aber ist anfangs- und endlos. Man löse das Rätsel. OM. Die meisten Menschen verstehen nicht den Unterschied zwischen Vergangenheit, Gegenwart und Zukunft. Darum will ich hier noch die *BUCH DES LICHTS* Definition kundtun. OM.

Ich wiederhole: Ein Jetzt, also eine Gegenwart per se, gibt es gar nicht, denn sobald ich JETZT sage, ist es auch schon vorbei. Wir sitzen, wie bereits erwähnt, am Ufer und beobachten den Fluss, dessen Wasser in ständiger Bewegung ist. Nicht eine Sekunde lang fließt das gleiche Wasser an uns vorbei. Darum ist ja auch ZEIT per se nichts weiter als die Wahrnehmung von Veränderung. Der Augenblick der so genannten Gegenwart ist so minimal, dass man ihn nicht mal Gegenwart nennen kann. Nur in NIRVĀṆA ist wirkliche Gegenwart, frei von Dauer. Ansonsten kann man behelfsweise sagen, dass die Gegenwart ein Moment ist, dem sich viele Gegenwarten anschließen. Vergangenheit ist nichts weiter als vergangene Gegenwarten, und Zukunft ist nichts weiter als zu erwartende Gegenwarten. Wer es zu fassen vermag, der fasse es.

Man stellt mir oft die Frage, woher denn unser penetrantes NICHTWISSEN kommt, um nicht ein schlimmeres Wort zu verwenden, aber ich tu's trotzdem. Also: Warum waren wir so BLÖDE, uns überhaupt in dieses Irrenhaus zu begeben, in diese kranke Welt? Das Nichtwissen ist bedingt durch die EINFLÜSSE, allerdings reagieren wir mit einem UR-Nichtwissen, welches in jeder Wesenheit brodelt und auf Erlösung harrt. OM. Dann VERSTEHEN wir: Alles als veränderlich Erkennbare bin ich NICHT. Und im HIMMEL der Religionen finde ich das Ewige auch nicht, so sehr dies die lieben Gläubigen leugnen. OM.

Und weil ich hoffe, dass auch der von den Hindus so verehrte BRAHMAN und alle BRAHMAS dieses Buch lesen, will ich Brahman der Supermonade noch einmal vorhalten, sie möge sich von der Illusion befreien, dass sie ein SCHÖPFERGOTT wäre, obwohl es hierarchisch gesehen sehr wohl die Welt der schöpferischen Götter gibt. Die ist kein Widerspruch. Es handelt sich also hier um den Irrtum Gottes und der Götter. Mit Gott und Götter meine ich die hierarchische Reihenfolge, in der die Wesen den Urgrund verlassen. Zuerst kommt die erste Wesenheit, dann erscheinen die anderen Monaden bzw. Wesenheiten, Raum einnehmend.

Ich wiederhole:

Folgendes ist geschehen, laut *BUCH DES LICHTS*, vor über 150.000.000.000.000 Jahren, beim Wiedererwachen des Universums: Die Supermonade Brahman, Spitze der himmlischen Hierarchie, verlässt als erste Emanation den URGRUND, manifestiert als kosmisches Ei und teilt entsprechend ihrer Struktur die kosmischen Ebenen ein, damit alle weiter erscheinenden Wesenheiten ihrem karmischen Verlangenszustand entsprechende Formen annehmen können (Mineral, Pflanze, Tier, Mensch, Engel, Gott etc.).

Genau das weiß aber Brahman nicht mehr, kann sich nicht mehr erinnern. Brahman empfindet … EINSAMKEIT, ganz nach den Worten des großen Friedrich von Schiller: „Freundlos war der große Weltenmeister, fühlte Mangel, darum schuf er Geister." Brahman hat aber gar nichts erschaffen, außer die kosmischen Ebenen für die nachkommenden Monaden VERURSACHT, ohne zu wissen warum. Und darum wünscht sich Brahman, dass andere Wesen erscheinen würden, UND SIE ERSCHEINEN, aber nicht, weil Brahman sie erschaffen hat, sondern nur, weil sie ihrem TRISHNA, also dem Lebensdurst, folgen. Nun beginnt der Denkfehler Brahmans. Brahman glaubt, dass sie erschienen sind, weil BRAHMAN es wünschte. Brahman glaubt also, er oder es ist der SCHÖPFER dieser erscheinenden Wesenheiten bzw. ihrer Formen, und die Wesenheiten glauben, BRAHMAN hat ihre Formen erschaffen. Beide irren, der angebliche Schöpfer und seine angeblichen Geschöpfe. Das nennt sich auch laut *BUCH DES LICHTS* „der Irrtum Gottes". Es gibt natürlich keinen vollkommenen Schöpfergott per se. DU bist Gott, so lehrt *DAS BUCH DES LICHTS*, jede MONADE bzw. Wesenheit ist Gott und verursacht ihre Form oder Schöpfung dem Verlangenszustand entsprechend, indem die Monade oder Wesenheit in die MATRIX, also die zeitlos ewige URMATERIE, stürzt. Diese Matrix, wenn überhaupt, könnte man Schöpfer oder Verursacher **der Formen** nennen, denn die MATRIX versorgt - wie eine Kuchenbackform - die Wesenheit mit der Form entsprechend des Verlangens, also beginnend mit Mineral, Pflanze, Tier, Mensch etc., wobei natürlich BILLIONEN Jahre vergehen bis heute, bis zur heutigen Menschheit und allen anderen Lebewesen, hier und auf allen anderen planetarischen Ketten. Die verschiedenen Evolutionsstufen sind alle im *BUCH DES LICHTS* minutiös genau beschrieben und gelehrt. OM.
Brahma hat also nicht das Universum mit allem darin erschaffen, sondern nur die kosmischen Ebenen für die nachkommenden Wesenheiten bzw. deren Manifestation. **Die Wesenheiten selber** sind die wahren Schöpfer, und weil sie natürlich UNVOLLKOMMEN sind, sind auch ihre Schöpfungen oder Formen unvollkommen, und sie lernen durch KARMA UND REINKARNATION. OM.

Und noch einmal: DU bist Gott

Nach Brahma erscheinen - laut BDL - allerdings auch Götter mit schöpferischen Kräften, doch das hat mit den Monaden oder Wesenheiten selbst nichts zu tun. Die sind zeitlos ewig unerschaffen. Die so genannten Götter sind lediglich in der Lage, ätherische Formen zu erschaffen bzw. zu verursachen und ihnen Leben einzuhauchen sowie andere mit diesen Formen zu versehen. Nicht alle Engel waren damit einverstanden. Dies führte unter anderem zum „Krieg im Himmel" und der unterschiedlichen Menschheit von heute. OM. Mehr darüber im *BUCH DES LICHTS*. OM.
Übrigens beschreiben sogar die Veden, dass Brahma ein Äon lang herrscht und sie definieren dieses ÄON oder AIONIAS ebenso wie die Bibel als angebliche Schöpfung eines Gottes als EWIG, was natürlich falsch ist. Himmel, Erde und Hölle sind immer

vergänglich, könnten aber sehr wohl als ewig empfunden werden… Ein Äon ist aber nur eine - wenn auch SEHR LANGE - ZEIT. So irren also Hindus, Christen, Muslime und der Rest, wenn sie einem Himmel der Religionen eine ewige Existenz zuschreiben. Was entsteht, das MUSS vergehen. So ist dies nun einmal. OM.

Und immer wieder, obwohl es im *BUCH DES LICHTS* und in seinen Zweigschriften tausend Mal erklärt wird, fragt man mich nahezu verzweifelt: „ALSO GIBT ES JETZT EINEN GEIST ODER NICHT, UND WENN, WAS IST ER?“ Meine Lieben, ich werfe euch diese Frage nicht vor, ich selbst bin lange daran verzweifelt.
Alsdann. *DAS BUCH DES LICHTS* LEHRT: Es gibt ZWEI „Geister“ bzw. zwei monadische Situationen, welche man mit GEIST bezeichnen kann. Einmal die Monade oder Wesenheit selbst und zum anderen die höchste Geisthülle, mit der sich die Monade identifiziert, es sei denn, sie erlangt GEISTESFREIHEIT. Darum: Der ERSTE Geist ist die Wesenheit, die Monade selbst, welche ihre Beilegungen erschaffen bzw. verursacht hat, obwohl unterstützt von anderen Wesenheiten, indem sie sich in die Urmaterie stürzte und nun die karmische Quittung auslebt. Der ZWEITE Geist ist die Totalsumme aller geistigen Funktionen, als da sind die sechsfache Sinnestätigkeit und das anschauliche, begriffliche Denken, all das verursacht vom Verlangenszustand des ersten Geistes. Das alles benennt BDL auch unter dem Begriff GEIST. Welche Art von Geist möchte der Leser sein, der erste oder der, welcher sich befreit bzw. befreien kann, also Geistesfreiheit (cetovimutti) erlangt? Oder der Geist, welcher dem zweiten, also den Hüllen anhaftet und immer und immer wieder reinkarniert? Die Entscheidung muss der Lanoo selbst treffen. Will er heilig werden oder beschmutzt bleiben? OM.

FAZIT

Es muss ein ENTWERDEN sein, ein nach INNEN Gehen und Finden, indem man sich von allem als VERGÄNGLICH E**rkannten** löst. Es handelt sich hierbei also um ein „Heraustreten“ aus den vergänglichen Beilegungen. Dieses Heraustreten geschieht in der **täglichen** SEELENATEM Meditation. Funktioniert nicht gleich, und es ist abhängig vom ANHAFTUNGSZUSTAND. OM. Sollen wir dann einfach nichts tun? So war das nicht gemeint, doch die SEELENATEM MEDITATION und die LEHRE lässt uns Gutes tun, ohne irgendetwas dafür zu erwarten. OM. Wir selbst verbleiben immer noch, meditativ achtsam beobachtend, ohne irgendeine beurteilende Zuweisung. Wer es zu fassen vermag, der fasse es. Das meditative Heraustreten aus den vergänglichen Beilegungen führt nicht gleich nach NIRVĀṆA, sondern möglicherweise erst einmal in den Bereich der NICHT IRGENDETWASHEIT. Genau DORT blieb Meister Eckhart stecken und erachtete diesen Zustand als das Höchste. Es ist aber eben NICHT das Höchste, sondern immer noch ein durch mit - wenn auch hochgeistigen - Organen verbundenes bzw. hervorgebrachtes und damit VERGÄNGLICHES Vehikel. OM.
DARUM, liebe Lanoos: Der höchste Bewusstseinszustand in der Welt der Erscheinungen ist eben noch NICHT das Höchste, sondern nur ein von feinstofflich ätherischen

und IMMER VERGÄNGLICHEN ORGANEN verursachter Bewusstseinszustand, also vergänglich, also LEIDVOLL, weil er ja zur REINKARNATION in einen immer vergänglichen und damit Leid bringenden Körper führt, sei es im Himmel oder auf Erden. Auch von diesem Bewusstseinszustand muss oder kann oder sollte sich der Suchende also lösen. DANN ERST erlangt er das NIRVĀṆA, also **die Aufhebung aller Wahrnehmung und Empfindung**, aber doch nicht die Aufhebung desjenigen, der nichts mehr wahrnimmt und empfindet. Wer es zu fassen vermag, der fasse es. OM. EHRE SEI DEM *BUCH DES LICHTS*! Und Ehre sei dem Maha Chohan, der mir diese Worte gibt! Doch weiter: Im Zustand der NICHT IRGENDETWASHEIT hat man das Materielle NOCH nicht ganz ABGESTREIFT, sonst könnte man den Zustand als solchen gar nicht beschreiben. Erst wenn man sich auch von DIESEM Zustand, geleitet durch die Lehre, löst, DANN kommt die Wahrheit. OM.

Wer kam dem NIRVĀṆA noch näher als Schopenhauer? Es war möglicherweise der bereits erwähnte Meister Eckhart. Aber knapp vorbei ist auch daneben. DENN: Auch der Meister Eckhart beschrieb diesen Zustand der NICHTIRGENDETWASHEIT völlig RICHTIG. Er schrieb: „In diesem Zustand hat man alles Materielle abgestreift." Ja, den Körper schon, aber doch nicht die höchsten, auch immer vergänglichen feinstofflich ätherischen Beilegungen! NOCH ist dies nicht das NIRVĀṆA. Meister Eckhart lässt aber nicht los, verbleibt dort, weil er eben als gläubiger Katholik noch an einen vollkommenen Schöpfergott glaubte, den es natürlich nicht gibt. DU bist Gott. ICH bin auch Gott. Folge dem Gedanken, dann hast Du bzw. die ganze Menschheit den vollkommenen Zustand der VERANTWORTUNG für alles, was geschieht, erfasst. OM. Meister Eckhart sagt ganz klar: **„Man ist dann nicht mehr imstande, sich als Geschöpf und natürlich Ding zu wissen."** Stimmt, aber noch einen Schritt zurück nach innen, und NIRVĀṆA öffnet sich. Meister Eckhart spricht: „Weil die Wesenheit NICHTS mehr weiß, deshalb weiß sie natürlich in diesem Zustand der Loslösung auch nichts von einem Schöpfer, also von Gott." Doch der Meister Eckhart verstand unter GOTT die Gottheit als schöpferische Potenz.

So etwas gibt es natürlich nicht, es sei denn, DU übernimmst die Verantwortung für Dein unvollkommenes, vergängliches Sein. DENN: Das Buch des Lichts lehrt: WIR haben uns selbst erschaffen, unsere Hülle verursacht, und weil wir nicht vollkommen sind, ist auch die Hülle nicht vollkommen. Unser GEIST, also hier DIE WESENHEIT, ist beschmutzt von dieser Beilegung, identifiziert sie immer noch als ein Selbst. Aber unser Geist ist KRANK, wenn er das vermutet, und DARUM befinden wir uns in einer kranken Welt. OM. Meister Eckhart oder Eckhart von Hochheim hatte sich sehr weit vorgewagt, wurde wegen seiner revolutionären Thesen und provozierenden Aussagen der Häresie beschuldigt und entging nur ganz knapp der Inquisition. Er konnte sich halt immer noch nicht von seinem angeblich vollkommenen Schöpfergott lösen bzw. von der IDEE eines solchen angeblichen Gottes. Und dennoch schreibt Meister

Eckhart wagemutig: „Gott ist nicht mehr für den Geist“ und „Die Seele wird auch dazu eingesetzt, keinen Gott mehr zu haben.“ Da haben die korrupten Pfaffen sich natürlich aufgeregt. Denn der Meister fährt mutig fort: „Die Seele tut Gott eine große Ehre an, indem sie ihn nicht mehr braucht. Sie ist also dazu eingesetzt, **keinen Gott mehr zu haben**. Sie weiß: „NICHTS ist mehr für mich da …“.

Aber genau, dass sie dieses Nichts beschreiben kann, zeigt, dass sie immer noch an einem Zustand haftet, der zur WIEDERGEBURT und zu neuem Leiden führt. Mutig und ganz richtig fährt Meister Eckhart fort: „Nichts mehr ist für mich da. Auch von meinem eigenen Körper mit seinen Kräften weiß ich dann nichts mehr. Ich bin aber dadurch nicht etwa zu NICHTS geworden.“ So spricht ein Weiser, aber halt ein noch immer Anhaftender. Und dann „Es muss alles verloren sein. Die Seele muss einzig allein noch stehen in purer **Bestimmungslosigkeit**.“

Doch genau das wäre NIRVĀṆA, von dem der gute Meister Eckhart aber nichts wissen will, weil er ja immer noch an seinen Kirchengott glaubt. Ganz richtig aber formuliert er: „Es muss ein Zunichtewerden vom Behalten und Besitzen.“ Richtig, aber an den Begriff Seele und Gott klammert er sich immer noch. Er **bezeichnet** immer noch etwas. NIRVĀṆA ist aber DIE AUFHEBUNG aller Wahrnehmung und Bestimmung, JENSEITS all dieser. Für Eckhart aber ist die Seele immer noch ein Ausfluss Gottes, und „Gott ist selig in der Seele“, und darum sagt er: „Die Seele ist das All. Sie ist es, indem sie ein Ebenbild Gottes ist.“ Damit wiederum beleidigt er „Gott“. Denn ist Hitler z. B. ein Ebenblid eines Gottes? Ich glaub doch wohl nicht. Mit anderen Worten, zwischen Meister Eckhart und der Wahrheit stand immer noch sein „Schöpfergott“, von dem er sich einfach (noch) nicht lösen konnte. *DAS BUCH DES LICHTS* aber ermöglicht es uns, dieser ganzen „Gotterei“ auszuweichen, und an allen Göttern vorbei NIRVĀṆA zu erlangen. Wer es zu fassen vermag, der fasse es. OM.

Das größte Missverständnis Meister Eckharts aber ist seine Meinung, da gäbe es eine heilige Dreieinigkeit, also Gott, Vater und Sohn. Die Mama haben die Frauen hassenden Pfaffen da einfach ausgelassen. Diese missverstandene „Heilige Dreieinigkeit“ aber ist einfach laut *BUCH DES LICHTS*: 1. Der Urgrund, 2. alle Wesenheiten und 3. die Urmaterie. Diese Drei interagieren periodisch, dadurch die ganze sichtbare und unsichtbare Welt mit allem darin hervorbringend. OM.

EHRE SEI DEM BUCH DES LICHTS!

NACHTRAG

Der Leser mag sich fragen: Was soll ich jetzt tun? Die Antwort:
Das Buch immer wieder lesen und dann
die Entscheidung treffen:

Wiederkommen oder nicht?

Mehr vom Autor Christian Anders

<u>*Romantisches*</u>

Der Brief
ISBN: 978-3-949377-06-8; 191 Seiten; deutsch
Der Freigänger
ISBN: 978-3831143122; 114 Seiten; deutsch
Der Untergang von Taro Torsay
ISBN: 978-3-937699-07-3; 104 Seiten; deutsch
Die Mauer. Liebe ist stärker.
ISBN: 978-3-937699-44-8; 204 Seiten; deutsch
Karatemeister Steve Tender. Odyssee der Rache.
ISBN: 978-3-937699-12-7; 155 Seiten, deutsch

Kritisches

The Man W.H.O. created AIDS
ISBN: 978-3831106226; 514 Seiten; englisch
Der Mann, der AIDS erschuf
ISBN: 978-3-937699-39-4; 300 Seiten; deutsch
Darwin irrt!
ISBN: 978-3-937699-00-4; 182 Seiten; deutsch
Der wahre Bankenschwindel
ISBN: 978-3-937699-96-7; 212 Seiten; deutsch
DER RUB€L MUSS ROLLEN
ISBN: 978-3-937699-15-8; 227 Seiten; deutsch
Der Euro Crasht. Was dann?
ISBN: 978-3-937699-29-5; 92 Seiten; deutsch
Der Impfwahnsinn. Impfen – die Lüge des Jahrhunderts
ISBN: 978-3-937699-30-1; 139 Seiten; deutsch
Grippewelle durch Chemtrails
ISBN: 9783937699738; 120 Seiten; deutsch
CORONA. Fakt oder Fake?
ISBN: 9783937699912; 208 Seiten; deutsch

Biografisches
Über Nacht ein Star
ISBN: 978-3-937699-02-8; 452 Seiten, deutsch

Esoterisches
The Secret of the seven Seals
ISBN: 978-3-949377-10-05; 104 Seiten; englisch
Das Geheimnis der sieben Siegel
ISBN: 978-3-937699-47-9; 55 Seiten; deutsch
Divine Message from the True God
ISBN: 978-3898118620; 176 Seiten; englisch
Der Sinn des Lebens – NIRVANA
ISBN Band I: 978-3898114295; 484 S.; deutsch
ISBN Band II: 978-3898114301; 500 S.; deutsch
Seelenatem-Meditation
ISBN: 978-3-937699-71-4; 84 Seiten; deutsch
Die wahre Bedeutung der Bibel sowie die Wahrheit über Jesus Christus
ISBN: 978-3-937699-06-6; 219 Seiten; deutsch

Doppelband: Zwei in einem! Englisch und Deutsch!
Die Botschaft des wahren Gottes NIRVĀNA & Divine Message from the True God
ISBN: 978-3-937699-13-4; 268 Seiten
Dantes Internet Inferno
ISBN: 978-3-937699-34-9; 90 Seiten; deutsch
Das Geheimnis des vollen Haares
ISBN: 978-3-937699-42-4; 90 Seiten, deutsch
Das illustrierte Buch des Lichts
ISBN: 978-3-937699-21-9; 81 Seiten; deutsch
Das Buch des Lichts für Kinder
ISBN: 978-3-937699-40-0; 46 Seiten, deutsch
The Book of Light for children
ISBN: 978-3-937699-81-3; 46 Seiten, englisch
Das Buch des Lichts, Band I
ISBN: 978-3-937699-05-9; 151 Seiten; deutsch
Das Buch des Lichts, Band II
ISBN: 978-3-937699-10-3; 142 Seiten; deutsch
Das Buch des Lichts Band III
ISBN: 978-3-937699-26-4; 142 Seiten; deutsch
Das Buch des Lichts Band IV
ISBN: 978-3-937699-32-5; 150 Seiten, deutsch
Das Buch des Lichts Band V
ISBN: 978-3-937699-36-3; 186 Seiten, deutsch
Das Buch des Lichts Band VI
ISBN: 978-3-937699-38-7; 162 Seiten, deutsch
Das Buch des Lichts Band VII
ISBN: 978-3-937699-41-7; 189 Seiten, deutsch
Das Buch des Lichts Band VIII
ISBN: 978-3-937699-46-2; 160 Seiten, deutsch
Das Buch des Lichts Band IX
ISBN: 978-3-937699-48-6; 184 Seiten, deutsch
Das Buch des Lichts Band X
ISBN: 978-3-937699-49-3; 174 Seiten, deutsch
Das Buch des Lichts Band XI
ISBN: 978-3-937699-80-6; 166 Seiten, deutsch
Das Buch des Lichts Band XII
ISBN: 978-3-937699-98-1; 164 Seiten, deutsch

Das Buch des Lichts Band XIII
ISBN: 978-3-949377-08-2; 173 Seiten, deutsch
Das Buch des Lichts Band XIV
ISBN: 978-3-949377-15-0; 180 Seiten, deutsch
Die wahren Herrscher der Welt
ISBN: 978-3-937699-69-1; 64 Seiten, deutsch
Was die Engel uns lehren
ISBN: 978-3-937699-77-6; 158 Seiten, deutsch

Kinderbücher
Das Buch des Lichts für Kinder
ISBN: 978-3-937699-40-0; 46 Seiten, deutsch
The Book of Light for children
ISBN: 978-3-937699-81-3; 46 Seiten, englisch
Die Abenteuermaus und der Gurkenpilot (mit Ausmalteil)
ISBN: 9783937699851; 44 Seiten; deutsch
Die Abenteuermaus und das traurige Mammut (mit Ausmalteil)
ISBN: 9783937699875; 66 Seiten; deutsch
Die Abenteuermaus und die CORONA Helden (mit Ausmalteil)
ISBN: 9783937699165; 69 Seiten; deutsch
Die Abenteuermaus und der Klimawandel (mit Ausmalteil)
ISBN: 9783937699516; 59 Seiten; deutsch
Die Abenteuermaus und der Koala Bär (mit Ausmalteil)
ISBN: 9783937699936; 59 Seiten; deutsch
Die Abenteuermaus und die Marsmännchen (mit Ausmalteil)
ISBN: 9783937699523; 59 Seiten; deutsch
Die Abenteuermaus und der entführte Osterhase (mit Ausmalteil)
ISBN: 9783949377006; 49 Seiten; deutsch
Die Abenteuermaus und der Zirkusclown (mit Ausmalteil)
ISBN: 9783949377020; 46 Seiten; deutsch
Die Abenteuermaus und der Wal mit dem Schluckauf (mit Ausmalteil)
ISBN: 9783949377044; 46 Seiten; deutsch

Christian Anders auf CD und DVD

Doppel-DVD zum Aids-Buch: The Man Who Created Aids (englisch!),
ISBN: 978-3-937699-08-0

DVD Christian Anders - Sänger, Autor und vieles mehr
ISBN: 978-3-937699-09-7
DVD Christian Anders liest: Der wiedererwachte Ursprung aller Religionen
ISBN: 978-3-937699-11-0
DVD Christian Anders liest: Die Finanzkrise – geplant oder zufällig?
ISBN: 978-3-937699-17-2
DVD Christian Anders liest: Impfen – die Lüge des Jahrhunderts
ISBN: 978-3-937699-22-6
DVD Christian Anders liest: Das Rätsel der Sphinx – Zum ersten Mal gelöst
ISBN: 978-3-937699-28-8
DVD Christian Anders liest: Waren Adam und Eva wirklich die ersten Menschen auf Erden?
ISBN: 978-3-937699-27-1
DVD Christian Anders liest: Pädophilie - das Ende der Religionen. DAS BUCH DES LICHTS - ein neuer Anfang
ISBN: 978-3-937699-23-3
DVD Christian Anders liest: Darwin irrt: Der Mensch stammt nicht vom Affen ab, umgekehrt wird ein Schuh draus!
ISBN: 978-3-937699-24-0

Hörbücher von Christian Anders

Hörbuch: Das Geheimnis der Sieben Siegel (1 Audio-CD)
ISBN: 978-3-937699-37-0
Hörbuch: Seelenatem-Meditation (3 Audio-CD)
ISBN: 978-3-937699-43-1
Audio-CD zum Buch "Darwin irrt": Die Enthüllung
ISBN: 978-3-937699-03-5

e-books von folgenden Bänden verfügbar:

Das Buch des Lichts, Band I -12
Das Buch des Lichts für Kinder
The book of light for children
Das Geheimnis der Sieben Siegel
Seelenatem Meditation
Das Geheimnis des vollen Haares
Die Mauer. Liebe ist stärker
Der Impfwahnsinn
Grippewelle durch Chemtrails
Dantes Internet Inferno
Das illustrierte Buch des Lichts
Der Mann der Aids erschuf
Darwin irrt
Karatemeister Steve Tender
Seelenatem-Meditation
Die Botschaft des wahren Gottes NIRVĀNA & Divine Message from the True God
CORONA. Fakt oder Fake?
Abenteuermaus - alle Bände

Zum Thema e-book

Die von BoD konvertierten Dateien entsprechen höchsten Qualitätsstandards und funktionieren auf allen gängigen Lesegeräten wie Kindle, iPad, Sony Reader, Bookeen, Tolino etc. BOD konvertiert überwiegend ins EPUB-Format, erstellt aber bei komplexeren Titeln spezielle .mobi-Dateien für Amazon. Um auf allen Geräten optimale Ergebnisse und Leseerlebnisse zu erreichen, wird dafür gesorgt, dass zum Beispiel für Apple und Amazon oder die Anzeige in Adobe Digital Editions auf dem PC Besonderheiten bzw. zusätzliche Informationen in der EPUB-Datei vorhanden sind.
Quelle: www.bod.de

In Vorbereitung:

DIE WELTFORMEL

(voraussichtlicher Erscheinungstermin: I. Quartal 2025, spätestens zur Internat. Leipziger Buchmesse 2025)

Was ist die WELTFORMEL? Warum erwähne ich sie so oft im Zusammenhang mit dem spirituellen Namen? Die Weltformel erklärt den DRANG aller Wesenheiten im Universum. Was aber ist der spirituelle Name? Er ERLÖST DICH vom Drang nach dieser leidvollen Welt. Der spirituelle Name NEUTRALISIERT die WELTFORMEL, Du unterstehst ihr dann nicht mehr, Du bist NICHT mehr unter ihrer Macht! HAST DU DAS VERSTANDEN? DENN: Mit Hilfe des spirituellen Namens hast Du ja den DRANG nach der Welt und damit nach der die Welt zusammen haltenden FORMEL überwunden!
DESHALB ist der spirituelle Name unerlässlich, falls man sich so schnell wie möglich von diesem Leidensozean lösen will. DER SPIRITUELLE NAME bereitet Dich auf die WELTFORMELvor, damit Du ENDLICH verstehst, was Dich gefangen hält in dieser kranken Welt. Studiere die Weltformel GUT, damit Du weißt, was Dich seit ÄONEN versklavt und wie Du Dich davon befreien kannst!!

Lanoo (Christian Anders)

Bestellen und mehr Info

Verlag Elke Straube
01778 Geising,
Lindenallee 18
Fon: 0174/13 34 337
Fax: 035056/23784
Internet : www.straube-verlag.com
elke.straube@web.de

Bestellen:

www.amazon.de,
elke.straube@web.de
oder in jeder Buchhandlung!

Mehr über die Bücher von Christian Anders:

www.christiananders.com
www.straube-verlag.com
www.amazon.de